Mixbuch

Mixbuch

über 900 Rezepte
mit und ohne Alkohol

Peter Bohrmann (Hrsg.)
unter Mitarbeit von Ulrike Bültjer,
Heike Reith, Wolfgang Hubert

Bassermann

Der Verlag dankt der Firma BORCO-MARKEN-IMPORT MATTHIESEN & CO. KG
für die ihm freundlicherweise für die Fotoarbeiten zur Verfügung gestellten
Spirituosen: De Kuyper Jonge Jenever, De Kuyper Oude Jenever,
Van Gogh (Eierlikör), De Kuyper Blue Curaçao, De Kuyper Red Curaçao,
De Kuyper Triple Sec Orange Liqueur, De Kuyper Green Curaçao,
De Kuyper Crème de Menthe green, De Kuyper Melon Liqueur, De Kuyper
Crème de Cacao white, De Kuyper Crème de Cacao brown, Old Pascas
White Rum, Old Pascas Dark Rum, Sierra Tequila Silver, Gold und Antiguo,
Nassau (Orange Liqueur), Gran Duque d'Alba (Brandy), McGuinness
Old Canada (Whisky), Finsbury Dry Gin, Pennypacker (Kentucky Whiskey),
Nêga Fulô (Cachaça), Pisco Control Gran Pisco.

ISBN 3 8094 1520 0

© 2003 by Bassermann Verlag, einem Unternehmen der
Verlagsgruppe Random House GmbH, 81673 München
© der Originalausgabe by Falken Verlag

Umschlaggestaltung: Therese und Horst Rothe, Niedernhausen
Redaktion: Birgit Wenderoth
Redaktion dieser Ausgabe: Iris Hahner
Herstellung: JUNG MEDIENPARTNER, Limburg/Lahn
Zeichnungen und Layout: AS-Design · Ilse Stockmann-Sauer, Offenbach
Satz: Raasch & Partner GmbH, Dreieich
Druck: Mladinska Knjiga Tiskarna

Printed in Slovenia

047331301X817 2635 4453 6271

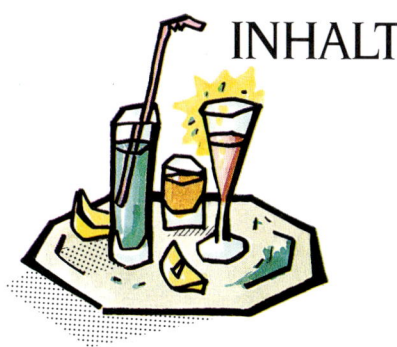

INHALT

EINLEITUNG

Vorwort   6
Die Bargeräte   8
Kleine Gläserkunde   12
Das Geheimnis der
Zutaten   16

   Destillate aus Wein   16
   Destillate aus Getreide   18
   Destillate aus Obst   22
   Destillate aus Pflanzen
   und Wurzeln   24
   Bitters   26
   Liköre   28
   Schaumweine   35
   Versetzte Weine   36
   Sirups   38
   Säfte   39
   Limonaden und Wässer   40
   Eier, Milch und Sahne   41
   Obst und Gewürze   41
   Eis   42
   Der Grundstock
   einer Bar   43
Mixen   44
Die Dekoration   50
Klassische Drinks   54

REZEPTE

Drinks mit Brandy   55
Drinks mit Whisky   69
Drinks mit Wodka   99
Drinks mit Gin   125
Drinks mit Rum   165
Drinks mit Sekt   195
Drinks mit Likör   209
Drinks mit Calvados   235
Drinks mit Bitters   245
Drinks mit Tequila   257
Drinks mit Südweinen 271
Drinks mit Cachaça   285
Drinks mit Anisées   291
Drinks mit
Geisten & Korn   297
Alkoholfreie Drinks   309

Register   352

VORWORT

Wenn Sie gerne Gäste einladen und es Ihnen besondere Freude macht, ein guter, einfallsreicher Gastgeber zu sein, dann sollten Sie auch Ihre Hausbar bei der Bewirtung miteinbeziehen. Servieren Sie beispielsweise einen Aperitif, der schon die Vorfreude auf ein gutes Essen zum Genuß macht. Oder bieten Sie nach dem Diner einmal ein Mixgetränk anstelle des üblicherweise servierten Cognacs oder Likörs an.

Mit den Rezepten dieses Buches können Sie Ihren Gästen jeden Getränkewunsch erfüllen, denn Sie finden darin für jede Gelegenheit etwas: vom Shortdrink bis zum Longdrink, vom traditionsreichen Classic-Cocktail bis hin zum Fancy-Drink.
Mit diesem Buch sind Sie für Ihre nächste Hausparty bestens gerüstet; es wurde von einem Fachmann und Meister seines Berufes geschrieben.

Jürgen E. Falcke
Präsident der DBU
(Deutsche Barkeeper-Union)

Vorwort

Überall dort, wo sich lebensfrohe und gesellige Menschen treffen, wird gerne etwas getrunken. Attraktive Drinks gewinnen zunehmend an Beliebtheit, und die Rezepte werden immer phantasievoller. Aber nicht nur das Trinken, auch schon das Mixen macht Freude, wenn man sieht, wie sich mit wenigen Zutaten schmackhafte und hübsch dekorierte Cocktails zubereiten lassen.

Ich freue mich daher, Ihnen mit diesem Buch mein Wissen und meine Profi-Tips mit auf den Weg geben zu können, damit Sie ein erfolgreicher Hobbymixer werden.
Das Buch soll Ihnen das Mixen leicht und zu einem dauerhaften Vergnügen machen und Ihnen ein gutes Nachschlagewerk sein, damit Sie den Cocktailempfang, die Sommerparty, die Caribic-Night und Ihre Geburtstagsfeier noch schöner gestalten können.

Ich hoffe, Ihnen mit diesem Buch einen Einblick in die bunte Welt der Drinks geben zu können und wünsche Ihnen viel Erfolg beim Mixen und anschließenden Genießen!

Ihr Barmeister Peter Bohrmann

IE BARGERÄTE

Man muß wahrlich kein Profi-Barkeeper sein, um originelle Drinks mixen zu können – vorausgesetzt, man hat das richtige Handwerkszeug. Einige der im folgenden aufgeführten Utensilien finden Sie mit Sicherheit in Ihrem Haushalt; andere können Sie durch zweckentfremdete Küchengeräte ersetzen. Alle Gegenstände sollten funktionsgerecht gestaltet und leicht zu reinigen sein. Besonders gut eignet sich „Handwerkszeug" aus Edelstahl und Glas.

Der **Shaker**, auch Schüttelbecher genannt, ist ein unbedingtes Muß in Ihrer Hausbar. In ihm werden vor allem die Drinks gemixt, deren Zutaten sich normalerweise schwer mischen lassen, wie zum Beispiel Eigelb, Sirup, Fruchtsaft und Sahne. Es gibt drei gängige Shakertypen: Der dreiteilige Standard-Shaker besteht aus Becher, Deckel und einem eingebauten Siebeinsatz, der die Eisstücke und Fruchtkerne beim Abseihen im Shaker zurückhält. Sein Nachteil: Das Sieb läßt sich schwer reinigen, und die Flüssigkeit läuft nur langsam ab. Der zweiteilige Boston-Shaker besteht aus einem großen Edelstahl- und einem kleineren Bleikristallbecher. Der Glasbecher läßt sich auch gut als Rührglas verwenden. Profis bevorzugen den zweiteiligen Shaker aus Edelstahl oder Silber. Dieser schließt auch besser als der Boston-Shaker.

Das **Rühr- oder Mixglas** brauchen Sie für alle Drinks, die nicht geschüttelt, sondern gerührt werden. Dies sind vor allem klare Drinks sowie solche, die aus leicht mischbaren Zutaten bestehen. Das Rührglas sollte ein Fassungsvermögen von ungefähr 1 l haben (das reicht für 3 bis 4 Drinks).

Den **Barlöffel** benötigt man zum Verrühren der Zutaten im Rührglas. Er dient gleichzeitig aber auch als Meßlöffel. 1 Barlöffel (in den Rezepten BL abgekürzt) faßt, genau wie ein Teelöffel, 5 g bzw. 0,5 cl Flüssigkeit. Der Löffel ist etwa 15 cm lang und aus rostfreiem Stahl oder aus Silber. Oben am Stiel befindet sich meist eine runde Scheibe, mit der man Früchte, frische Pfefferminze oder Zucker zerdrücken kann. Hübsch und zugleich praktisch sind Barlöffel, deren Stiele zu Trinkhalmen ausgearbeitet worden sind.

Auch ein **Barquirl** leistet beim Umrühren und Mischen von Zutaten gute Dienste, vor allem dann, wenn man aus sehr kohlensäurehaltigen Getränken, wie Champagner und Sekt, die Kohlensäure entweichen lassen will.

Das **Barsieb**, auch Strainer genannt, besteht aus einer runden Platte aus rostfreiem Stahl, die einen spiralfederartigen Rand hat, und paßt genau in den Shaker oder ins Rührglas. Es ist unentbehrlich, wenn Eis, Fruchtstücke oder Kerne beim Abseihen nicht ins Gästeglas gelangen sollen. Notfalls kann das Barsieb durch ein Teesieb ersetzt werden.

Ein wirklich unentbehrlicher Gegenstand in Ihrer Hausbar ist der **Meßbecher**, denn bei allen Drinks kommt es auf die genauen Zutatenmengen an. Der Meßbecher ist meistens aus Edelstahl und hat auf der einen Seite eine Einteilung für 2 cl, auf der anderen Seite eine für 4 cl, seltener für 5 cl. Ersatzweise können Sie auch ein Schnapsglas mit Eichstrich nehmen.

Sehr nützlich, aber nicht unbedingt notwendig, ist ein **Electric-Mixer** (Hamilton Beach). Dieses elektrische Mixgerät mit drei Geschwindigkeitsstufen eignet sich vorzüglich zur Zubereitung von Drinks, deren Zutaten (besonders Milch, Sahne, Früchte und Eier) sich nur schwer mischen lassen.

Um Früchte zu pürieren, Sahne zu schlagen sowie frozen Drinks, Frapés und Milchshakes zuzubereiten, brauchen Sie einen **Blender** mit stufenloser Geschwindigkeitsregulation. Sie können dafür aber auch die elektrische Küchenmaschine oder den Pürierstab nehmen.

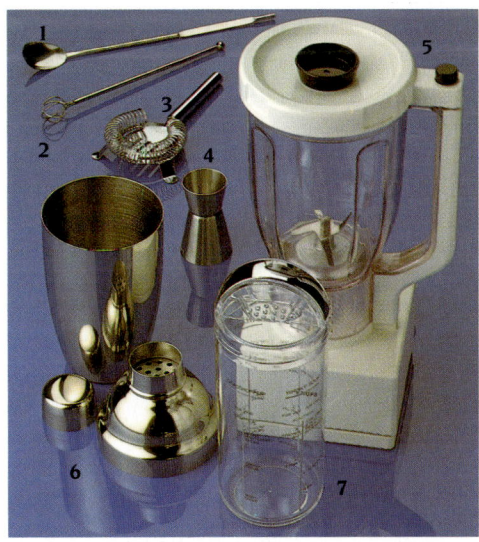

1 *Barlöffel*
2 *Barquirl*
3 *Barsieb*
4 *Meßbecher*
5 *Blender*
6 *Shaker*
7 *Rührglas*

Eiskübel, die man benötigt, um Eis für kurze Zeit aufzubewahren, gibt es in verschiedenen Größen und aus unterschiedlichen Materialien. Besonders gut sind doppelwandige Kübel aus Kunststoff mit einem Thermodeckel. Mit einer **Eiszange** oder einer **Eisschaufel** wird das Eis dann zum Mixen aus dem Kübel herausgenommen.

Eine **Eismühle**, die manuell oder elektrisch geschabtes oder zerstoßenes Eis zubereitet, benötigen Sie nur dann, wenn Sie oft eine Cocktailparty geben.

Mit einer **Saftpresse** oder einem Entsafter lassen sich frische Fruchtsäfte zubereiten (elektrische Zitruspressen sind nicht zu empfehlen, da sie auch Schale und Kerne mit ausquetschen. Viele Longdrinks enthalten Sodawasser, das am besten mit Hilfe eines **Siphons** ins Glas gegeben wird. Dazu füllen Sie den Siphon mit klarem, geschmacksneutralem Leitungs- oder Tafelwasser (ohne Kohlensäure). Eine Kohlensäurepatrone sorgt dafür, daß das Wasser ständig kohlendioxidhaltig ist.

Ein weiteres, recht nützliches Utensil ist die **Barzange**, mit der Sie festsitzende Sekt- und Champagnerkorken lockern können.

Eine **Bitter- oder Spritzflasche** hat einen Spritzkorkenverschluß und enthält Zutaten, die nur in winzigen Spritzern (dashes) verwendet werden.

Saftpresse 1
Eisschaufel 2
Siphon 3
Eiskübel 4
Spritzflasche 5
Eiszange 6
Löffel 7
Barzange 8

Die nachfolgend genannten Geräte, die in der Hausbar auch nicht fehlen sollten, finden sich ohnehin bestimmt in Ihrem Haushalt. So zum Beispiel eine **Zitronenpresse** und eine **Muskatreibe**. Ein **Schneidebrett** (am besten mit Ablaufrinne), ein **Barmesser** mit feinem Wellenschliff und zwei Spitzen zum Aufspießen von Fruchtstücken sowie ein **Zestenreißer** zum Abziehen von feinen Zitrusschalenstreifen finden sich bestimmt ebenfalls in Ihrer Küche. Wichtig ist auch ein **Schälchen** für Obststücke sowie ein **Korken mit Ausgießer**, den man auf jede Flasche aufsetzen kann, um das Ausgießen besser dosieren zu können.

Selbstverständlich brauchen Sie auch einen **Dosenöffner**, einen **Flaschenöffner** sowie einen **Korkenzieher**. Ebenso unentbehrlich ist ein **Sekt- bzw. Flaschenkühler**.

Zum Aufspießen von Oliven, Kirschen oder Perlzwiebeln sowie zur Herstellung von Dekorationen sind **Cocktailspießchen** (Sticker) unentbehrlich. Auch möglichst bunte und farbenprächtige **Trinkhalme** in verschiedenen Längen dürfen nicht fehlen. Sie sollten nicht zu dünn sein, damit Eis- oder Fruchtstückchen sie nicht so leicht verstopfen können.

Stirer (Rührstäbchen) in unterschiedlichen Farben und Formen sind ebenfalls eine hübsche Zierde für viele Longdrinks.

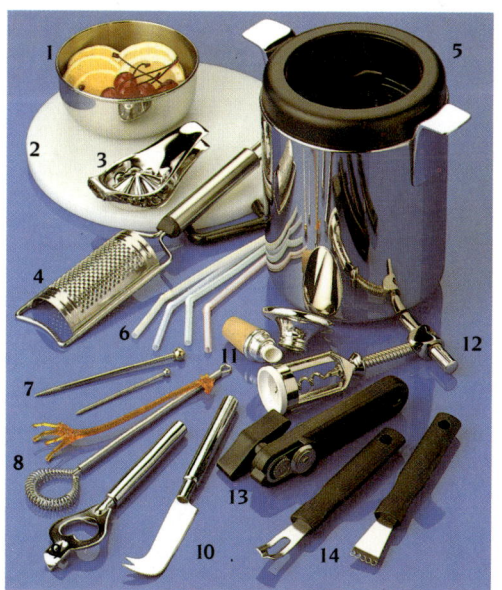

1 Schälchen
2 Schneidebrett
3 Zitronenpresse
4 Muskatreibe
5 Flaschenkühler
6 Trinkhalme
7 Spießchen
8 Stirer
9 Flaschenöffner
10 Barmesser
11 Korken mit Ausgießer
12 Korkenzieher
13 Dosenöffner
14 Zestenreißer

KLEINE GLÄSERKUNDE

Auch das Auge trinkt mit. Deshalb verlangen phantasievolle Mixgetränke auch nach optisch besonders ansprechenden Gläsern. Doch keine Sorge – Sie müssen natürlich nicht alle hier vorgestellten Glastypen kaufen. Versuchen Sie es ruhig zuerst einmal mit Gläsern aus Ihrem Haushalt, und stocken Sie die Glasgalerie dann langsam auf. Im allgemeinen reichen für eine kleine Hausbar sechs bis acht verschiedene Gläser aus.

Noch ein Wort zur Gläserpflege: spülen Sie die Gläser am besten sofort nach Gebrauch vor, besonders dann, wenn Sahne, Milch oder Eier für die Drinks verwendet wurden. Spülen Sie Gläser immer getrennt von anderem Geschirr. Waschen Sie sie immer in warmer Spülmittellauge, und spülen Sie sie danach unter klarem Wasser ab, damit alle Fettreste entfernt werden. Reiben Sie die Gläser dann mit frischen Leinentüchern trocken.

Doch nun ein kleiner Überblick über die gängigsten Gläsertypen.

Cocktailschalen gibt es in verschiedenen Größen, von 5 bis 7 cl Fassungsvermögen. Die großen eignen sich hervorragend für Drinks mit Sahne oder Säften. Die kleinen sind ideal für trockene Aperitifs, Cocktails und hochprozentige Digestifs.

Gläser

Cocktailgläser sind kelchförmige Stielgläser, die ebenfalls 5 bis 7 cl fassen. In ihnen serviert man klare, gerührte Cocktails, halbtrockene Aperitifs und Digestifs sowie mit Eis gerührte, aber ohne Eis servierte Cocktails. Übrigens, je dünner so ein Cocktailglas ist, desto besser läßt es sich im Kühlschrank vorkühlen.

Cobblergläser gehören ebenfalls zur großen Familie der Cocktailgläser. Auch sie fassen etwa 5 cl Flüssigkeit, haben allerdings eine sehr große Öffnung und sind daher ideal für Fruchtgarnituren.

Tumbler sind Bechergläser mit extrem dickem Glasboden. Es gibt sie in den verschiedensten Größen: Kleine Tumbler fassen etwa 16 cl Flüssigkeit und werden zum Beispiel für Sours und kalte Toddies, aber auch für Frucht- und Gemüsesäfte verwendet. In mittelgroße Tumbler von etwa 20 cl Fassungsvermögen kommen unter anderem Fizzes und Egg-Nogs. Highballgläser (große Tumbler) sowie Longdrinkgläser gehören ebenfalls zu den Bechergläsern. Sie sind vielseitig einsetzbar; so eignen sich die etwa 28 cl fassenden Gläser zum Beispiel für Highballs, Sours, Coolers und Limonaden. Der stämmigste Tumbler ist das Old-fashioned-Glas. Es ist für jeden Drink zu gebrauchen, der „on the rocks", also pur mit Eiswürfeln, serviert wird.

1 Cocktailschale
2 Cocktailglas
3 Cobblerglas
4 Longdrinkglas
5 kleiner Tumbler
6 großer Tumbler
7 mittelgroßer Tumbler
8 Old-fashioned-Glas

Ballongläser eignen sich, wie große Schwenker, für Crustas, exotische Longdrinks und Drinks mit Crushed ice.

Die **Sektflöte** und den **Sektkelch** nimmt man für alle mit Champagner oder Sekt zubereiteten Cocktails und Aperitifs, wie zum Beispiel den Kir Royal. Die **Sektschale** eignet sich für alle mit Sekt oder Champagner zubereiteten Cocktails und für süße Drinks.

Das **Weißweinglas** ist zumeist dünnwandig, hat einen dünnen, hohen Stiel und eine etwas bauchige, sich nach oben verengende Tulpenform. Nach wie vor ist auch der Römer mit dem dicken, grünen Stiel, weit verbreitet.

Das **Rotweinglas** hat einen eher kurzen Stiel und ebenfalls eine leichte Tulpenform. Das Burgunderglas ist übrigens das vielseitigste unter den Rotweingläsern. Man kann darin nämlich auch Bier sowie rote Aperitifs servieren. Beim Einschenken von Wein sollte man ein großes Glas übrigens nur bis zur Hälfte, ein kleines nur zu zwei Dritteln füllen.

In einem kleinen, tulpenförmigen **Likörglas** oder in einer **Likörschale** werden Dessertweine und Weinbrände sowie Obstbrände und Obstgeiste (nur im Likörglas) kredenzt.

Südwein- und Dessertweingläser eignen sich nicht nur für Südweine, sondern auch für Flips, Aperitifs und Shortdrinks.

Ballonglas 1
Rotweinglas 2
Sektflöte 3
Sektkelch 4
Südweinglas 5
Weißweinglas 6
Likörglas 7
Likörschale 8
Sektschale 9

Bowlengläser haben in der Regel einen Henkel und keinen Stiel. Sie sind recht niedrig und haben eine große Öffnung.

Hitzebeständige Gläser mit einem kurzen, dicken Stiel oder ohne Stiel, aber mit einem Henkel, nimmt man für Punsche, Grogs und Glühweine.

Neben diesen klassischen Glastypen gibt es noch eine Fülle von **speziellen Gläsern**, so zum Beispiel das Pousse-Café-Glas für den berühmten Schichtcocktail, das Flipglas, das Crustaglas, das Kullerpfirsichglas und das Absinthglas. Doch wie bereits erwähnt, lohnt sich die Anschaffung all dieser Gläser nur in den seltensten Fällen, denn die meisten Drinks lassen sich auch in den im Haushalt bereits vorhandenen Gläsern servieren – wenn auch nicht ganz so stilgerecht.

Wenn Sie langstielige, tulpenförmige Weißweingläser besitzen, können Sie diese auch für Fizzes und Crustas nehmen.

Wenn die Sektflöte nicht zu schmal ist, lassen sich darin auch Flips, Frappés und Daisies reichen.

Bechergläser in allen Variationen sind vielseitig einsetzbar, zum Beispiel für Highballs, Fizzes und Milchmixgetränke.

Einen festen Platz in Ihrer Hausbar sollten auch verschiedene **Karaffen** in unterschiedlichen Größen haben: Sie eignen sich für Frucht- und Gemüsesäfte, Sirup, Sahne und Milch.

1 *Flipglas*
2 *Pousse-Café-Glas*
3 *Punschglas*
4 *Bowlenglas*

AS GEHEIMNIS DER ZUTATEN

DESTILLATE AUS WEIN

Bis vor kurzem war die Bezeichnung „Branntwein aus Wein" ein Oberbegriff für alles, was auf der Grundlage von Weindestillaten hergestellt wurde. Doch nach neuerer EG-Verordnung muß nun alles streng differenziert werden, und zwar nach Branntwein und Weinbrand beziehungsweise Brandy. Hier nun die bekanntesten Weindestillate:

Cognac
Er ist der berühmteste der Branntweine und enthält 40 Vol.-% Alkohol. Um sich Cognac nennen zu dürfen, muß ein Weinbrand aus ganz bestimmten weißen Trauben sein, die innerhalb eines fest umrissenen Gebietes rund um die Stadt Cognac in der Charente im Südwesten Frankreichs angebaut und später gebrannt werden. Die Cognac-Herstellung unterliegt einer alten Tradition. Jeder Cognac muß mindestens zweimal gebrannt werden. Anschließend wird er mindestens zwei Jahre in Eichenfässern gelagert und erhält dabei seine dunkle, braune Farbe. Für Qualität und Reife des Cognacs bürgen gesetzlich kontrollierte Angaben auf dem Etikett. Drei Sterne oder V.S. bedeutet, daß der Cognac mindestens zwei Jahre im Faß gereift ist. V.S.O.P., Vieux, V.O. und Réserve bezeichnen mindestens vier Jahre lang gereifte, V.V.S.O.P. und Grande Réserve mindestens fünf Jahre lang gereifte Cognacs. Ein Extra, Napoléon, X.O., Très Vieux und Vieille Réserve lagert sechs bis zehn Jahre im Eichenfaß.

Armagnac
Er ist, geschichtlich gesehen, der ältere Bruder des Cognacs. Das Herkunftsgebiet dieses hell goldfarbenen, feurig-herb schmeckenden Branntweins ist klar abgegrenzt. Nur die weißen Trauben der Regionen Haut-Armagnac, Tenareze und Bas-Armagnac dürfen destilliert werden, und zwar nur nach der jeweiligen Traubenlese von Oktober bis April. Im Gegensatz zum Cognac genügt beim Armagnac ein einfacher Brennvor-

gang; er darf seit neuestem aber auch zweimal gebrannt werden. Drei Sterne bedeuten mindestens ein Jahr Lagerung, V.S., Selection und De Luxe mindestens drei Jahre, V.O., V.S.O.P. und Réserve mindestens vier Jahre und Napoléon, Extra, Vieille Réserve und Hors d'Age mindestens fünf Jahre Lagerung.

Weinbrand
Dieser deutsche Qualitätsbranntwein aus Wein muß ganz bestimmte Anforderungen erfüllen. So darf er nur aus ganz bestimmten Rebsorten hergestellt werden, muß mindestens zu 85 % in deutschen Brennereien verarbeitet sein und danach sechs Monate in Eichenfässern mit maximal 1000 l Fassungsvermögen gelagert werden. Alter Weinbrand muß sogar mindestens zwölf Monate lagern. Enthält er dann auch noch mindestens 38 Vol.-% Alkohol, erhält er eine amtliche Prüfnummer. Weinbrand wird, wie der Cognac, zweimal destilliert. Weinbrand sollte höchstens zimmerwarm serviert werden. Ist er etwas zu kühl, schadet das nicht, denn durch die Handwärme bekommt er rasch die richtige Temperatur.

Brandy
Dies ist die englische Bezeichnung für Branntwein, unter der bei uns meist Weinbrand aus dem Ausland in den Handel kommt. Zu den besten Brandys gehören übrigens die spanischen, die weich sind und leicht süßlich schmecken. Aber auch die Italiener mit ihrem Vecchia Romagna und die Portugiesen mit ihrem Aguardente brennen hervorragende Brandys.

Metaxa
Dies ist der bekannteste griechische Branntwein. Er wird aus roten Trauben gebrannt. Der Alkoholgehalt liegt bei 40 Vol.-%. Er wird in verschiedenen Qualitäten angeboten (gekennzeichnet in Form von Sternen auf dem Etikett), die sich nicht nur im Alter, sondern auch im Geschmack und Charakter unterscheiden.

Pisco
Dieser sehr aromatische, helle Branntwein ist das Nationalgetränk der Chilenen und wird aus roten Trauben (hoher Anteil an Muskatellertrauben) hergestellt. Er wird einige Zeit in Tonfässern gelagert.

Grappa
Der wasserklare, italienische Branntwein mit etwa 40 Vol.-%
Alkohol wird aus frischem Weintrester, also aus Traubenrück-
ständen (Stengel, Schalen und Kerne) gebrannt. Grappa aus
Weißwein schmeckt fein und feurig, der aus Rotwein kräftig.

Marc
Dieser französische Tresterbranntwein wird aus den Kel-
terrückständen der Weinbereitung gebrannt. Er schmeckt, je
nach Sorte, kräftig und aromareich (Marc de Bourgogne) oder
leicht, fein und sehr mild (Marc de Champagne). Sein Alkoholgehalt liegt bei 40−45 Vol.-%. Man unterscheidet zwischen
Marcs aus Rotwein- und aus Weißweintrestern. Ein Marc ist ein
idealer Digestif.

DESTILLATE AUS GETREIDE

Aquavit, Genever, Gin und Whisk(e)y sowie Wodka und Korn
gehören zur großen Familie der Branntweine aus Getreide,
obwohl sie − mit Ausnahmen von Whisk(e)y und Korn − auch
sogenannnten Agraralkohol aus Melasse, Kartoffeln und anderem enthalten dürfen.

Aquavit
Der Name ist aus dem lateinischen „aqua vitae" (Lebenswas-
ser) abgeleitet und war früher die Bezeichnung für alle Branntweine. Die Basis des hellen oder goldgelben Aquavits ist sehr
reiner, fast geschmacksneutraler Alkohol aus Getreide oder
Kartoffeln mit 96 Vol.-% Alkohol. Er wird zusammen mit Wasser, Kümmel, Koriander, Zimt, Fenchel, Dill, Zitronenschalen,
Nelken, Sternanis und weiteren geheimnisvollen Zutaten
destilliert. Das Herzstück des Destillats wird dann mit neutralem Alkohol und enthärtetem Wasser gemischt und ins Reife-
lager gebracht. Der Alkoholgehalt des dänischen Aquavits liegt
bei 40−42 Vol.-%; deutscher Aquavit hat 38−40 Vol.-%. Aquavit wird kalt serviert, nur so entfaltet er seinen vollen, runden
und typischen Eigengeschmack. Er wirkt stimulierend auf die
Magenwände und ist sehr bekömmlich, so daß man ihn nach
dem Essen als Digestif trinken kann.

Genever

Er ist das Nationalgetränk der Niederländer. Das Wort „Genever" hat sich aus dem französischen „genièvre" (Wacholder) entwickelt. Und in der Tat ist der Genever ein Branntwein mit Wacholderaroma. Erstklassige Genever lagern mehrere Jahre in Eichenfässern und haben eine goldgelbe Farbe. Der Alkoholgehalt liegt bei 38–43 Vol.-%. Die Holländer trinken ihren Genever pur und sehr kalt in kleinen, tulpenförmigen Gläsern als Aperitif oder als starken Schnaps. Es gibt übrigens auch Genever mit Fruchtaroma.

Gin

Dieser klare Branntwein gehört zu den Spirituosen, ohne die keine Bar auskommt. Gerste und Roggen bilden die Grundlage für den Alkohol, dazu kommt eine Mischung aus ausgewählten Kräutern und Gewürzen (Wacholder, Koriander, Zitronen- und Orangenschale, Anis, Kardamom, Veilchenwurz und vieles mehr). Nach dem Destillieren wird der Gin auf die übliche Trinkstärke von 38–45 Vol.-% herabgesetzt. Der „Dry Gin" muß mindestens 40 Vol.-% Alkohol aufweisen. Die wichtigsten Ginarten sind der ungesüßte „Dry Gin", der ebenfalls ungesüßte „London Dry Gin" sowie die mit Zuckersirup leicht gesüßten „Old Tom Gin" und „Plym" (Plymouth Gin). „Sloe Gin" werden Schlehen zugesetzt, die das typische Aroma geben.

Korn

Die auch Kornbrand oder Kornbranntwein genannte Spirituose wurde ursprünglich als Medizin verkauft. Heute ist er neben Weinbrand die meistverkaufte Spirituose in Deutschland. Korn wird ausschließlich aus Weizen, Roggen, Gerste, Hafer oder Buchweizen hergestellt. Es ist verboten, Korn zu aromatisieren oder anderen Alkohol beizumischen. Einfacher Korn hat mindestens 32 Vol.-% Alkohol, Doppelkorn, Doppelweizen, Edelkorn und Kornbrand dagegen haben mindestens 38 Vol.-%. Steht die Bezeichnung „Alt" oder „Alter" auf dem Etikett, wurde das Produkt mindestens sechs Monate gelagert. Korn wird immer sehr kalt getrunken. Reiner Korn schmeckt einfach nur nach Getreide. Wird er aus Weizen gebrannt, ist er sehr mild, stammt er dagegen vom Roggen, schmeckt er kräftig und würzig. Viele Kornbrände enthalten geringe Zusätze an Aromagebern, wie Zimt, Nelken, Koriander oder Anis.

Klarer

Dies ist ein farbloser, schwach oder gar nicht aromatisierter Branntwein, der aus Kartoffeln, Mais und Hirse hergestellt wird. Sein Mindestalkoholgehalt liegt bei 32 Vol.-%.

Whisk(e)y

Er ist der meistgetrunkene Branntwein der Welt. Irischen und amerikanischen Whiskey schreibt man mit „e", schottischen und kanadischen ohne „e". Die bekanntesten Whisk(e)ytypen sind Scotch Whisky (schottischer Whisky), Irish Whiskey (irischer Whiskey), Bourbon (amerikanischer Whiskey) und Canadian Whisky (kanadischer Whisky).

Schottischen Whisky erkennt man an seinem typischen Rauchgeschmack. Die unverwechselbare Würze entsteht durch den Torf der schottischen Hochmoore, über dessen Feuer die gemälzte Gerste getrocknet wird. Malt Whisky, der Urscotch, gilt bei Kennern als der Whisky schlechthin. Nur wenige Whiskyhersteller bringen ihren Malt „single" in den Handel, das heißt unverschnitten. „Pure Malt" dagegen ist ein Verschnitt aus mehreren Malts (Gersten). Neben dem Malt Whisky wird in Schottland auch der Grain Whisky hergestellt. Er ist milder, nicht ganz so rauchig und wird aus gemälzter und ungemälzter Gerste, Mais und anderen Getreidesorten hergestellt und anschließend zum Verschneiden (Blending) benutzt. Fast alle schottischen Whiskys sind Blended Whiskys aus Malts und Grains. Nach dem Blenden wird der Whisky wieder in Holzfässer gegeben und vor dem Abfüllen in Flaschen mit Quellwasser auf eine Trinkstärke von etwa 45 Vol.-% gebracht.

Irischer Whiskey wird aus Gerste, Weizen, Roggen oder Hafer hergestellt. Nach dem Brennen wird der Whiskey mit klarem, irischem Wasser auf eine Trinkstärke von 40–43 Vol.-% gebracht. Bei irischen Whiskeys spielen die Fässer, in der der Whiskey mindestens drei Jahre, meist aber fünf bis zwölf Jahre lagert, eine wichtige Rolle. Denn die Fässer sind zum Teil ausgediente Sherry-, Rum- oder Bourbonfässer, die dem Whiskey seinen individuellen Geschmack geben. In Irland heißt das Verschneiden von Whiskey übrigens nicht Blending, sondern Vatting. Vat (englisch) bedeutet Faß.

Unter den amerikanischen Whiskeys ist Bourbon der bekannteste. Er besteht zu mindestens 51%, höchstens aber zu 79% aus Mais. Der Rest sind Roggen und eine geringe Menge Gerstenmalz. Je höher übrigens der Maisanteil ist, desto milder wird der Geschmack des Whiskeys. Nach der Destillation wird er mindestens zwei Jahre in Fässern aus Weißeiche gelagert. Diese werden vorher von innen angekohlt; das beschleunigt die Einfärbung des Whiskeys und gibt ihm eine dezente Süße sowie ein leichtes Vanillearoma. Ein guter Bourbon reift vier bis sechs Jahre, oft sogar auch acht Jahre im Faß.

Rye Whiskey wird zu mindestens 51% aus Roggen gebrannt und lagert etwa vier Jahre. Er schmeckt wesentlich würziger als der Bourbon.

Tennesse Whiskey sickert durch Holzkohle und wird dadurch sehr mild.

Straight Whiskeys oder Unblended Whiskeys sind unverschnittene Produkte, das heißt, sie werden nicht mit anderen Whiskeys vermischt.

Blended Whiskey ist ein Verschnitt aus mehreren Whiskeysorten.

Blended Bourbon Whiskeys sind Whiskeys, bei denen mehrere Bourbons mit einem Mindestanteil von 51% Straight Bourbon verschnitten wurden.

American Blended Whiskey wird aus Bourbon, Rye Whiskey und Korn gemischt.

Kanadischer Whisky ähnelt dem Bourbon sehr, denn auch er wird zum größten Teil aus Mais hergestellt. Er wird zweimal gebrannt und lagert mindestens zwei Jahre in Sherry-, Bourbon- oder Brandyfässern. Kanadische Whiskys sind fast immer Blends aus verschiedenen Einzelwhiskys und fast neutralem Alkohol. Sie schmecken leichter und sind heller als amerikanische Whiskeys.

Wodka

Auf russisch heißt dies soviel wie Wässerchen. Wodka ist ein farbloser, ganz klarer, weicher und reiner Branntwein mit neutralem Geschmack. Er wird aus Getreidemischungen oder Kartoffeln gebrannt. Spitzenmarken bestehen allerdings nur aus Getreide (vor allem Gerste, Weizen und gelegentlich auch Roggen). Die Trinkstärke beträgt mindestens 40 Vol.-%. Neben den klaren Wodkas gibt es auch einige, die mit Büffelgras, Pfeffer, Sherry, Schlehen oder Limetten aromatisiert worden sind.

Wenn Sie Wodka einmal pur servieren möchten, achten Sie bitte darauf, daß er möglichst eiskalt ist.

DESTILLATE AUS OBST

Es gibt fast keine Obstsorte, die man nicht auch flüssig und hochprozentig genießen kann, seien es nun Kakteenfrüchte aus der Wüste oder Beeren aus der Arktis. Doch nicht jede Obstsorte ist für die Herstellung von Branntwein gleich gut geeignet. Da kommt es nämlich sehr auf den Zuckergehalt der Früchte an. Nach dem deutschen Branntweinmonopolgesetz unterscheidet man bei Destillaten aus Obst zwischen Obstwasser, Obstgeist und Obstbranntwein aus Kernobst.

Obstwasser

Es wird meist aus Steinobst (wie Kirschen, Zwetschgen, Pflaumen, Mirabellen, Aprikosen und Pfirsichen) gewonnen, selten aus Beeren und entsteht durch die Destillation der Fruchtmaische. Die Früchte für ein Obstwasser haben in der Regel von Natur aus so viel Zucker, daß die Maische beim Vergären den nötigen Alkoholgehalt erreicht, so daß kein Zucker mehr zugesetzt werden muß. Der Alkoholgehalt eines Obstwassers beträgt mindestens 40 Vol.-%.

Zu den bekanntesten Vertretern gehört das *Kirschwasser*, auch Kirsch genannt. Es wird ausschließlich aus vollreifen, vergorenen Kirschen oder aus dem Saft, ohne Zusatz von Zucker und Alkohol, hergestellt.

Zwetschgenwasser bzw. *Pflaumenwasser* sind Obstwässer aus vergorenen Zwetschgen oder Pflaumen. Elsässer nennen ihr Zwetschgenwasser „Quetsch", die Schweizer ihr Pflaumenwasser „Pflümli". Über seine Grenzen berühmt geworden ist auch der *Sliwowitz* (aus dem ehemaligen Jugoslawien). Der Name Sliwowitz ist übrigens nicht gesetzlich geschützt. Es gibt daher unter diesem Namen auch Zwetschgenwasser aus Deutschland, Österreich und der Tschechoslowakei.

Mirabellenwasser ist ein Branntwein, der aus vollreifen, vergorenen Mirabellen, ohne Zusatz von Zucker und Alkohol, gebrannt wird. Obwohl es ein Wasser ist, darf sich Mirabellenbranntwein auch Mirabellengeist nennen. Der Alkoholgehalt liegt bei 45 bis 50 Vol.-%. Gute Mirabellenwasser kommen aus Lothringen, dem Schwarzwald, Südtirol, der Schweiz und aus Österreich.

Außerdem gibt es noch Obstwässer aus Quitten und Aprikosen. Letztere heißen in Österreich *Marillenbrand* und in Ungarn *Barack Palinka*.

Eine Sonderstellung unter den Wässern nimmt der *Steinhäger* ein, denn er wird nicht aus Steinobst, sondern aus Wacholderbeeren, Feinsprit oder Korndestillat und Wasser hergestellt.

Obstgeist

Dieser wird vorwiegend aus zuckerarmen Früchten, wie zum Beispiel Himbeeren, Brombeeren und Johannisbeeren, hergestellt. Ihm muß vor dem Destillieren Alkohol zugesetzt werden, da die Früchte sonst nicht gärungsfähig sind. Eine Zugabe von Zucker ist jedoch verboten. Obstgeiste haben in der Regel mindestens 40 Vol.-% Alkohol, meistens ist es jedoch mehr.

Der bekannteste Beerengeist ist der *Himbeergeist* (Eau-de-vie de Framboise). Er hat einen milden, lieblichen Geschmack. Andere Beerengeiste entstehen aus Blaubeeren, roten Johannisbeeren (Cassis) und Preiselbeeren.

Tropische Obstgeiste werden aus Bananen, Mandarinen, Mangos, Maracujas und Papayas hergestellt.

Obstbranntweine aus Kernobst

Sie werden beispielsweise aus Birnen oder Äpfeln hergestellt. Auch hier enthalten die Früchte soviel Zucker, daß sie keine Zugabe von Zucker, aber auch keinen weiteren Alkohol brauchen. Der Alkoholgehalt beträgt nach der Destillation mindestens 38 Vol.-%.

Einer der bekanntesten Kernobstbranntweine ist der *Calvados*. Er wird aus Cidre, dem Apfelwein der Normandie, gewonnen. Calvados dürfen sich nur die Cidrebrände nennen, die aus elf genau definierten Gebieten stammen. Nach der Destillation wird Calvados in Eichen- oder Kastanienfässern gelagert, und zwar zwei bis sechs Jahre. Je älter der Calvados ist, desto samtiger und aromatischer schmeckt er. Die Farbe ist dann bernsteinfarben bis cognacbraun. Calvados ist ein idealer Digestif.

Apfelbrände, die sich nicht Calvados nennen dürfen, heißen Eau-de-vie de Pomme, Apple Brandy oder Applejack sowie Aquardiente di Sidre.

Williamsbirne, auch Williams oder Williams-Christ genannt, sind besonders aromatische Birnenbrände, die aus der Williams Christbirne gebrannt werden. Sie haben ein weiches Aroma und einen lieblichen Duft.

Der *Obstler* ist ein Kernobstbranntwein, der aus frisch vergorenen Äpfeln oder Birnen oder beiden zusammen gewonnen

wird. Die Obstsorten müssen auf dem Flaschenetikett aufgeführt sein. Der Alkoholgehalt beim Obstler schwankt zwischen
40 und 50 Vol.-%.

DESTILLATE AUS PFLANZEN UND WURZELN

Es ist schon eine ausgesprochen bunte und exotische Pflan-
zenmischung, die den Grundstock für diese große Branntwein-
gruppe bildet. Doch probieren Sie selbst: Aus Hirse, Reis und
Anis, aus Datteln, Agaven und Zuckerrohr sowie aus Palmen
und Wurzeln läßt sich so allerlei gut schmeckendes Hochpro-
zentiges brennen.

Rum
Früher war er das Getränk der Freibeuter, Piraten, Schmuggler
und Sklavenhändler und über Jahrhunderte hinweg das bedeu-
tendste Schmuggelgut. Die Heimat des Rums ist der Raum des
Karibischen Meeres mit den Inseln der Antillen (zum Beispiel
Jamaika, Martinique, Puerto Rico, Kuba), für die er neben dem
Zucker nach wie vor das wichtigste Exporterzeugnis darstellt.
Allerdings weichen die auf den verschiedenen Inseln herge-
stellten Rumsorten im Aroma, Geschmack und Bukett so stark
voneinander ab, wie zum Beispiel die Weine aus den verschiedenen Anbaugebieten Europas. Das genaue Rezept für die
Rumherstellung ist stets ein Geheimnis der Rumbrenner. Allen
Rumsorten gemeinsam ist jedoch ihr Grundstoff: die beim
Zuckersieden (aus Zuckerrohr) übrigbleibende braune, zäh-
flüssige Melasse.
Jeder Rum ist nach der Destillation klar und farblos. Damit
weißer Rum auch so klar bleibt, lagert man ihn in Fässern aus
hellem Eschenholz und füllt ihn dann zum weiteren Altern in
Edelstahltanks ab. Brauner Rum reift lange in dunklen hölzer-
nen Fässern, in denen er seine gelbliche oder bräunliche Farbe
entwickelt. Zusätzlich wird ihm oft noch Zuckercouleur (brauner Zuckersirup) zugesetzt.
„Original Rum" darf sich in Deutschland nur ein Rum nennen,
der ohne jede Veränderung und ohne Zusätze ist. „Echter Rum"
dagegen ist ein auf Trinkstärke (38–54 Vol.-%) herabgesetzter
Rum. Fast alle weißen Rumsorten gehören übrigens dazu.

„Rumverschnitt" wurde mit neutralem Sprit und Wasser so verschnitten, daß er nur noch mindestens 5 % Original Rum mit Herkunftsangabe enthält.

Weißer Rum sieht nicht nur „leichter" aus als brauner, er hat auch einen viel zarteren Geschmack als dieser. Deshalb paßt er sich beim Mixen anderen Zutaten, wie Fruchtsäften, Likören und Limonaden, hervorragend an, ohne ihren Geschmack zu übertünchen. Sein leichtes Aroma verfliegt allerdings auch schnell, deshalb eignet sich weißer Rum nicht so gut für heiße Punsche und Grogs.

Cachaça

Dies ist ein brasilianischer Zuckerrohrbrand, der im Gegensatz zum weißen Rum direkt aus dem Saft des Zuckerrohrs hergestellt wird. Der bei uns bekannteste Cachaça ist der hellgelbe, klare Pitú. Er schmeckt weich, hat ein mildes Aroma und enthält 41 Vol.-% Alkohol.

Tequila

Er ist Mexikos Schnaps Nr. 1 und war schon den Azteken bekannt. Nach der Destillation erhält man einen klaren, weißen Tequila. Goldgelber bis cognacfarbener Tequila bekommt seine Farbe durch mehrere Jahre Lagerung in Eichenholzfässern. Tequila hat etwa 45 Vol.-% Alkohol.

Mezcal

Er ist, wie der Tequila, ein Agavenbranntwein aus Mexiko, wird aber nur einmal destilliert.

Arrak

Dieses goldgelbe asiatische Pflanzendestillat wird durch Vergären und Destillieren von Reis, Zuckerrohrmelasse oder zuckerhaltigen Pflanzensäften gewonnen. Es gibt aber auch Arrak, der aus Palmen, Datteln, Hirse und anderen Pflanzen hergestellt wird. Bekannte Arraksorten sind der Batavia-Arrak aus Java, der Goa-Arrak aus Ostindien sowie der Ceylon- und der Siam-Arrak.

Sake

Der klare, meist hellgelbe Reiswein ist das Nationalgetränk der Japaner. Sein Herstellungsverfahren ähnelt dem des Rums, allerdings wird er nicht aus Zuckerrohrmelasse, sondern aus Reismelasse hergestellt. Sake schmeckt sherryähnlich und hat einen Alkoholgehalt von nur 16–17 Vol.-%.

Anisées

Schon 1500 Jahre vor Christus schätzten die Ägypter diese Spirituosen als Heilmittel. Im 19. Jahrhundert entwickelte sich ein Anisaperitif, der Absinth, zu einem wahren Modegetränk. Doch der übermäßige Genuß erwies sich als gefährlich, führt er doch oft zum Wahnsinn und zum Tode. Und so wurde Absinth schließlich in den meisten Ländern verboten.
Inzwischen gibt es jedoch wieder eine Fülle „gutartiger" Nachfolger: die Anisées, in Frankreich auch Pastis genannt. Ihre Grundlage ist der Sternanis. Seine ätherischen Öle werden destilliert und dann mit Zucker, reinem Alkohol und verschiedenen Zutaten, wie Minze, Melisse, provenzalische Kräuter oder Süßholz, vermischt. Zu den bekanntesten Aniséemarken zählen Pernod und Ricard aus Frankreich, der Pastis (er ist jetzt auch alkoholfrei erhältlich) und der Anisette (ein Gewürzlikör).
Zur großen Familie der Anisbrände gehören aber auch der griechische Ouzo und der türkische Raki. Ouzo ist ein süßlicher Anisbranntwein mit 40–50 Vol.-% Alkohol. Raki schmeckt herbwürzig und nicht so süß wie der Ouzo und hat einen Alkoholgehalt von 40–50 Vol.-%.

Enzian

Dieser Spezialbranntwein der Alpenländer wird aus den bis zu 5 kg schweren Wurzeln des gelben Enzians gewonnen. Enzian hat einen bitteren, erdigen Geschmack und riecht auch streng herb. Er muß mindestens 38 Vol.-% Alkohol enthalten.

BITTERS

Dieser Sammelbegriff steht für alle Bitterliköre (siehe Liköre, Seite 28) und Würzbitters. Bitters werden aus Kräuter- und Wurzelextrakten, aus Drogenbestandteilen vor allem tropischer und subtropischer Pflanzen und aus Gewürzen hergestellt. Meist haben sie eine dunkle Farbe und wirken verdauungsfördernd sowie appetitanregend.

Angostura

Er wird aus Extrakten von Pomeranzenschalen, Enzianwurzeln, Angelikawurzeln, Chinarinde, Gewürznelken, Muskatblüte, Kardamom, Zimt und Galgant hergestellt. Heute ist Angostura der bekannteste Bitter der Welt, unentbehrlich für jeden Barmixer zum Aromatisieren von Drinks.

Orange-Bitter

Er ist ein Extrakt aus Pomeranzenschalen, der mit Gin vermischt ist. Auch er dient ausschließlich zum Aromatisieren von Cocktails.

Tropical-Bitter

Er ist ein auf der Basis von tropischen Früchten hergestellter Bitter.

Boonekamp

Dieser aromatische Bitterbranntwein (mindestens 40 Vol.-% Alkohol) enthält eine Fülle exotischer Zutaten. So zum Beispiel Anis, Fenchel, Süßholz, Bitterklee, Manna, Baldrianwurzel, Wermutkraut und Pappelknospen, um nur einige wenige zu nennen.

Campari

Dieser weltbekannte italienische Bitterbranntwein verdankt sein typisches Aroma einer streng gehüteten Kräutermischung und den Schalen der Bitterorange. Der rubinrote Bitter wurde 1861 in Mailand von dem Gastwirt und Destillateur Caspare Davide Campari kreiert und hat sich heute zu einem Aperitifklassiker entwickelt. Er eignet sich gut zum Mixen.

Aperol

Er ist der „kleine Bruder" des Camparis und hat einen Alkoholgehalt von nur 11 Vol.-%.

Cynar

Der Bitter-Aperitif ist italienischen Ursprungs, wird aus Artischockensaft und Kräutern hergestellt und hat einen Alkoholgehalt von 16,5 Vol.-%.

Zur Großfamilie der Bitters gehören aber auch der **Fernet-Branca**, der **Punt e Mès**, der nach Pfefferminz schmeckende

Branca Menta, der goldgelbe, süßlich schmeckende **Karlsbader Becher Bitter** (heute Karlovarske Becherovka genannt), der französische **Suze** und der seit 1846 in Rheinberg am Niederrhein nach altem Familienrezept gebraute **Underberg**.

LIKÖRE

Mediziner und Mönche waren es, die auf der Suche nach Heilmitteln die ersten Liköre herstellten, denn um ihren Patienten die bitteren Kräuterelixiere zu versüßen, rührten sie Honig oder Zucker darunter. Liköre sind, laut Gesetzgeber, Spirituosen mit Zusatz von Zucker und aromatisierenden Stoffen, Pflanzen- und Fruchtauszügen (oder Destillaten), Fruchtsäften oder ätherischen Ölen. Statt mit Zucker dürfen sie auch mit Honig, Glukose und Kandiszucker gesüßt werden. Je nach Zutaten unterscheidet man zwischen Kräuter-, Gewürz- und Bitterlikören, Fruchtlikören (aus Fruchtsaft hergestellt), Fruchtaromalikören (aus Früchten oder Fruchtteilen hergestellt), Cremes, Emulsionslikören (dickflüssig und gehaltvoll) und Whisk(e)ylikören. Auch der Alkoholgehalt der Liköre ist unterschiedlich. So enthalten Milch-, Schokoladen- und Eierliköre mindestens 20 Vol.-%, Fruchtsaft-, Kakao-, Kaffee- und Teeliköre mindestens 25 Vol.-%, Fruchtbrandys und Vanilleliköre mindestens 30 Vol.-%, Honigliköre und Fruchtliköre mit dem Zusatz „Triple Sec" mindestens 35 Vol.-% Alkohol. Ein Likörchen kann es also durchaus in sich haben. Zum Mixen sind Liköre unentbehrlich, sei es nun als Farbgeber, als Süßungsmittel oder zur Geschmacksabrundung.

Amaretto

Der bernsteinfarbene Likör aus Italien wird aus süßen und bitteren Mandeln, Aprikosenkernen, Vanille und anderen Gewürzen hergestellt. Sein Alkoholgehalt beträgt 28 Vol.-%. Die Blausäure, die sowohl in Mandeln als auch in Aprikosenkernen enthalten ist, wird bei der Destillation ausgeschieden.

Amaro Averna

Der auch Amaro Siciliano genannte Likör ist ein italienischer, intensiv schmeckender Bitterlikör.

Anisette
Dieser Gewürzlikör wird vorwiegend aus Sternanis hergestellt. Dazu kommen weitere Zusätze, wie Fenchel, Gewürznelken, Koriander, Veilchenwurzel und andere Gewürze. Sein Alkoholgehalt: mindestens 30 Vol.-%.

Apricot Brandy
Der Aprikosenlikör wird aus Aprikosensaft, Aprikosenbranntwein, Zucker und Stärkesirup, Sprit und Wasser hergestellt. Sein Alkoholgehalt: mindestens 30 Vol.-%. Wird anstelle des aromatischen Obstbranntweins nur ein Primasprit genommen, darf sich dieses Erzeugnis nur Aprikosenlikör nennen. Apricot Brandy wird gerne zum Mixen genommen, da er sich mit den meisten Spirituosen und Säften gut verbindet.

Bénédictine
Dieser bernsteinfarbene französische Kräuterlikör verdankt seinen Namen Benediktinermönchen, die den Likör im Jahre 1510 das erste Mal hergestellt haben.

B & B
Dieser bernsteinfarbene Likör ist eine Mischung aus Bénédictine und Cognac und wurde 1938 auf den Markt gebracht. Sein Alkoholgehalt: 40 Vol.-%.

Cassis
Der dunkelrote Likör wird aus dem Saft von schwarzen Johannisbeeren hergestellt. Cassis ist das französische Wort für diese Beerenfrucht. Sein Alkoholgehalt: mindestens 20 Vol.-%. Ein Cassis darf sich nur *Crème de Cassis* nennen, wenn er einen Mindestalkoholgehalt von 15 Vol.-% und einen Mindestzuckeranteil aufweisen kann. Cassis wird pur als Likör oder aber als Aperitif getrunken.

Chartreuse
Der französische Kräuterlikör wurde von einem unbekannten Alchimisten als Lebenselixier erfunden. Mönche des Klosters La Grande Chartreuse bei Grenoble verbesserten die Geheimformel des Alchimisten und entwickelten dann neben dem ursprünglich grünen Chartreuse auch den gelben, den König der Liköre. Chartreuse besteht aus etwa 130 verschiedenen

Kräutern und Extrakten; flüssiger Grundstoff ist Weinbrand. Der gelbe Chartreuse ist sehr mild und enthält 43 Vol.-% Alkohol. Der grüne Chartreuse ist würziger und kräftiger und enthält 55 Vol.-%.

Cherry Brandy
Dieser Kirschlikör wird aus Kirschsaft hergestellt und hat etwa 25 Vol.-% Alkohol.

Cointreau
Der Likör wird aus reifen Bitterorangen und Zitronen gewonnen. Sein Alkoholgehalt: 40 Vol.-%. Man trinkt ihn pur oder auf Eis. Zudem nimmt man ihn zum Mixen sowie zum Aromatisieren von Gebäck und Süßspeisen.

Crèmes
Unter dieser Bezeichnung findet man feine, dickflüssige und zuckerreiche Liköre mit einem Alkoholgehalt von mindestens 25 Vol.-%. Sie kommen auch unter der Bezeichnung „Crème de…" auf den Markt. Meistens bestehen sie aus Cognac oder Weinbrand und erhalten ihren charakteristischen Geschmack von Fruchtdestillaten.

Crème de Banane ist ein Bananenlikör, der aus reifen, aromatischen Bananen hergestellt wird.

Crème de Cacao ist ein hell- bis dunkelbrauner Kakaolikör aus gerösteten und geschroteten Kakaobohnen und einem Hauch Vanille. Der helle Kakaolikör ist übrigens süßer als der dunkle.

Crème de Café ist ein Kaffeelikör, der aus frisch geröstetem und gemahlenem Kaffee hergestellt wird (siehe auch Kaffeelikör, Seite 32).

Crème de Cassis ist ein würziger Likör aus schwarzen Johannisbeeren (siehe auch Cassis, Seite 29).

Crème de Coco ist ein Likör, der auf der Basis von Kokosnüssen hergestellt wird (siehe auch Kokoslikör, Seite 33).

Crème de Fraises ist ein aromatischer, zart rosafarbener Erdbeerlikör.

Crème de Framboise hat Himbeeren als Grundlage und schmeckt etwas lieblicher als Erdbeerlikör.

Crème de Mandarines wird aus Mandarinensaft hergestellt.

Crème de Menthe duftet und schmeckt nach Pfefferminze. Es gibt ihn in weiß und in grün (siehe auch Pfefferminzlikör, Seite 33).

Crème de Noyaux ist ein Nußlikör aus gemahlenen Hasel- und Walnüssen, Mandeln, Kirschkernen, Cognac oder Weinbrand. *Crème de Prunelle* wird aus Pflaumenauszügen und Weinbrand hergestellt. *Crème de Violette* ist ein blauer Veilchenlikör.

Curaçao

Dies ist die Gattungsbezeichnung für Orangenliköre, die aus den Schalen einer Pomeranzenart hergestellt werden. Früher wuchs diese Pomeranzenart (Bitterorangen) vorwiegend auf der westindischen Insel Curaçao vor der Küste Venezuelas, daher auch der Name. Heute kommt die getrocknete Schale dieser Pomeranzenart vor allem aus Haiti. Um der Schale die Aromastoffe zu entziehen, wird sie mit Weingeist, Cognac oder Armagnac behandelt. Dann kommen Gewürze und Kräuter hinzu. Curaçao wird in vielen Farben hergestellt, in hell (*Curaçao Triple sec*), in orange (*Red Orange*), grün und blau (*Curaçao blue*). Der normale Curaçao hat einen Alkoholgehalt von mindestens 30 Vol.-%. Trockene Sorten mit der Zusatzbezeichnung „sec" (trocken) oder „Triple sec" (dreifach trocken) müssen mindestens 35 Vol.-% Alkohol haben.

Danziger Goldwasser

Der klare, farblose Gewürzlikör wird nach einem 400 Jahre alten Rezept hergestellt. Das Besondere an ihm sind echte 22karätige Goldblätter, die glitzernd in der Flüssigkeit schwimmen und Glück bringen sollen. Sein Alkoholgehalt: mindestens 38 Vol.-%.

Drambuie

Der schottische Whisky-Honig-Likör besteht aus 15jährigem Scotch Whisky, Kräutern der Highlands und schottischem Heidehonig. Sein Alkoholgehalt: 40 Vol.-%.

Eierlikör

Er gehört zu den Emulsionslikören und wird aus Eigelb, Zucker und Alkohol (meistens Weinbrand) hergestellt. Sein Alkoholgehalt: 20 Vol.-% und mehr.

Escorial

Er ist ein deutscher, grüner Kräuterlikör.

Frangelico
Dieser bernsteinfarbene italienische Kräuterlikör wird aus Haselnüssen, Kräutern und Beeren hergestellt.

Grand Marnier
Der französische Orangenlikör wird aus karibischen Bitterorangen (Pomeranzen) hergestellt. Es gibt einen hellen Grand Marnier und einen roten (Grand Marnier Cordon Rouge). Beide haben einen Alkoholgehalt von 40 Vol.-%. Pur serviert man Grand Marnier entweder zimmerwarm in Schwenkern oder kalt auf Eis. Zum Mixen ist er aber auch ideal geeignet.

Galliano
Er ist einer der bekanntesten italienischen Liköre. Etwa 70 verschiedene Kräuter und Pflanzenauszüge verleihen dem goldgelben Likör sein spezielles Aroma. Sein Alkoholgehalt liegt bei 35 Vol.-%. Galliano gibt es aber auch farblos mit Orangenaroma und bräunlich mit Mandelaroma.

Irish Mist
Dieser Whiskeylikör wird aus Irish Whiskey, Kräutern und Heidehonig hergestellt. Sein Alkoholgehalt: 35 Vol.-%.

Jägermeister
Er ist der in Deutschland meistgetrunkene und auch bekannteste Kräuterlikör. Sein Alkoholgehalt: 35 Vol.-%.

Kaffeelikör
Der oft auch Moccalikör genannte Likör wird aus frisch gerösteten, gemahlenen Kaffeebohnen oder aus Pulverkaffee ohne künstliche Aromastoffe hergestellt. Er hat einen Alkoholgehalt von mindestens 25 Vol.-%. Liköre mit der Bezeichnung „Kaffee mit Sahne" oder „Mocca mit Sahne" enthalten mindestens 10 % Kaffeesahne. Zu den bekanntesten Kaffeelikörmarken gehören der Kahlúa, ein mexikanischer Kaffeelikör mit Kräutern und Vanille, der Tía Maria, ein Kaffeelikör mit Zuckerrohralkohol und der Batida de Café.

Kakaolikör
Er wird aus destillierten Kakaobohnen oder aus Kakaopulver hergestellt. Häufig wird ihm auch Kirschwasser zugesetzt.

Kirschlikör

Er gehört zur Gruppe der Fruchtsaftliköre und enthält mindestens 25 Vol.-% Alkohol. Bekannte Kirschliköre sind unter anderen der dänische Cherry Heering, der italienische Luxardo und der Maraschino.

Kokoslikör

Seine Basis ist die Milch von Kokosnüssen. Es gibt ihn gleich in mehreren Varianten: sahnig mit brasilianischer Kokosmilch als Cocosala, Batida de Coco oder Crème de Coco, kristallklar als Coco Ribe sowie als Malibu.

Kontiki

Dieser Alcotropic wird aus Gin, Zitronen und Grapefruits hergestellt. Sein Alkoholgehalt: 22 Vol.-%.

Maracujalikör

Dieser Fruchtsaftlikör wird aus Passionsfrüchten hergestellt. Die bekannteste Marke ist Jambosala mit 25 Vol.-% Alkohol.

Maraschino

Dieser Kirschlikör schmeckt leicht nach bitteren Mandeln. Sein Alkoholgehalt: 30–35 Vol.-%. Man trinkt ihn oft auf Eis als Digestif nach dem Essen.

Peach Brandy

Er zählt zu den Fruchtaromalikören, ist wasserhell und klar. Sein Alkoholgehalt: 30–35 Vol.-%.

Parfait Amour

Dies ist ein lilafarbener, aus Veilchen und exotischen Zutaten hergestellter Fruchtaromalikör.

Pfefferminzlikör

Er besteht aus natürlichen Pfefferminzessenzen, Alkohol und Zucker.

Pisang Ambon

Der Bananenlikör wird aus Bananen hergestellt, die auf der kleinen indonesischen Insel Ambon wachsen. Der grüne, mit Kräutern gewürzte Likör hat 22 Vol.-% Alkohol.

Sambuca

Er ist farblos und wird aus Holunderbeeren und Lakritz hergestellt. Das italienische Nationalgetränk ähnelt den französischen Anisgetränken und wird deshalb auch gerne als Longdrink mit Wasser und Eis getrunken.

Schwedenpunsch

Dieser Speziallikör wird aus Arrak, oft auch Wein und verschiedenen Gewürzen hergestellt.

Southern Comfort

Er ist der Klassiker unter den Whiskylikören und wurde vor gut
130 Jahren in New Orleans erfunden. Besonders typisch: sein
aromatisches Orangen-Pfirsich-Aroma. Sein Alkoholgehalt:
40 Vol.-%.

Strega

Er wird auch oft „La Strega" (die Hexe) genannt und ist einer
der berühmtesten Kräuterliköre Italiens. Grundlage sind Kräuter, Wurzeln und Rinden aus den Tälern des Apennin.
Geschmack: bittersüß.

Zitronenlikör

Dieser Fruchtaromalikör wird aus reifen Zitronen hergestellt.
Die Bezeichnung „Triple" oder „Triple sec" erfordert einen Mindestalkoholgehalt von mindestens 35 Vol.-%. Normalerweise
enthält Zitronenlikör 30 Vol.-% Alkohol.

Fast schon unüberschaubar ist die große Zahl der Soft-Spiri-
tuosen und exotischen Mischungen, die aber nicht unbedingt
zur Familie der Liköre gehören. Da gibt es beispielsweise den
Pimm's No. 1, die englische Spezialität auf Ginbasis, schon fer-
tig gemixt zu kaufen. Das Getränk, oft als Lieblingsdrink der
englischen Königin gerühmt, braucht nur noch mit Mineralwasser, Ginger-ale, Orangen- oder Zitronenlimonade aufgefüllt zu werden. Pimm's gibt es als No. 2 mit Whisky, als No. 3
mit Weinbrand, als No. 4 mit weißem Rum und als No. 5 mit
Wodka.

Zutaten

SCHAUMWEINE

Schaumwein ist der ausgesprochen nüchterne Oberbegriff für ein äußerst prickelndes Vergnügen. Denn sowohl Sekt, Champagner, Crémant, Spumante und Cava sprudeln unter dieser Bezeichnung. Sie alle sind weinhaltige Getränke, die durch Gärung (entweder in der Flasche oder im Tank) oder durch Zusatz von Kohlensäure aus Wein hergestellt werden und in geschlossenen Behältern bei 20° C einen Überdruck von mindestens drei Bar aufweisen.

Champagner
Er ist der König unter den Schaumweinen. Seinen Namen hat er von der Region, in der er erzeugt wird; und nur der schäumende Wein aus dem genau abgegrenzten Anbaugebiet um Reims und Epernay in Nordfrankreich darf sich so nennen. Seine Herstellung ist sehr aufwendig, da der Champagner in den Flaschen gären muß, in denen er auch verkauft wird (Methode champenoise).
„Extra Brut" ist ein besonders herber Champagner, „Brut" ist sehr trocken bis trocken, „Extra dry" ist ein trockener bis halbtrockener Champagner, „Sec" ist halbtrocken bis süß, „Demi sec" ist süß und „Doux" ist sehr süß.

Crémant
Der auch Vin Mousseux genannte Schaumwein stammt zwar nicht aus der Champagne, aber auch er wird nach der „Methode champenoise" hergestellt, muß also in der Flasche gären.

Sekt
Dieser Qualitätsschaumwein wird in Deutschland hergestellt. Seine Mindestlagerzeit beträgt neun Monate. Nach einer behördlichen Prüfung wird ihm dann eine amtliche Prüfnummer zugeteilt, die auf dem Etikett erscheinen muß.
Prädikatssekt ist ein Qualitätsschaumwein, der zu mindestens 60% aus deutschen Weinen hergestellt wurde.
Winzersekt ist ein Sekt, der von Winzern oder von einer Erzeugergemeinschaft ausschließlich nach der „Methode champenoise" hergestellt wird.

35

Spumante
Dies ist ein lieblicher italienischer Schaumwein. Sein berühmtester und ältester Vertreter ist der Asti Spumante.

Cava
Dieser spanische Schaumwein wird ausschließlich nach der „Methode champenoise" hergestellt.

Krimsekt
Der weiße oder rote Schaumwein wird aus Muskatellertrauben hergestellt, die nur auf der russischen Halbinsel Krim wachsen. Echter Krimsekt gärt in Flaschen.

VERSETZTE WEINE

Versetzte Weine sind haltbar gemachte Weine, die Zusätze wie Kräuter, Zucker und ähnliches enthalten. Sie werden mit Vorliebe als Aperitif serviert. Die Rede ist von Vermouth, Sherry, Portwein und Co.

Vermouth
Der mit Kräutern, Alkohol, Zucker, Karamel und Wasser versetzte Wein wird hauptsächlich in Italien und Frankreich hergestellt.
Süßer Vermouth ist weiß (bianco) oder rot (rosso) und hat einen Alkoholgehalt von 15,5–16 Vol.-%.
Trockener Vermouth (dry, extra dry) ist weiß, enthält mindestens 18 Vol.-% Alkohol und höchstens 40 g Zucker.
Halbsüßer Vermouth wird als rosé angeboten. Die bekanntesten Vermouth-Marken sind:
Carpano Punt e Mes ist ein bittersüßer italienischer Vermouth mit einem Alkoholgehalt von 20 Vol.-%. Ein weiterer berühmter „Italiener" ist der Cinzano, der Rosso Antico. Ihn gibt es als bianco, rosso und dry. Noilly Prat ist der trockenste unter den „Vermouth-Brüdern" und kommt, wie der Picon, aus Frankreich. Seit neuestem gibt es auch alkoholfreien Vermouth im Handel.
Neben den klassischen Vermouths gibt es noch eine Fülle von Aperitifs auf Weinbasis, die größtenteils auch der Chinarinde

ihren Geschmack verdanken. Die bekanntesten Vertreter dieser Aperitif-Gruppe sind unter anderem **Byrrh** (rot) und **Dubonnet** (weiß und rot), beides französische Aperitifs.

Sherry

Dies ist ein versetzter Südwein aus einer gesetzlich genau definierten Gegend Andalusiens.

Je nach Geschmack unterscheidet man folgende Sherryarten:
Fino ist der trockenste aller Sherrys. Er ist hellgelb und hat ein feines Mandelaroma. Sein Alkoholgehalt beträgt 15,5 bis 17 Vol.-%.

Manzanilla ist ein Fino aus Sanluca de Barrameda. Er ist leicht, frisch und aromatisch, etwas bitter im Geschmack und hat einen Alkoholgehalt von 15,5–16,5 Vol.-%.

Amontillado ist ein bernsteinfarbener, halbtrockener Sherry mit einem Alkoholgehalt von 18–25 Vol.-%. Er wird auch als Medium und Medium Dry angeboten.

Olorosso nennt man den dunkelbraunen, körperreichen Sherry mit einem Alkoholgehalt von bis zu 24 Vol.-%. Er schmeckt leicht nach Walnuß.

Cream Sherry ist eine Olorosso-Auslese, sehr süß und recht dunkel.

Madeira

Dieser goldgelbe versetzte Wein (15–20 Vol.-%) wird nur auf der portugiesischen Insel Madeira vor der Westküste Afrikas erzeugt. Es gibt vier verschiedene Sorten mit unterschiedlichen Süßegraden, die nach der verwendeten Traubensorte benannt sind: Bual (Boal), ein leichter, nicht ganz so süßer Wein, Verdelho, ein halbtrockener Wein mit leichtem Honiggeschmack, Malvasier (Malmsey), der süßeste Madeira, und Sercial, der trockenste Madeira.

Portwein

Er gehört zu den berühmtesten versetzten Weinen der Welt. Seine Heimat liegt im Norden Portugals. Rote und rubinrote Portweine, die gelagert werden, sind meistens verschnitten. Sie sind jung, süß und fruchtig und eignen sich ideal als Dessertweine. Weißer Portwein reift auch mehrere Jahre im Faß, ehe er in Flaschen abgefüllt wird. Er ist ein hervorragender Aperitifwein.

Malaga
Dieser spanische Südwein wurde ursprünglich nur im Gebiet von Malaga hergestellt. Heute wird er aber auch an der Ostküste Spaniens produziert. Als junger Wein ist er strohgelb, im Alter dagegen braungelb. Color auf dem Etikett bedeutet, daß er sehr süß ist, Sec dagegen heißt trocken. Malaga hat einen Alkoholgehalt von 17 Vol.-%. Man trinkt ihn häufig gerne als Digestif nach dem Essen.

Marsala
Dieser Südwein (mindestens 12 Vol.-%) darf nur in der westsizilianischen Provinz Trapani und in Teilen von Agrigent und Palermo hergestellt werden.

Samos
Dieser Dessertwein wurde nach der griechischen Insel Samos benannt. Da der Zuckergehalt etwa 10% ausmacht, ist er sehr süß. Der Samos wird wie Likör aus kleinen Dessertweingläsern getrunken.

Tokajer
Dieser ungarische Dessertwein stammt aus der Tokaji, einem Weingebiet 150 km nördlich von Budapest.

SIRUPS

Sie spielen beim Mixen eine sehr große Rolle, denn sie bringen Farbe ins Glas, geben die richtige Süße und verleihen vielen Drinks erst das gewisse Etwas. Mit Sirup sollten Sie allerdings sparsam umgehen. In der Regel reichen wenige Tropfen davon.

Zuckersirup
Der oft auch Läuterzucker genannte Sirup ist der am meisten verwendete. Er läßt sich ganz einfach selbst herstellen:
In 1 l kochendes Wasser 1 kg Zucker einrühren und alles aufkochen lassen. Je länger die Zuckerlösung kocht, desto dickflüssiger wird der Sirup. Ihn dann abkühlen lassen, in Flaschen abfüllen und kühl und dunkel aufbewahren.

Grenadine
Dieser blutrote, kräftige Fruchtsirup wird aus Granatäpfeln gewonnen. Er färbt Drinks je nach Dosis zartrosa bis tiefrot. Für Cocktails, die eine rote Farbe haben sollen, eignen sich aber auch Himbeer-, Preiselbeer- und Erdbeersirup sowie der aus schwarzen Johannisbeeren hergestellte Cassissirup.

Mandelsirup
Dieser in Frankreich und in den USA Orgeat, in Italien Orzata genannte Sirup ist milchig-weiß und hat einen sehr intensiven und aromatischen Geschmack.
Bis zu **30 verschiedene Sirupsorten** gibt es. So zum Beispiel Mango-, Papaya-, Maracuja-, Kokos- und Kiwisirup, aber auch Bananen-, Ahorn-, Orangen-, Pfirsich-, Mandarinen-, Aprikosen-, Pfefferminz- und Anissirup.
Unerläßlich zum Süßen und Aromatisieren ist auch **Rose's Lime Juice** (Limettensirup), der bei vielen Cocktails Zitronensaft und Zucker ersetzt. Ebenfalls kein klassischer Sirup, aber dennoch ausgesprochen wichtig ist **Cream of Coconut**. Die in Dosen angebotene Kokosnußcreme kann dickflüssig, aber auch cremig-fest sein. Sie ist ideal für exotische Drinks. Verdünnen Sie sie aber 1:1 mit Wasser, sonst ist sie zu süß.

SÄFTE

Fruchtsäfte sind ein absolutes Muß in jeder gut sortierten Bar, denn sie geben den Drinks die gewünschte Farbe und auch ein besonderes Aroma. Klassiker unter den Fruchtsäften sind nach wie vor Zitronen- und Orangensaft. Beide sollten möglichst frisch gepreßt sein. Im Handel gibt es jetzt aber auch schon qualitativ hochwertige Fruchtsäfte. Doch Vorsicht beim Einkauf! Nicht alles, was aus der Flasche fließt, ist auch Obst:
Naturreiner Fruchtsaft muß zu 100% aus gepreßtem Obst (frischem oder tiefgekühltem) bestehen.
Fruchtsäfte aus Konzentrat bestehen ebenfalls zu 100% aus Früchten, allerdings wird der Saft aus Fruchtsaftkonzentrat hergestellt.
Fruchtnektar ist ein Gemisch aus Fruchtsaft und/oder Fruchtmark, Wasser und Zucker. Der Fruchtanteil muß bei Äpfeln, Bir-

nen und Zitrusfrüchten mindestens 50% und bei tropischen Früchten, Johannisbeeren und Sanddorn mindestens 25% betragen. Bei Diät-Fruchtsaftnektaren oder Light-Säften wird der Fruchtsaft mit Wasser verdünnt und der Zucker durch Zuckeraustauschstoff oder Süßstoff ersetzt.

Fruchtsaftgetränke haben nur einen minimalen Fruchtanteil, dafür enthalten sie aber viel Tafel- oder Mineralwasser und Zucker. Ein Beispiel: In einer Flasche Orangensaft steckt der Saft von etwa 20 Apfelsinen, in einer Flasche Orangennektar der von etwa 10 und in einer Flasche Orangenfruchtsaftgetränk der von nur 1 ½ Apfelsinen.

Neben Obstsäften benötigen Sie zum Mixen pikanter Drinks **Gemüsesäfte**. Auch bei diesen ist die Auswahl in den Geschäften viel besser geworden.

LIMONADEN UND WÄSSER

Man braucht sie zum Auffüllen und Verdünnen, und sie sorgen für das schäumende und prickelnde Etwas.

Bitter lemon ist ein chininhaltiges Getränk, das aus den leicht bitteren Schalen von Limetten gewonnen wird. Ähnliche Getränke sind **Bitter Orange** aus Orangen- und **Bitter Grapefruit** aus Grapefruitschalen.

Colagetränke gehören zur großen Limonadenfamilie und enthalten neben Zucker, Tafelwasser und anderen Geschmacksstoffen auch das anregende Koffein.

Ginger-ale ist ein limonadenartiges Getränk mit Ingwergeschmack.

Limonaden brauchen im Gegensatz zu Fruchtsäften nur Fruchtessenzen zu enthalten, sie können aber auch mit Fruchtsaft hergestellt sein. Außerdem bestehen sie aus mindestens 7% reinem Zucker sowie aus Genußsäuren und kohlensäurehaltigem Wasser oder Tafelwasser.

Sanbitter ist ein alkoholfreies Bittergetränk aus Italien.

Tonic water schmeckt herbfrisch und leicht süßlich. Es enthält eine Spur Chinin.

Mineralwasser gibt es mit und ohne Kohlensäure, leicht bitter oder etwas salzig sowie mit hohem und geringem Gehalt an Mineralstoffen.

Soda (Sodawasser) hat einen hohen Natriumcarbonatgehalt. Es enthält entweder natürliche oder „künstlich eingepreßte" Kohlensäure.

EIER, MILCH UND SAHNE

Man braucht sie zum Beispiel für Egg-Nogs und Shakes, für Flips und Cocktails sowie zum Auffüllen und Garnieren. Auch wenn es etwas merkwürdig klingt – sie sind unentbehrliche Zutaten für einen Barmixer.

Eier sollten immer nur frisch verwendet werden. Im Eierfach des Kühlschranks halten sie mindestens drei Wochen, bei Zimmertemperatur allerdings nur eine Woche.

Frothee ist ein flüssiges, geschmacksneutrales Eiweißkonzentrat, das Drinks eine schöne Schaumkrone verleiht. Wer es nicht bekommen kann, ersetzt es durch eine selbstgemachte Eiweiß-Wasser-Mischung (Verhältnis 1:1).

Milch schmeckt frisch am besten. Besonders cremig werden die Drinks, wenn Sie Milch mit 3,5% Fett verwenden.

Milchprodukte, wie Buttermilch, Dickmilch, Joghurt und Kefir, eignen sich ebenfalls gut zum Mixen. Nehmen Sie auch hier solche mit 3,5% Fett.

Sahne nimmt man gerne, wenn ein Drink besonders cremig sein soll, aber auch, wenn man ihn mit einer Sahnehaube dekorieren will. Gemixt wird in der Regel mit flüssiger Sahne, eventuell auch mit leicht geschlagener.

OBST UND GEWÜRZE

Ob als pfiffige Dekoration oder als raffinierte Würze – Obst, Gemüse, Gewürze und Aromate spielen auch beim Mixen eine wichtige Rolle. Vieles von dem, was Sie unten aufgeführt finden, haben Sie mit Sicherheit schon in der Küche vorrätig.

Obst braucht man in der Regel für die Dekoration. Was sich eignet, finden Sie auf Seite 50.

Auch **Gemüse** (wie Oliven und Perlzwiebeln) werden als Dekoration verwendet (siehe Seite 51).

Außerdem sollten Sie folgende Dinge bereitstehen haben: Instantkaffee, Zucker (Kristallzucker, Puderzucker, Würfelzucker, Kandis, brauner Zucker), Salz, Muskat (Nüsse oder gerieben), Nelken, Zimtpulver, Zimtstangen, Pfeffer (gemahlen), Paprikapulver und Selleriesalz sowie Tabasco, Ketchup und Worchestershiresauce.

EIS

Ohne Eis sind die meisten Mixgetränke undenkbar. Zum einen soll es das Getränk beim Mixen stark abkühlen, ohne es dabei aber zu verwässern, zum anderen soll es die Getränke möglichst lange im Glas kühl halten.

Bei **Eiswürfeln** gilt: je größer, um so besser. Aus Eiswürfelschalen mit Hebeln sowie aus Plastiktüten für Eiswürfel lassen sich die Würfel besonders schnell herausnehmen. Wenn Sie Wert auf glasklares Eis legen, sollten Sie das Wasser vor dem Gefrieren abkochen oder Mineralwasser nehmen.

Crushed ice (zerstoßenes Eis) läßt sich am einfachsten in einer Eismühle zubereiten (siehe Seite 10). Es geht aber auch ohne, und zwar so: Legen Sie einige Eiswürfel auf ein Geschirrtuch, und falten Sie es zu einem Beutel zusammen. Dann legen Sie diesen auf einen festen Untergrund und schlagen mit einem Fleischklopfer auf die Eiswürfel im Tuch ein. Nun füllen Sie das zerstoßene Eis in ein großes Glas und stellen es bis zum Gebrauch ins Gefrierfach. Da zerstoßenes Eis schneller schmilzt als Würfel, sollten Sie es immer erst kurz vor der Verwendung zubereiten.

Außerdem gibt es noch **Cobbler ice** (grob zerstoßenes Eis) und **Shaved ice** (geschabtes Eis). Man benötigt beides aber in der Regel nur ganz selten.

So paradox es auch klingen mag, je kälter das Eis ist, desto geringer ist sein Kühleffekt. Drinks mit eiskalten Würfeln müssen viel länger geschüttelt werden als solche mit „wärmeren". Und so benutzen Profi-Barkeeper auch Eiswürfel, deren Temperatur bei ungefähr 0° C liegt. Deshalb der Tip: Nehmen Sie die Eiswürfelschale einige Zeit vor der Zubereitung der Getränke aus dem Tiefkühlfach.

DER GRUNDSTOCK EINER BAR

Für den Start ins Mixvergnügen haben wir eine Grundstockliste der Spirituosen und Liköre zusammengestellt, mit der Sie schon für viele Drinks gerüstet sind. Sie können aber auch erst mit zwei oder drei Ihrer Lieblingsspirituosen beginnen und das Barsortiment dann allmählich aufstocken.

Für den Anfänger:
Apricot-Brandy
Bourbon Whiskey
Scotch Whisky
Campari
Gin
Crème de Cassis (Johannis-
beerlikör)
Crème de Menthe grün
(Pfefferminzlikör)
Crème de Cacao (Kakaolikör)
Cognac oder Weinbrand
Cointreau (Orangenlikör)
Curaçao blue
weißer Rum
brauner Rum
Sekt
Sherry (fino und olorosso)
weißer Tequila
Wodka
Vermouth (bianco, rosso,
dry).
Dazu kommen nun noch
Aroma-Träger, wie Angostura
und Orange-Bitter, Zucker-
und Grenadinesirup, Soda-
oder Mineralwasser, Bitter
lemon, Ginger-ale, Tonic
water, Orangen- und Zitro-
nensaft sowie Eier, Sahne,
Obst und frische Minze.

**Für den Fortgeschrittenen
zum Aufstocken:**
Amaretto
Anislikör
Bénédictine
Calvados
Cherry Brandy
Cynar
Drambuie
Galliano
Grand Marnier
Irish Whiskey
Korn
Pernod
Portwein
Sherry (amontillado, cream)
Southern Comfort

MIXEN

Zubereitung im Shaker

So werden Drinks zubereitet, die schwer mischbare Zutaten, wie Sirup, Likör, Milch und Eier enthalten. Den Shaker zu zwei Dritteln mit Eiswürfeln füllen, kurz durchschwenken. Das Gästeglas kühl stellen.

Nun das Schmelzwasser aus dem Shaker abseihen. Die Zutaten nach Rezept abmessen, in den Shaker geben und ihn verschließen. Den Shaker kurz und kräftig schütteln. Dabei bewegt man ihn vom Körper weg und zum Körper hin. Alle Drinks, die sich leichter mischen, werden etwa 10 Sekunden, Drinks mit Eigelb 20 Sekunden geschüttelt.

Dann den Shaker öffnen und den Drink durch das Barsieb ins vorgekühlte Glas seihen. Den Drink eventuell dekorieren. Ein perfekt geschüttelter Cocktail sieht zunächst trübe aus, klärt sich aber langsam von unten nach oben. Im Boston-Shaker sollten übrigens nicht mehr als zwei Cocktails zusammen geschüttelt werden (dann mehr Eis nehmen).

Zubereitung im Blender

Im Blender werden vor allem Drinks zubereitet, die Früchte, Speiseeis, Sahne und Eier enthalten, sowie alle „frozen Drinks". Zuerst das passende Gästeglas kühl stellen. Dann 1 Barschaufel Crushed ice oder 2 bis 3 Eiswürfel in den Mixbecher des Blenders geben. Die für den Drink nötigen Zutaten sowie die Dekoration bereitstellen.

Die Zutaten nach Rezept abmessen und in den Mixbecher geben. Diesen verschließen und den Blender auf Stufe 1 etwa 10 Sekunden laufen lassen. Dann auf Stufe 2 schalten und den Blender nochmals 10 Sekunden laufen lassen.

Den Drink in das Gästeglas gießen, dekorieren und sofort servieren. Soll der Drink etwas dickflüssiger sein, gibt man, bevor man auf Stufe 2 schaltet, noch etwas Crushed ice in den Mixbecher des Blenders.

45

Zubereitung im Rührglas

Im Rührglas werden alle Drinks zubereitet, die zusammen mit Eiswürfeln gerührt, aber ohne Eis serviert werden. Zuerst das passende Gästeglas kühl stellen. Dann 2 bis 3 Eiswürfel ins Rührglas geben und es einige Male durchschwenken. Die für den Drink nötigen Zutaten sowie die Dekoration bereitstellen.

Dann das Schmelzwasser aus dem Rührglas seihen. Die Zutaten nach Rezept abmessen und in das Rührglas geben. Nun alles mit einem langstieligen Barlöffel von unten nach oben verrühren.

Den Drink durch das Barsieb sofort in das vorgekühlte Gästeglas seihen und eventuell dekorieren. Werden mehrere Drinks zusammen im Rührglas gemischt (dann mehr Eis nehmen), ist es besser, erst einmal weniger in die Gästegläser zu gießen und dann den Rest gleichmäßig zu verteilen.

Zubereitung im Gästeglas
In dem Glas, in dem sie
auch serviert werden, rührt
man vor allem Drinks, deren
Zutaten sich leicht verbin-
den. Zuerst das passende
Gästeglas kühl stellen. Die
für den Drink nötigen Zutaten sowie die Dekoration
bereitstellen. Dann zunächst
2 bis 3 Eiswürfel ins vorgekühlte Gästeglas geben.

Die Zutaten nach Rezept
abmessen und in das Gästeglas geben.

Dann den Drink mit einem
Barlöffel vorsichtig umrühren, eventuell dekorieren
und sofort servieren.

Abspritzen mit Zitronen- oder Orangenschale

Viele Cocktails werden im Gästeglas mit den Ölen von Zitronen- oder Orangen- schale abgespritzt (aromati- siert). Dafür nimmt man ein kleines, rundes Stück Schale (ohne Fruchtfleisch) von einer unbehandelten Zitrus- frucht mit der Schalenseite nach unten zwischen die Finger und drückt es zusam- men. Dabei spritzt das äthe- rische Öl der Schale, das dem Drink dann das spezielle Aroma gibt, in den Drink.

Tips und Tricks vom Profi

▲ Gerade als „Mixanfänger" sollten Sie sich genau an die vor- geschriebenen **Mengenangaben** im Rezept halten. Interna- tional üblich ist beim Mixen die Angabe der Flüssigkeits- menge in Zentilitern (cl). 1 cl entspricht 10 ml bzw. 0,01 l oder 10 cm³ (ccm).
Weitere übliche Mengenangaben in den Rezepten sind:
1 **dash** (Spritzer) = 0,05 cl, also die Menge, die beim einma- ligen Kippen der Spritzflasche durch den Ausgießer läuft
1 **Schuß** = 1 cl, ungefähr die Menge, die ½ Schnapsglas füllt
1 **BL** (Barlöffel) = 0,5 cl, die Menge, die ein Kaffeelöffel faßt
1 **EL** (Eßlöffel) = 15 ml bzw. 1,5 cl
Bei Rezepten für Drinks, die für mehrere Personen zuberei- tet werden (Bowlen, Punsche) finden Sie auch Angaben in **ml** (Milliliter) und in l (Liter).
▲ Wenn nicht anders angegeben, sind die Rezepte immer für 1 Glas (1 Person) berechnet.
▲ Sauberkeit ist beim Mixen oberstes Gebot. Deshalb sollten Sie alle Geräte, wie Shaker, Rührglas, Barsieb und Barlöffel, sofort nach Gebrauch gründlich reinigen. Zudem empfiehlt es sich, Eis und Obststücke immer mit einer Eiszange bzw. einer Gabel ins Glas zu geben und nicht mit bloßen Händen anzufassen.

▲ Wenn Sie Drinks in vorgekühlten Gläsern servieren wollen, dann gibt es mehrere Möglichkeiten. Entweder stellen Sie die Gläser so lange in das Gefrierfach, bis sie mit einem Eisfilm überzogen sind, oder Sie kühlen sie mit Eiswürfeln.

▲ Mixgetränke, die aufwendig garniert sind, zum Beispiel mit Fruchtspießen oder Zitrusfruchtschalen, sollten Sie am besten auf einem kleinen Teller oder einer kleinen Serviette servieren. Darauf kann man dann die Spieße oder die Schalen ablegen.

▲ Nach internationalen Regeln sollte ein Drink nicht mehr als 6 cl Alkohol und nicht mehr als fünf verschiedene Ingredienzien enthalten. Die Gesamtmenge eines Longdrinks sollte 25 cl (¼ l) nicht überschreiten.

▲ Sekt, Säfte, Limonaden und Wasser gehören immer in den Kühlschrank.

▲ Kohlensäurehaltige Zutaten (wie Limonaden, Soda und Sekt) dürfen nie im Shaker mitgeschüttelt werden, da sie sonst schäumen würden.

▲ Verwenden Sie für Garnituren, zum Abspritzen und zum Hineingeben in den Drink (auch in die Bowle und den Punsch) nur unbehandelte (ungespritzte) Zitrusfrüchte. Diese sowie auch alle anderen Obstsorten vor der Verwendung gründlich waschen.

▲ Bei Longdrinks empfiehlt es sich, immer einen Trinkhalm und einen Stirer mit ins Glas zu geben.

▲ Drinks, die geshaket werden, können auch mit dem Electric-Mixer zubereitet werden.

▲ In den Rezepten wird, der Einfachheit halber, immer ein Cocktailglas vorgeschlagen. Ob Sie nun ein Cocktailglas oder eine Cocktailschale nehmen, ist Ihnen überlassen.

▲ In den Rezepten für Bowlen, Punsche und Glühweine werden manche Zutaten in Flaschen angegeben. Wir gehen dabei immer von solchen mit 0,75 l Inhalt aus.

▲ Manche Drinks werden zunächst zusammen mit Eiswürfeln zubereitet und dann (ohne Eiswürfel) in das Gästeglas geseiht, in dem sich neue Eiswürfel befinden. So verwässert der Drink nicht so schnell und bleibt gut gekühlt. In den Rezepten steht in solch einem Fall immer: Den Drink in ein Glas mit Eiswürfeln seihen.

▲ Abkürzungen in den Bildlegenden: o. = oben, u. = unten, l. = links, r. = rechts, v. = vorne, h. = hinten, M. = Mitte.

IE DEKORATION

Mixgetränke sollen nicht nur gut schmecken, sie sollten auch optisch etwas bieten, denn bekanntlich „trinkt" das Auge ja mit. Lassen Sie deshalb Ihrer Phantasie und Kreativität freien Lauf, wenn es zum Schluß ans Dekorieren geht.
Es gibt nur wenige Getränke, bei denen eine Garnitur überflüssig bzw. sogar verpönt ist. Dann gibt es noch die Klassiker, bei denen die Dekoration schon seit vielen Bar-Generationen feststeht. Das sind die Olive im Martini Dry, die Kirsche im Manhattan, die Perlzwiebeln im Gibson, die Minze für Juleps und die Gurkenschale für den Pimm's.
Bei allen exotischen sowie tropischen und vor allem bei den Fancy-Drinks ist jedoch – was die Dekoration angeht – alles erlaubt, was gefällt. Einige wenige Regeln sollten Sie dennoch beachten:

▲ Nehmen Sie nur solche Zutaten für die Dekoration, die geschmacklich und farblich zum Getränk passen.

▲ Die Garnitur soll das Getränk schmücken, es aber nicht verfälschen, überladen oder gar in den Hintergrund drängen. Weniger ist hier oft mehr. Häufig reicht schon eine Orangenscheibe, die am Glasrand steckt, eine Limettenspalte, eine Zitronenschalenspirale, eine Cocktailkirsche oder ein Minzezweig aus.

▲ Wenn Sie frische Früchte nehmen, achten Sie darauf, daß diese reif und makellos sind und sorgfältig geschnitten werden. Zitrusfruchtspiralen lassen sich am besten mit einem Sparschäler oder aber profihaft mit einem Zestenreißer herstellen.

Bei der Wahl der Früchte sind keine Grenzen gesetzt – vorausgesetzt, man kann sie auch essen. Sehr gut eignen sich kleine Früchte sowie Fruchtstücke, wie Melonenkugeln, Kapstachelbeeren (Physalis), Litschis, Weintrauben, Mini-Äpfel oder Mini-Birnen (aus der Konserve), Bananenscheiben, Johannisbeerrispen, Kumquats, Himbeeren und Cocktailkirschen. Bei Kirschen hat man die Wahl zwischen den roten Maraschinokirschen, den gelborangefarbenen und blauen mit Orangengeschmack, den grünen mit Pfefferminzgeschmack sowie den säuerlich schmeckenden Amarenakirschen, die in Rum-Zucker-Sirup eingelegt sind. Wenn Sie auf frische Kirschen

zurückgreifen wollen, wählen Sie möglichst Zwillingspaare am Stiel. Sehr attraktiv sind aber auch Ananas-, Aprikosen-, Pfirsich- und Feigenstücke, Kiwi-, Karambolen- und Zitrusfruchtscheiben sowie Mandarinen- und Limettenspalten. Äußerst dekorativ sind blaue und grüne Weintrauben, aber auch Erdbeeren und Himbeeren, wenn man sie mit Zitronensaft beträufelt und dann in groben Einmachzucker taucht. Sie sehen dann richtig frostig aus. Man kann die Früchte aber auch mit Puderzucker bestäuben. Nicht so gut zum Dekorieren eignen sich dagegen Apfel- und Birnenstücke, da sie leicht braun werden. Um dies zu verhindern, müssen Sie sie mit etwas Zitronensaft beträufeln.

Für pikante Mixgetränke bieten sich Garnituren aus Gemüse an, wie zum Beispiel aus Perlzwiebeln, Gurkenschalen oder -scheiben, Peperoni, grünen Oliven mit Stein, Kirschtomaten und Staudenselleriestangen.

Abwechslung in oder am Glas bieten aber auch frische Kräuter. So eignet sich zum Beispiel Basilikum sehr gut für Mixgetränke mit Tomaten- und Gemüsesaft. Zitronenmelisse paßt überall dorthin, wo Zitronensaft vertreten ist, und Pfefferminzblättchen sind der krönende Abschluß für Drinks mit Pfefferminzlikör oder -sirup. Grün wird's auch mit Ananasblättern, die man weit aufgefächert auf Spieße steckt. Sie kann man allerdings nicht mitessen.

Für die Art des Dekorierens gibt es unterschiedliche Möglichkeiten. Ganze Früchte oder Fruchtstücke können Sie einmal bis zur Hälfte einschneiden und an den Glasrand stecken. Daran lassen sich dann mit einem Sticker andere Fruchtstücke befestigen. Fruchtspieße können Sie ins Glas stellen oder über den Glasrand legen. Hier einige Vorschläge für Fruchtspieße:

Karambolen-Kiwi-Spieß

1 Erdbeere mit Fruchtansatz, 1 geschälte Kiwischeibe, 1 Karambolenscheibe und zum Schluß einige Zitronenmelisseblättchen auf einen großen Spieß stecken.

Ananasspieß

1 Ananasscheibe achteln und die Strunkteile abschneiden. Einige Ananasblätter auf einen großen Spieß stecken. Dann abwechselnd Ananasachtel, blaue Trauben und rote Cocktailkirschen aufspießen.

Zitrusspieß

1 Limettenscheibe einmal bis zur Mitte hin einschneiden, die Enden gegeneinander verdrehen und auf einen Spieß stecken. An die Enden je 1 rote Cocktailkirsche stecken.

Zuckerrand

Ein Muß für alle Crustas, aber genauso originell für viele andere Mixgetränke, ist der Crustarand (Zuckerrand). Dafür eine Zitronenspalte etwa 1 cm tief einschneiden. Das Gästeglas kopfüber halten und den Rand mit der eingeschnittenen Zitronenscheibe abfahren.

Etwas Zucker (zum Beispiel Feinkristall-, Roh- oder Kristallzucker sowie weißer oder roter Einmachzucker und Multicolorzucker) in ein Schälchen geben und den noch feuchten Glasrand Stück für Stück im Zucker leicht drehen. Dann das Glas kopfüber leicht abklopfen, damit nicht haftende Teile herunterfallen.

Sehr effektvoll sind auch Glasränder aus weißen Kokosraspeln, feinen Schokoladenraspeln oder braunem Pulverkaffee. Pikante Drinks kann man mit Rändern aus grobem Salz, Schnittlauchröllchen, Kümmelsamen oder edelsüßem Paprikapulver schmücken. Als „Klebstoff" für Zuckerränder von süßen Drinks eignen sich neben Zitronensaft auch Orangen- und Grapefruitsaft sowie Likör, Sirup und Honig. Bei pikanten Glasrändern sollte man beim Zitronensaft bleiben. Gläser mit Crustarand kann man schon im voraus fertigmachen; der Rand hält eine ganze Weile.

Neben den eben beschriebenen Dekorationen gibt es noch eine Fülle weiterer. Dazu gehören unter anderem gehackte Pistazien, Mandelstifte, Kakaopulver, Zimt und Muskatnuß, die man beispielsweise auf Sahnehauben von Flips und Egg-Nogs streuen kann. Außerdem machen auch attraktive, bunte Trinkhalme sowie hübsche Stirer zum Umrühren aus jedem Drink eine Augenweide.

LASSISCHE DRINKS

Alexander   56
Alexandra Cocktail   142
Americano I   277
Angel's Face   129
Apotheke   246
B And B   56
Between The Sheets   60
Black Russian   100
Bloody Mary   124
Brandy Flip   59
Breakfast Egg-Nog   64
Bronx   128
Bull's Eye   284
Champagnercocktail I   200
Champagnercocktail II   200
Crème De Menthe
   Frappé   218
Cuba Libre   181
Daiquiri   166
French 75   128
French Connection I   59
Frozen Daiquiri   166
Gibson Dry   144
Gin And French   134
Gin And It   140
Gin Fizz   158
God Father   72
God Mother   100
Golden Cadillac   217
Golden Fizz   154
Grasshopper   216
Harvey Wallbanger   123
Horse's Neck I   154
IBU Cocktail   58
John Collins   154
Kir   196
Kir Royal   196
Mai Tai   180

Manhattan   70
Manhattan Perfekt   70
Manhattan Sweet   70
Martini Dry   126
Martini Medium   126
Martini Sweet   126
Mint Julep   74
Moscow Mule   116
Negroni   128
Ohio I   207
Old Fashioned Bourbon
   Cocktail   74
Panamac   58
Piña Colada   182
Pink Gin   136
Pink Lady   137
Planter's Cocktail I   166
Planther's Punch I–IV
   178–179
Prairie Oyster   350
Prince Of Wales   58
Rob Roy   72
Rusty Nail   72
Screw Driver   117
Sherry Flip   282
Side Car   56
Sierra Margarita   258
Singapore Sling
   Original   155
Stinger   56
Tom Collins   154
Vodkatini   100
Whiskey Sour   90
White Lady   135
White Russian   104
Wodka Gimlet   108
Wodka Sour   121
Zombie   180

ALEXANDER

SIDE CAR

COGNAC COLLINS

HONEYMOON

Drinks mit Brandy

ZOOM

STINGER

BREAKFAST EGG-NOG

BRANDY FLIP

BERMUDA HIGHBALL

ALEXANDER

sahniger Shortdrink für den
Abend
- Cocktailglas
- Shaker

2 cl Weinbrand oder Cognac	
2 cl Crème de Cacao braun	
2 cl Sahne	

Alle Zutaten zusammen im Shaker
mit Eis kräftig schütteln und in das
Glas seihen. Mit Muskatnuß bestreuen.

ZOOM

lieblicher Shortdrink
(After-Dinner-Drink)
- Cocktailglas
- Shaker

4 cl Weinbrand	
2 cl Sahne	
1 cl flüssiger Honig	

Die Zutaten zusammen im Shaker
mit Eis kräftig schütteln und in das
Glas seihen.

SIDE CAR

säuerlicher Shortdrink
(Aperitif)
- Cocktailglas
- Shaker

2 cl Weinbrand oder Cognac	
2 cl Cointreau	
2 cl Zitronensaft	

Die Zutaten zusammen im Shaker
mit Eis schütteln und in das Cocktailglas seihen.

B AND B

kräftiger Shortdrink für den Nach-
mittagskaffee
- Cocktailglas
- Gästeglas

3 cl Brandy	
3 cl Bénédictine D.O.M.	

Die Zutaten zusammen im Gästeglas verrühren. Nach Belieben Eis
dazugeben.

STINGER

würzig-frischer Shortdrink
(After-Dinner-Drink)
- Cocktailglas
- Rührglas

4 cl Weinbrand oder Cognac	
2 cl Crème de Menthe weiß	

Die Zutaten zusammen im Rührglas mit Eis verrühren und in das
Cocktailglas seihen.

ECSTASY

aromatischer Shortdrink
(Aperitif)
- Cocktailglas
- Rührglas

2 cl Brandy	
2 cl Drambuie (Honiglikör)	
2 cl Vermouth dry	

Die Zutaten zusammen im Rührglas mit viel Eis verrühren und in
das Cocktailglas seihen.

Alexander (h.), Side Car (M.), Ecstasy (v.)

PANAMAC

sahniger Shortdrink für den
Abend
- ■ Cocktailglas
- ■ Shaker

2 cl Cognac oder Weinbrand	
2 cl Crème de Cacao	
2 cl Sahne	
■ **Außerdem:**	
geriebene Muskatnuß	

Alle Zutaten zusammen im Shaker
mit Eis kräftig schütteln und in das
Glas seihen. Mit etwas Muskat
bestreuen.

IBU COCKTAIL

erfrischender Sektcocktail
für den Abend
- ■ Sektschale oder -kelch
- ■ Shaker

2 cl Brandy	
2 cl Apricot Brandy	
2 cl Orangensaft	
trockener Sekt oder Champagner	
zum Auffüllen	
■ **Deko:**	
½ Orangenscheibe	

Alle Zutaten außer Sekt zusammen im Shaker mit Eis schütteln
und in das Glas seihen. Mit Sekt
auffüllen. Die Orangenscheibe an
den Glasrand stecken.

PRINCE OF WALES

aromatischer Sektcocktail
für den Abend
- ■ Silberbecher oder Longdrinkglas
- ■ Gästeglas

2 cl Weinbrand oder Cognac	
1 cl Curaçao orange	
1 dash Angostura	
Champagner oder Sekt	
zum Auffüllen	
■ **Außerdem:**	
½ Orangenscheibe	
½ Zitronenscheibe	
2 Cocktailkirschen	

Alle Zutaten zusammen im Becher
oder Glas mit Eis verrühren. Die
Früchte ins Glas geben. Den Drink
mit einem Stirer servieren.

HAUTE COUTURE

etwas stärkerer Shortdrink
(After-Dinner-Drink)
- ■ Cocktailglas
- ■ Rührglas

2 cl Brandy	
2 cl Bénédictine D.O.M.	
2 cl Crème de Cacao braun	

Die Zutaten zusammen im Rührglas mit Eis verrühren und in das
Cocktailglas seihen.

Brandy

BRANDY FLIP

cremiger Flip für den Nachmittag
- ■ Sektkelch
- ■ Shaker

4 cl Brandy	
2 BL Zuckersirup	
1 Eigelb	
■ **Außerdem:**	
geriebene Muskatnuß	

Alle Zutaten zusammen mit Eis im Shaker kräftig schütteln und in das Glas seihen. Mit etwas Muskat bestreuen.

RITZ COCKTAIL

aromatischer Sektcocktail
(Aperitif, After-Dinner-Drink)
- ■ Sektschale oder -kelch
- ■ Shaker

2 cl Weinbrand oder Cognac	
2 cl Cointreau	
2 cl Orangensaft	
Sekt zum Auffüllen	
■ **Deko:**	
½ Orangenscheibe	

Alle Zutaten außer Sekt zusammen im Shaker mit Eis schütteln und in das Glas seihen. Mit Sekt auffüllen. Die Orangenscheibe an den Glasrand stecken.

RED MOON

lieblicher, fruchtiger Sektcocktail für den Empfang
- ■ Sektschale
- ■ Shaker

2 cl Weinbrand oder Cognac	
1 cl Erdbeersirup	
4 cl Maracujasaft	
Sekt oder Champagner zum Auffüllen	
■ **Deko:**	
1 Cocktailkirsche	

Alle Zutaten außer Sekt oder Champagner zusammen im Shaker mit Eis schütteln, in die Sektschale seihen und mit Sekt oder Champagner auffüllen. Die Kirsche am Sticker ins Glas geben.

FRENCH CONNECTION

bittersüßer Shortdrink
(After-Dinner-Drink)
- ■ kleiner Tumbler
- ■ Gästeglas

3 cl Cognac	
3 cl Amaretto	

Cognac und Amaretto zusammen im Tumbler mit Eiswürfeln verrühren.

BETWEEN THE SHEETS

herb-fruchtiger Shortdrink
für den Abend
- Cocktailglas
- Shaker

2 cl Cognac
2 cl weißer Rum
2 cl Cointreau
1 dash Zitronensaft

Alle Zutaten zusammen im Shaker
mit Eis schütteln und in das Glas
seihen.

NIKOLASCHKA

würziger Shortdrink für den
Nachmittag
- Pousse-Café-Glas
- Gästeglas

2 cl Weinbrand oder Cognac
1 Zitronenscheibe ohne Schale
1 BL feiner Zucker
1 BL gemahlener Kaffee

Den Weinbrand in das Glas geben,
die Zitronenscheibe auf den Glasrand legen und je zur Hälfte mit
Zucker und gemahlenem Kaffee
bestreuen.

MOONLIGHT

cremiger, lieblicher Shortdrink
(After-Dinner-Drink)
- Cocktailglas
- Rührglas

1 cl Cognac
1 cl Mandarinenlikör
1 cl Zuckersirup
2,5 cl kalter schwarzer Kaffee
1,5 cl Sahne
Außerdem:
1 Stück Mandarinenschale
1 Orangenschalenspirale

Alle Zutaten außer Kaffee und
Sahne zusammen im Rührglas mit
Eis verrühren und in das Cocktailglas seihen. Den Kaffee dazugeben, umrühren und die Sahne auf
das Getränk fließen lassen. Den
Drink mit der Mandarinenschale
abspritzen. Die Schalenspirale
über den Glasrand hängen.

OLYMPIC

halbtrockener, fruchtiger
Shortdrink
(Aperitif, After-Dinner-Drink)
- Cocktailglas
- Shaker

2 cl Weinbrand oder Cognac
2 cl Curaçao Triple sec
2 cl Orangensaft

Die Zutaten zusammen im Shaker
mit Eis schütteln und in das Glas
seihen.

Brandy

Pisco Sour (l.), Queen Mary (r.)

PISCO SOUR

erfrischend-säuerlicher Shortdrink für die Party
- ■ kleiner Tumbler mit
  Zuckerrand
- ■ Shaker

4 cl Control Gran Pisco (Weinbrand)
2 cl Zitronensaft
**1 BL Zucker oder 1 dash Zitronen-
sirup nach Geschmack**
■ **Deko:**
1 Zitronenscheibe, 1 Kirsche

Alle Zutaten zusammen im Shaker
mit Eis schütteln und in das
Glas mit Zuckerrand seihen. Die
Früchte an den Glasrand stecken.

QUEEN MARY

fein-lieblicher Shortdrink
für den Abend
(Aperitif, After-Dinner-Drink)
- ■ Cocktailglas
- ■ Shaker

3 cl Cognac
3 cl Cointreau
1 dash Anisette
1 dash Grenadine
■ **Deko:**
1 Cocktailkirsche

Alle Zutaten zusammen im Shaker
mit Eis schütteln und in das Cocktailglas seihen. Die Kirsche an den
Glasrand stecken.

B AND P

feinherber Shortdrink für den
Abend
- ◼ kleiner Tumbler
- ◼ Gästeglas

2 cl Brandy	
2 cl Portwein	

Die Zutaten zusammen mit Eiswürfeln im Tumbler verrühren.

SARATOGA

herber Shortdrink (Aperitif)
- ◼ Cocktailglas
- ◼ Rührglas

4 cl Brandy	
2 dash Angostura	
2 dashes Maraschino	

Die Zutaten zusammen im Rührglas mit Eis verrühren und in das
Cocktailglas seihen.

BRANDY ZOOM

lieblicher Shortdrink
(After-Dinner-Drink)
- ◼ Cocktailglas
- ◼ Shaker

4 cl Brandy	
2 BL Honig	
4 BL Sahne	

Alle Zutaten zusammen im Shaker
mit Eiswürfeln gut schütteln und
in das Cocktailglas seihen.

CORONADO

cremiger, lieblicher Shortdrink
(After-Dinner-Drink)
- ◼ Cocktailglas
- ◼ Shaker

1 cl Brandy	
1,5 cl Crème de Banane	
1,5 cl Pfirsichlikör	
2 cl Sahne	
◼ **Deko:**	
1 Schokoplätzchen	
Schokoraspel	

Die Zutaten zusammen im Shaker
mit Eis kräftig schütteln und in das
Cocktailglas seihen. Das Schoko-
plätzchen und einige Schokoraspeln auf den Drink geben.

LADY BE GOOD

halbtrockener Shortdrink
(Aperitif)
- ◼ Cocktailglas
- ◼ Shaker

2 cl Brandy	
2 cl Vermouth dry	
1 BL Crème de Menthe weiß	
2 cl Orangensaft	
1 BL Grenadine	

Die Zutaten zusammen im Shaker
mit Eis schütteln und in das Glas
seihen.

ROLLS ROYCE

fruchtiger Shortdrink (Aperitif)
- Cocktailglas
- Shaker

2 cl Brandy	
2 cl Cointreau	
2 cl Orangensaft	

Die Zutaten zusammen im Shaker mit Eis schütteln und in das Cocktailglas seihen.

QUEEN ELIZABETH

halbtrockener Shortdrink (Aperitif)
- Cocktailglas
- Rührglas

2 cl Brandy	
2 cl Vermouth rosso	
1 BL Curaçao Triple sec	

Die Zutaten zusammen im Rührglas mit Eis verrühren und in das Cocktailglas seihen.

COGNAC FLIP

zartherber Flip für den Abend
- Cocktailglas
- Shaker

6 cl Cognac	
1 Eigelb	
2 TL Zucker	

Alle Zutaten zusammen im Shaker mit Eiswürfeln kurz und kräftig schütteln und in das Cocktailglas seihen.

EAST INDIA

fruchtiger Shortdrink (Aperitif)
- Cocktailglas
- Shaker

3 cl Brandy	
1 cl Curaçao orange	
2 cl Ananassaft	
1 dash Angostura	
■ **Deko:**	
1 Cocktailkirsche	

Die Zutaten zusammen im Shaker mit viel Eis schütteln und in das Cocktailglas seihen. Die Kirsche ins Glas geben.

NEW ORLEANS SIDE CAR

feinherber Shortdrink für die Party
- Cocktailglas
- Shaker

2 cl Brandy	
2 cl weißer Rum	
1 cl Curaçao Triple sec	
2 cl Zitronensaft	
1 dash Pastis	
1 dash Grenadine	

Alle Zutaten zusammen im Shaker mit Eiswürfeln kräftig schütteln und in das Cocktailglas seihen.

JAMES

feinherber Shortdrink
(After-Dinner-Drink)
- ■ Cocktailglas
- ■ Rührglas

2 cl Cognac	
2 cl Gin	
2 cl Chartreuse gelb	
■ **Deko:**	
1 Cocktailkirsche	

Alle Zutaten zusammen im Rührglas mit Eiswürfeln verrühren und
in das Cocktailglas seihen. Die Kirsche an den Glasrand stecken.

HONEYMOON II

fruchtiger, feinherber Shortdrink
für den Abend
- ■ Cocktailglas
- ■ Rührglas

4 cl Cognac	
1 cl Cointreau	
1 cl Weißwein	
■ **Deko:**	
1 Orangenscheibe	

Alle Zutaten zusammen im Rührglas mit Eis verrühren und in das
Cocktailglas seihen. Die Orangenscheibe an den Glasrand stecken.

BRANDY COCKTAIL

feinherber Shortdrink für den
Abend
- ■ Cocktailglas
- ■ Rührglas

4 cl Brandy	
1 BL Zuckersirup	
3 dashes Angostura	
■ **Deko:**	
1 Cocktailkirsche	

Alle Zutaten zusammen im Rühr-
glas mit Eis verrühren und in das
Glas seihen. Die Kirsche an den
Glasrand stecken.

BREAKFAST
EGG-NOG

lieblicher Egg-Nog für jede
Jahreszeit
- ■ Longdrinkglas
- ■ Shaker

4 cl Cognac	
2 cl Curaçao weiß	
1 Ei	
1 EL Zuckersirup	
Milch zum Auffüllen	

Alle Zutaten außer Milch zusammen mit Eis im Shaker schütteln
und in das Glas seihen. Mit Milch
auffüllen und umrühren.

James (h. l.), Honeymoon II (h. r.), Brandy Cocktail (v. l.), Breakfast Egg-Nog (v. r.)

EGG SOUR

gehaltvoller Sour für den Abend
- Longdrinkglas
- Shaker

3 cl Brandy	
1 cl Curaçao Triple sec	
2 cl Zitronensaft	
1 cl Zuckersirup	
1 Ei	
Deko:	
½ Orangenscheibe	
1 Cocktailkirsche	

Die Zutaten zusammen im Shaker mit Eis kräftig schütteln und in das Glas seihen. Die Orangenscheibe zusammen mit der Kirsche am Sticker über den Glasrand legen.

BRANDY EGG-NOG

gehaltvoller Egg-Nog für den Nachmittag
- mittelgroßer Tumbler
- Shaker

4 cl Brandy	
1 cl Zuckersirup	
10 cl Milch	
1 Eigelb	
Außerdem:	
griebene Muskatnuß	

Die Zutaten zusammen im Shaker mit Eis kräftig schütteln und in den Tumbler seihen. Mit Muskatnuß bestreuen.

LUMUMBA I

würziger Longdrink für den Sommer
- Highballglas
- Gästeglas

4 cl Brandy	
kalter Kakao zum Auffüllen	
Deko:	
1 EL geschlagene Sahne	
Kakaopulver	

Den Brandy in das Highballglas geben, mit Kakao auffüllen und kurz umrühren. Eine Sahnehaube darauf setzen und sie mit Kakaopulver bestreuen.

HORSE'S NECK III

erfrischender Longdrink für jede Gelegenheit
- Longdrinkglas
- Gästeglas

4 cl Brandy	
1 dash Angostura	
Ginger-ale zum Auffüllen	
Deko:	
1 Zitronenschalenspirale	

Brandy und Angostura zusammen in das Longdrinkglas mit Eis geben. Mit Ginger-ale auffüllen und umrühren. Die Zitronenschalenspirale an den Glasrand hängen und den Drink mit einem Stirer servieren.

Brandy

Brandy Egg-Nog (l.), Brandy Cola (r.)

BRANDY COLA

lieblicher Longdrink für den
Abend
- Longdrinkglas
- Gästeglas

4 cl Brandy

Cola zum Auffüllen

- **Deko:**

½ Zitronenscheibe

Den Brandy in das Longdrinkglas
mit Eiswürfeln geben. Mit Cola
auffüllen und kurz umrühren. Die
Zitronenscheibe in das Longdrinkglas geben.

COCO DE MARTINIQUE

fruchtig-lieblicher Longdrink für
den Abend
- Longdrinkglas
- Shaker

3 cl Armagnac

3 cl Bénédictine D.O.M.

5 cl Cream of Coconut

8 cl Orangensaft

Alle Zutaten zusammen im Shaker
mit Eiswürfeln kräftig schütteln
und in das Longdrinkglas mit
Crushed ice seihen.

BERMUDA HIGHBALL

würzig-milder Longdrink
für den Abend
- Longdrinkglas
- Rührglas

3 *cl* Weinbrand
2 *cl* Gin
1 *dash* Orange-Bitter
Ginger-ale zum Auffüllen
▧ ***Außerdem:***
1 Kumquat

Weinbrand, Gin und Orange-Bitter
zusammen im Rührglas mit Eis
verrühren und in das Glas seihen.
Mit Ginger-ale auffüllen und die
Kumquat ins Glas geben.

PIERRE COLLINS

erfrischender Collins für den
ganzen Tag
- Longdrinkglas
- Gästeglas

4 *cl* Brandy
2 *cl* Zitronensaft
1 *cl* Zuckersirup
Sodawasser zum Auffüllen
▧ ***Deko:***
1/2 Zitronenscheibe
1 Cocktailkirsche

Brandy, Zitronensaft und Zuckersirup zusammen im Longdrinkglas
mit Eis verrühren. Mit Sodawasser
auffüllen und solange rühren, bis
das Glas beschlägt. Die Früchte an
den Glasrand stecken.

COGNAC COLLINS

herb-fruchtiger Collins für den
Abend
- Longdrinkglas
- Gästeglas

4 *cl* Cognac
2 BL Zucker
2 *cl* Zitronensaft
Sodawasser zum Auffüllen
▧ ***Außerdem:***
1 Zitronenscheibe
1/2 Orangenscheibe
1 Cocktailkirsche

Cognac, Zucker und Zitronensaft
zusammen im Longdrinkglas mit
Eiswürfeln verrühren. Mit Soda
auffüllen und kurz umrühren. Die
Früchte ins Glas geben.

MANHATTAN DRY

GOD FATHER

MANHATTAN SWEET

Drinks mit Whisky

ROB ROY

RUSTY NAIL

OHIO OLD FASHIONED

BOURBON HIGHBALL

MINT JULEP

MANHATTAN

klassischer Shortdrink (Aperitif)
- Cocktailglas
- Rührglas

4 cl Canadian Whisky	
2 cl Vermouth rosso	
1 dash Angostura	
■ **Außerdem:**	
1 Cocktailkirsche	
evtl. 1 Stück Zitronenschale	

Die Zutaten zusammen im Rührglas mit Eis verrühren und in das Cocktailglas seihen. Die Kirsche am Sticker ins Glas geben und den Drink eventuell mit Zitronenschale abspritzen.

MANHATTAN DRY

klassischer Shortdrink (Aperitif)
- Cocktailglas
- Rührglas

4 cl Canadian Whisky	
2 cl Vermouth dry	
■ **Außerdem:**	
1 grüne Olive	
evtl. 1 Stück Zitronenschale	

Die Zutaten zusammen im Rührglas mit Eis verrühren und in das Cocktailglas seihen. Die Olive am Sticker ins Glas geben. Den Drink eventuell mit Zitronenschale abspritzen.

MANHATTAN SWEET

feinherber Shortdrink (Aperitif)
- Cocktailglas
- Rührglas

4 cl Canadian Whisky	
2 cl Vermouth rosso	
1 dash Orange-Bitter	
2 dashes Curaçao weiß	
■ **Deko:**	
1 Cocktailkirsche	

Alle Zutaten zusammen im Rührglas mit Eis verrühren und in das Glas seihen. Die Kirsche am Sticker ins Glas geben.

MANHATTAN PERFECT

aromatischer Shortdrink
für den Abend
- Cocktailglas
- Rührglas

4 cl Bourbon Whiskey	
1 cl Vermouth dry	
1 cl Vermouth rosso	

Alle Zutaten zusammen im Rührglas mit Eis verrühren und in das Cocktailglas seihen.

Manhattan Sweet (o.), Manhattan Dry (u. l.), Esquire Manhatten (u. r.)

JIMMY LOPEZ MANHATTAN

feinherber Shortdrink (Aperitif)
- ◾ Cocktailglas
- ◾ Rührglas

3 cl Bourbon Whiskey	
2 cl Vermouth dry	
1 BL Apricot Brandy	
◾ **Deko:**	
1 Cocktailkirsche	

Alle Zutaten zusammen im Rühr-glas mit Eis verrühren und in das Cocktailglas seihen. Die Kirsche ins Glas geben.

ESQUIRE MANHATTAN

feinherber Shortdrink (Aperitif)
- ◾ Cocktailglas
- ◾ Rührglas

2,5 cl Bourbon Whiskey	
2,5 cl Vermouth rosso	
1 dash Orange-Bitter	
◾ **Deko:**	
1 Cocktailkirsche	

Alle Zutaten zusammen im Rühr-glas mit Eis verrühren und in das Cocktailglas seihen. Die Kirsche an den Glasrand stecken.

GOD FATHER

lieblicher Shortdrink für alle
Gelegenheiten
- ◼ kleiner Tumbler
- ◼ Gästeglas

4 cl Bourbon Whiskey
2 cl Amaretto

Die Zutaten zusammen im Gästeglas mit Eis verrühren und den
Drink mit einem Stirer servieren.

RUSTY NAIL

lieblicher Shortdrink
(After-Dinner-Drink)
- ◼ kleiner Tumbler
- ◼ Gästeglas

3 cl Scotch Whisky
3 cl Drambuie (Honiglikör)

Die Zutaten zusammen im Gästeglas mit Eiswürfeln verrühren und
mit einem Stirer servieren.

OHIO OLD FASHIONED

leicht bitterer Shortdrink
(After-Dinner-Drink)
- ◼ kleiner Tumbler
- ◼ Gästeglas

5 cl Bourbon Whiskey
1 dash Angostura

Whiskey und Angostura zusammen im Tumbler mit zwei Eiswürfeln verrühren.

SCOTCH ON THE ROCKS

aromatischer Shortdrink
- ◼ kleiner Tumbler
- ◼ Gästeglas

4 cl Scotch Whisky

Den Whisky im Tumbler über Eiswürfel gießen und den Drink mit
einem Stirer servieren.

JOKER

aromatischer Shortdrink (Aperitif)
- ◼ Cocktailglas
- ◼ Rührglas

3 cl Scotch Whisky
1,5 cl Grand Marnier
1,5 cl Dubonnet

Die Zutaten zusammen im Rührglas mit Eis verrühren und in das
Cocktailglas seihen.

ROB ROY

aromatischer Shortdrink (Aperitif)
- ◼ Cocktailglas
- ◼ Rührglas

4 cl Scotch Whisky
2 cl Vermouth rosso
1 dash Angostura
◼ **Deko:**
1 Cocktailkirsche

Die Zutaten zusammen im Rührglas mit Eis verrühren und in das
Cocktailglas seihen. Die Kirsche
am Sticker ins Glas geben.

God Father (l.), Ohio Old Fashioned (M.), Rob Roy (r.)

OLD FASHIONED BOURBON COCKTAIL

kräftiger Shortdrink (Aperitif)
- ▪ mittelgroßer Tumbler
- ▪ Gästeglas

1 Stück Würfelzucker	
3 dashes Angostura	
4 cl Bourbon Whiskey	
klares Wasser	
▪ **Deko:**	
½ Zitronenscheibe	
½ Orangenscheibe	
2 Cocktailkirschen	

Den Würfelzucker im Tumbler mit Angostura beträufeln und zerstoßen. Einige Eiswürfel ins Glas geben und den Whiskey darübergießen. Etwas Wasser dazugeben und umrühren. Die Früchte ins Glas geben. Mit einem Stirer servieren.

MINT JULEP

erfrischender Julep für die Party
- ▪ kleiner Tumbler
- ▪ Gästeglas

einige Minzeblätter	
2 BL *klares Wasser*	
1 cl Zuckersirup	
4 cl Bourbon Whiskey	
▪ **Deko:**	
1 Cocktailkirsche	

Die Minzeblätter im Glas zerdrücken, Wasser und Zuckersirup dazugeben und gut umrühren. Reichlich Crushed ice dazugeben und mit Whiskey auffüllen. Die Kirsche am Sticker über den Glasrand legen.

SWEET LADY

fruchtig-milder Shortdrink für jede Jahreszeit
- ▪ Cocktailglas
- ▪ Shaker

4 cl Scotch Whisky	
1 cl Crème de Cacao weiß	
1 cl Peach Brandy	

Alle Zutaten zusammen im Shaker mit Eis schütteln und in das Cocktailglas seihen.

CONTINENTAL SOUR

fruchtiger, mildherber Sour für den Abend
- ▪ kleiner Tumbler
- ▪ Shaker

5 cl Bourbon Whiskey	
2 cl Zitronensaft	
3 cl Grenadine	
1 Eiweiß	
1 dash Rotwein	
▪ **Deko:**	
1 Orangenscheibe	

Alle Zutaten außer Rotwein zusammen im Shaker mit Eis schütteln und in den Tumbler seihen. Den Rotwein dazugeben und umrühren. Die Orangenscheibe an den Glasrand stecken.

Whisky

IRISH ROSE

kräftiger Shortdrink (Aperitif)
- ■ Cocktailglas
- ■ Shaker

4 cl Irish Whiskey	
2 cl Zitronensaft	
1 cl Grenadine	

Die Zutaten zusammen im Shaker mit Eis schütteln und in das Cocktailglas seihen.

DANDY

aromatischer Shortdrink (Aperitif)
- ■ Cocktailglas
- ■ Rührglas

3 cl Rye Whiskey	
3 cl Dubonnet	
3 dashes Angostura	
1 dash Zitronensaft	
■ **Außerdem:**	
je 1 Stück Zitronen- und Orangenschale	

Die Zutaten zusammen im Rührglas mit Eis verrühren und in das Cocktailglas seihen. Mit der Zitronen- und der Orangenschale abspritzen und sie ins Glas geben.

QUATTRO

aromatischer Shortdrink
(Aperitif, After-Dinner-Drink)
- ■ Cocktailglas
- ■ Rührglas

1,5 cl Canadian Whisky	
1,5 cl Amaretto	
1,5 cl Crème de Cassis	
1,5 cl Vermouth dry	
■ **Deko:**	
1 Cocktailkirsche	
1 Stück Orangenschale	

Die Zutaten zusammen im Rührglas mit Eis verrühren und in das Cocktailglas seihen. Die Kirsche und die Orangenschale ins Glas geben.

KING'S CROSS

halbtrockener Shortdrink
(Aperitif)
- ■ Cocktailglas
- ■ Rührglas

3 cl Bourbon Whiskey	
3 cl Vermouth rosso	
1 dash Bénédictine D.O.M.	
■ **Außerdem:**	
1 Stück Zitronenschale	

Die Zutaten zusammen im Shaker mit Eis schütteln und ins Cocktailglas seihen. Mit der Zitronenschale abspritzen und sie ins Glas geben.

MISSOURI MULE

fruchtiger, feinherber Shortdrink
für den Abend
- Cocktailglas
- Shaker

4 cl Bourbon Whiskey
1 cl Crème de Cassis
1 cl Zitronensaft
■ **Deko:**
1 Zitronenscheibe

Alle Zutaten zusammen im Shaker
mit Eis kräftig schütteln und in das
Glas seihen. Die Zitronenscheibe
an den Glasrand stecken.

KENTUCKY BOURBON

feinherber Shortdrink
(After-Dinner-Drink)
- Cocktailglas
- Rührglas

4 cl Bourbon Whiskey
2 cl Bénédictine D.O.M.
■ **Deko:**
1 Cocktailkirsche

Alle Zutaten zusammen im Rühr-
glas mit Eis verrühren und in das
Glas seihen. Die Kirsche an den
Glasrand stecken.

UNION CLUB

fruchtig-herber Shortdrink für den
Abend
- Cocktailglas
- Shaker

4 cl Bourbon Whiskey
2 cl Curaçao Triple sec
2 cl Zitronensaft
1 BL Eiweiß
2 dashes Grenadine

Alle Zutaten zusammen im Shaker
mit Eis schütteln und in das Cocktailglas seihen.

MONTE CARLO

feinherber Shortdrink
(After-Dinner-Drink)
- Cocktailglas
- Rührglas

4 cl Bourbon Whiskey
2 cl Bénédictine D.O.M.
1 dash Angostura

Die Zutaten zusammen im Rührglas mit Eis verrühren und in das
Cocktailglas seihen.

Missouri Mule (l.), Union Club (r.)

BELLRIVE JUBILEE COCKTAIL

feinherber Shortdrink (Aperitif)
- Cocktailglas
- Rührglas

4 cl Bourbon Whiskey
2 cl Vermouth rosso
1 dash Curaçao Triple sec
Deko:
½ Orangenscheibe

Alle Zutaten zusammen im Rührglas mit Eis verrühren und in das Cocktailglas seihen. Die Orangenscheibe an den Glasrand stecken.

OLD PALE

würzig-herber Shortdrink für den Abend oder als Aperitif
- Cocktailglas mit Zuckerrand
- Rührglas

3 cl Bourbon Whiskey
2 cl Campari
1 BL Limettensirup
Außerdem:
1 Stück Zitronenschale

Alle Zutaten zusammen im Rührglas mit Eis verrühren und in das Cocktailglas seihen. Die Zitronenschale ins Glas geben.

BARETT

würzig-lieblicher Shortdrink für den Abend
- kleiner Tumbler
- Gästeglas

4 cl Bourbon Whiskey
1 cl Galliano
1 cl Amaretto

Alle Zutaten zusammen mit Eiswürfeln im Tumbler verrühren.

DANNYS SPEZIALCOCKTAIL

fruchtiger, feinherber Shortdrink (After-Dinner-Drink)
- Cocktailglas
- Shaker

2,5 cl Bourbon Whiskey
2,5 cl Grand Marnier
2 BL Zitronensaft

Alle Zutaten im Shaker mit Eis schütteln und in das Glas seihen.

ERANS

fruchtig-lieblicher Shortdrink für den Abend
- Cocktailglas
- Rührglas

4 cl Bourbon Whiskey
1 cl Apricot Brandy
1 cl Cointreau

Alle Zutaten im Rührglas mit Eis verrühren und in das Glas seihen.

Whisky

BRAINSTORMING

feinherber Shortdrink für den
Abend
- Cocktailglas
- Rührglas

5 cl Irish Whiskey	
2 dashes Bénédictine D.O.M.	
2 dashes Vermouth dry	
Außerdem:	
1 Stück Orangenschale	

Alle Zutaten zusammen im Rührglas mit Eis verrühren und in das
Cocktailglas seihen. Den Drink mit
der Orangenschale abspritzen und
sie ins Glas geben.

CREOLE

mild-würziger Shortdrink für den
Abend
- Cocktailglas
- Rührglas

2 cl Bourbon Whiskey	
2 cl Vermouth rosso	
1 cl Bénédictine D.O.M.	
Deko:	
1 Zitronenscheibe	

Alle Zutaten zusammen im Rührglas mit Eis verrühren und in das
Cocktailglas seihen. Die Zitronenscheibe an den Glasrand stecken.

OPENING I

lieblicher Shortdrink für den
Abend
- Cocktailglas
- Shaker

4 cl Bourbon Whiskey	
2 cl Vermouth rosso	
1 cl Grenadine	

Alle Zutaten zusammen im Shaker
mit Eis schütteln und in das Glas
seihen.

DON JOSÉ

würziger Shortdrink für den
Abend
- Cocktailglas
- Shaker

2 cl Bourbon Whiskey	
2 cl Vermouth rosso	
1 cl Bananenlikör	

Alle Zutaten zusammen im Shaker
mit Crushed ice schütteln und in
das Cocktailglas gießen.

OLD PAL

würzig-bitterer Shortdrink
(Aperitif)
- Cocktailglas
- Rührglas

2 cl Bourbon Whiskey	
2 cl Campari	
2 cl Vermouth dry	

Alle Zutaten im Rührglas mit Eis
verrühren, in das Glas seihen.

DELTA

fruchtig-lieblicher Shortdrink für den Abend
- kleiner Tumbler
- Shaker

3 cl Bourbon Whiskey
1 cl Southern Comfort
1 cl Limettensirup
■ **Deko:**
½ Orangenscheibe
1 Cocktailkirsche

Alle Zutaten zusammen im Shaker mit Eis gut schütteln und in den zur Hälfte mit Crushed ice gefüllten Tumbler seihen. Die Früchte an den Glasrand stecken.

COAXER

fruchtig-herber Shortdrink für jede Jahreszeit
- kleiner Tumbler
- Shaker

5 cl Bourbon Whiskey
2 BL Zuckersirup
2 cl Zitronensaft
1 Eiweiß

Alle Zutaten zusammen im Shaker mit Crushed ice kräftig schütteln und in das Glas gießen.

BROOKLYN

trockener, würziger Shortdrink (Aperitif)
- Cocktailglas
- Rührglas

4 cl Canadian Whisky
2 cl Vermouth dry
2 dashes Maraschino

Alle Zutaten zusammen im Rührglas mit Eis verrühren und in das Glas seihen.

DREAM OF NAPLES

herb-würziger Shortdrink für den Abend
- Cocktailglas
- Rührglas

3 cl Bourbon Whiskey
1 cl Campari
1 cl Curaçao Triple sec
1 dash Angostura
■ **Deko:**
1 Cocktailkirsche

Alle Zutaten zusammen im Rührglas mit Eis verrühren und in das Cocktailglas seihen. Die Kirsche an den Glasrand stecken.

Gloom Lifter (l.), Bourbon Flip (r.)

GLOOM LIFTER

säuerlich-fruchtiger Shortdrink
für den Abend
- Cocktailglas
- Shaker

3 cl Irish Whiskey	
1 cl Zitronensaft	
1 cl Zuckersirup	
1 dash Eiweiß	
Deko:	
1 Zitronenscheibe	

Alle Zutaten zusammen im Shaker
mit Eis kräftig schütteln und in das
Cocktailglas seihen. Die Zitronenscheibe an den Cocktailglasrand
stecken.

BOURBON FLIP

cremiger, lieblicher Flip
(After-Dinner-Drink)
- Cocktailglas
- Shaker

3 cl Bourbon Whiskey	
1 cl brauner Rum	
3 cl Sahne	
1 cl Zuckersirup	
1 Eigelb	
Außerdem:	
geriebene Muskatnuß	

Alle Zutaten zusammen im Shaker
mit Eis kräftig schütteln und in das
Cocktailglas seihen. Etwas Muskatnuß darüberstreuen.

RITZ
OLD FASHIONED

fruchtig-milder Shortdrink für den
Abend
- ■ kleiner Tumbler mit
  Zuckerrand
- ■ Shaker

4 cl Bourbon Whiskey	
2 cl Grand Marnier	
1 dash Zitronensaft	
1 dash Maraschino	

Alle Zutaten zusammen im Shaker
mit Eis schütteln und in das Glas
seihen.

HAWK

fruchtig-herber Shortdrink für den
Abend
- ■ Cocktailglas
- ■ Shaker

2 cl Bourbon Whiskey	
2 cl Gin	
1 cl Zitronensaft	
■ **Deko:**	
1 Cocktailkirsche	

Alle Zutaten zusammen im Shaker
mit Eis schütteln und in das Glas
seihen. Die Kirsche an den Glasrand stecken.

CAMERON'S KICK

nussiger, feinherber Shortdrink
für den Abend
- ■ Cocktailglas
- ■ Shaker

2 cl Irish Whiskey	
2 cl Scotch Whisky	
1 cl Mandelsirup	
1 cl Zitronensaft	

Alle Zutaten zusammen im Shaker
mit Eis kräftig schütteln und in das
Glas seihen.

NIGHT SHADOWS

fruchtiger, feinherber Shortdrink
für den Abend
- ■ kleiner Tumbler
- ■ Shaker

3 cl Bourbon Whiskey	
1 cl Vermouth rosso	
1 cl Orangensaft	
1 BL Chartreuse gelb	
■ **Deko:**	
½ Orangenscheibe	
1 Zitronenachtel	

Alle Zutaten zusammen im Shaker
mit Eis schütteln und in den zu
einem Drittel mit Crushed ice gefüllten Tumbler seihen. Zuletzt die
Früchte ins Glas geben.

DE RIGNEUR

fruchtig-herber Shortdrink für den
Abend
■ Cocktailglas
■ Shaker

---
4 cl Bourbon Whiskey
---
4 cl Grapefruitsaft
---
2 BL Honig

Alle Zutaten zusammen im Shaker
mit Eis kräftig schütteln und in das
Cocktailglas seihen.

HIGHLAND MOON

würzig-milder Shortdrink für den
Abend
■ kleiner Tumbler
■ Rührglas

---
3 cl Scotch Whisky
---
3 cl Drambuie (Honiglikör)

■ **Deko:**
---
1 Zitronenscheibe
---
1 Cocktailkirsche

Die Zutaten zusammen im Rührglas mit Eis verrühren und in den
Tumbler seihen. Die Früchte zusammen am Sticker über den Glasrand legen.

AMERICA

feinherber Shortdrink für den
Abend
■ Cocktailglas
■ Shaker

---
5 cl Bourbon Whiskey

1,5 cl Limettensaft
---
2 BL Grenadine

■ **Außerdem:**
---
1 Stück Limettenschale

Alle Zutaten zusammen im Shaker
mit Eis schütteln und in das Glas
seihen. Den Drink mit der Limettenschale abspritzen und sie ins
Glas geben.

ROBBY

feinherber Shortdrink (Aperitif)
■ kleiner Tumbler
■ Rührglas

2,5 cl Canadian Whisky

1,5 cl Vermouth dry

1,5 cl Vermouth bianco

■ **Deko:**
---
1 Cocktailkirsche

Alle Zutaten zusammen im Rührglas mit Eis verrühren und in das
Glas seihen. Die Kirsche am Stikker ins Glas geben.

BISHOP

fruchtiger, feinherber Shortdrink
für den Abend
- ▣ Cocktailglas
- ▣ Shaker

3 cl Canadian Whisky
1 cl Vermouth rosso
1 cl Orangensaft
1 BL Chartreuse grün

Alle Zutaten zusammen im Shaker
mit Eis schütteln und in das Glas
seihen.

CANADA

fruchtig-milder Shortdrink für den
Abend
- ▣ Cocktailglas
- ▣ Shaker

3 cl Canadian Whisky
1 cl Curaçao Triple sec
2 dashes Angostura
1 cl Ahornsirup

Alle Zutaten zusammen im Shaker
mit Eis schütteln und in das Cocktailglas seihen.

BOURBON CAR

fruchtig-säuerlicher Shortdrink
für den Abend
- ▣ Cocktailglas
- ▣ Shaker

4 cl Bourbon Whiskey
2 cl Cointreau
2 cl Zitronensaft
▣ **Deko:**
1 Cocktailkirsche

Alle Zutaten zusammen im Shaker
mit Eis kräftig schütteln und in das
Cocktailglas seihen. Die Kirsche
an den Glasrand stecken.

BOURBON SKIN

fruchtig-herber Shortdrink für den
Abend
- ▣ Cocktailglas
- ▣ Shaker

5 cl Bourbon Whiskey
1 BL Grenadine
2 cl Zitronensaft
▣ **Deko:**
1 Cocktailkirsche

Alle Zutaten zusammen im Shaker
mit Crushed ice schütteln und in
das Cocktailglas gießen. Die Kirsche an den Glasrand stecken.

Barbicane (l.), Whiskey Twist (r.)

BARBICANE

fruchtig-milder Shortdrink für die Party
- ◼ Cocktailglas
- ◼ Shaker

3 cl Scotch Whisky	
1 cl Drambuie (Honiglikör)	
3 cl Maracujanektar	
1 dash Zitronensaft	
◼ **Deko:**	
1 Cocktailkirsche	

Alle Zutaten zusammen im Shaker mit Eiswürfeln schütteln und in das Cocktailglas seihen. Die Kirsche an den Glasrand stecken.

WHISKEY TWIST

fruchtiger, leicht säuerlicher Shortdrink für den Abend
- ◼ Cocktailglas
- ◼ Rührglas

4 cl Irish Whiskey	
1 cl Zitronensaft	
1 BL Cherry Brandy	
1 BL Himbeersirup	
◼ **Deko:**	
1 Cocktailkirsche	

Alle Zutaten zusammen im Rührglas mit Eiswürfeln verrühren und in das Cocktailglas seihen. Die Kirsche an den Glasrand stecken.

COWBOY COCKTAIL

cremiger Shortdrink
(After-Dinner-Drink)
- ■ Cocktailglas
- ■ Shaker

4 cl Bourbon Whiskey	
2 cl Sahne	

Die Zutaten zusammen im Shaker
mit Eis schütteln und in das Glas
seihen.

ADELLE SPECIAL

fruchtiger Shortdrink für den
Abend
- ■ Cocktailglas
- ■ Shaker

5 cl Scotch Whisky	
1 cl Orangenlikör	

Die Zutaten zusammen im Shaker
mit Eis schütteln und in das Glas
seihen.

FRISCO SOUR

würzig-säuerlicher Sour
(After-Dinner-Drink)
- ■ Sourglas
- ■ Shaker

4 cl Bourbon Whiskey	
2 cl Bénédictine D.O.M.	
3 cl Zitronensaft	

Alle Zutaten zusammen im Shaker
mit Eiswürfeln schütteln und in
das Glas seihen.

MCKINLEY'S DELIGHT

fruchtig-herber Shortdrink für den
Abend
- ■ Cocktailglas
- ■ Rührglas

3 cl Bourbon Whiskey	
3 cl Vermouth dry	
1 BL Pernod	
2 BL Kirschlikör	
■ **Deko:**	
1 Cocktailkirsche	

Alle Zutaten zusammen im Rührglas mit Eis verrühren und in das
Cocktailglas seihen. Die Kirsche
an den Glasrand stecken.

4TH OF JULY

fruchtiger, zart-herber Shortdrink
für den Abend
- ■ kleiner Tumbler
- ■ Shaker

3 cl Bourbon Whiskey	
1 cl Apricot Brandy	
1 cl Zitronensaft	
5 cl Orangensaft	
■ **Deko:**	
1 Orangenscheibe	
1 Zitronenscheibe	

Alle Zutaten zusammen im Shaker
mit Eiswürfeln gut schütteln und
in den Tumbler seihen. Das Obst
an den Glasrand stecken.

Cowboy Cocktail (h. l.), Adelle Special (h. r.), 4th of July (v.)

PRINCE CHARLIE

fruchtig-herber Shortdrink für den Abend
- ◼ Cocktailglas
- ◼ Shaker

3 cl Scotch Whisky	
2 cl Drambuie (Honiglikör)	
1 cl Zitronensaft	
◼ **Deko:**	
1 Cocktailkirsche	

Alle Zutaten zusammen im Shaker mit Eiswürfeln kräftig schütteln und in das Cocktailglas seihen. Die Kirsche am Sticker ins Glas geben.

WHISKEY SANGAREE

fruchtig-lieblicher Shortdrink für den Abend
- ◼ Cocktailglas
- ◼ Shaker

4 cl Bourbon Whiskey	
1 cl Cherry Brandy	
1 BL Honig	
◼ **Außerdem:**	
geriebene Muskatnuß	

Alle Zutaten zusammen im Shaker mit Eis kräftig schütteln und in das Cocktailglas seihen. Mit Muskatnuß bestreuen.

BOURBONNAISE

fruchtig-würziger Shortdrink für den Abend oder als Aperitif
- ◼ kleiner Tumbler
- ◼ Shaker

4 cl Bourbon Whiskey	
1 cl Vermouth dry	
1 cl Crème de Cassis	
1 cl Zitronensaft	

Alle Zutaten zusammen im Shaker mit Eiswürfeln schütteln und in den zur Hälfte mit Eiswürfeln gefüllten Tumbler seihen.

WEMBLEY

fruchtig-würziger Shortdrink für den Abend
- ◼ Cocktailglas
- ◼ Shaker

2 cl Scotch Whisky	
2 cl Vermouth dry	
2 cl Ananassaft	
◼ **Deko:**	
1/8 Ananasscheibe	

Alle Zutaten zusammen im Shaker mit Eis schütteln und in das Cocktailglas seihen. Das Ananasstück an den Glasrand stecken.

Whisky

MODERN GIRL

würzig-herber Shortdrink für den
Abend
- ■ kleiner Tumbler
- ■ Shaker

2 cl Bourbon Whiskey	
2 BL weißer Rum	
1 BL Pernod	
1 BL Orange-Bitter	
2 BL Zitronensaft	
■ **Außerdem:**	
1 Stück Zitronenschale	

Alle Zutaten zusammen im Shaker
mit Eis schütteln und in den Tumbler mit Eiswürfeln seihen. Den
Drink mit der Zitronenschale abspritzen und sie ins Glas geben.

PIERRE

feinherber Shortdrink für den
Abend
- ■ Cocktailglas
- ■ Rührglas

3 cl Bourbon Whiskey	
2 cl Apricot Brandy	
2 BL Zitronensaft	
■ **Außerdem:**	
1 Stück Zitronenschale	

Alle Zutaten zusammen im Rührglas mit Eis verrühren und in das
Cocktailglas seihen. Die Zitronenschale ins Glas geben.

YORK

feinherber Shortdrink für den
Abend
- ■ Cocktailglas
- ■ Rührglas

6 cl Bourbon Whiskey	
2 cl Vermouth rosso	
3 dashes Angostura	
■ **Deko:**	
1 Cocktailkirsche	

Alle Zutaten zusammen im Rührglas mit Eis verrühren und in das
Cocktailglas seihen. Die Kirsche
an den Glasrand stecken.

WHISKY CRUSTA

fruchtiger, süß-säuerlicher Crusta
für den Abend
- ■ Cocktailglas mit Zuckerrand
- ■ Shaker

3 cl Scotch Whisky	
1 dash Angostura	
3 BL Maraschino	
4 BL Zitronensaft	
1 BL Zucker	

Alle Zutaten zusammen im Shaker
mit Eis schütteln und in das Glas
seihen.

COCKTAIL NR. 13

fruchtig-milder Shortdrink für den Abend
- Cocktailglas
- Shaker

| 2 cl Whiskey |
| 2 cl Aprikosenlikör |
| 2 cl Orangensaft |
| ■ Deko: |
| 1 Cocktailkirsche |

Alle Zutaten zusammen im Shaker mit Eiswürfeln schütteln und in das Glas seihen. Die Kirsche an den Glasrand stecken.

EVERYTHING BUT

fruchtiger, zartherber Flip für den Abend
- Ballon- oder Weinglas
- Shaker

| 3 cl Bourbon Whiskey |
| 3 cl Gin |
| 1 EL Apricot Brandy |
| 2 cl Zitronensaft |
| 2 cl Orangensaft |
| 1 Eigelb |
| 1 TL Zuckersirup |

Alle Zutaten zusammen mit Eis im Shaker kräftig schütteln und in das Glas seihen.

FOOTBALL PLAYER

fruchtiger, zartherber Shortdrink für den Abend
- Cocktailglas
- Shaker

| 3 cl Scotch Whisky |
| 1 cl Cointreau |
| 1 cl Grapefruitsaft |

Alle Zutaten zusammen im Shaker mit Eiswürfeln kräftig schütteln und in das Cocktailglas seihen.

WHISKEY SOUR

erfrischender Sour für den Abend
- mittelgroßer Tumbler
- Rührglas

| 4 cl Bourbon Whiskey |
| 2 cl Zitronensaft |
| 1 cl Zuckersirup |
| 1 dash Angostura |
| ■ Deko: |
| ½ Orangenscheibe |
| 1 Cocktailkirsche |

Die Zutaten zusammen im Shaker mit Eis schütteln und in den Tumbler seihen. Das Obst an den Glasrand stecken.

Whisky

MINT COOLER

erfrischender Cooler
für heiße Tage

- Longdrinkglas
- Gästeglas

4 cl Scotch Whisky	
1 BL Crème de Menthe weiß	
oder grün	
Mineralwasser zum Auffüllen	

Whisky und Crème de Menthe in
das Longdrinkglas mit Eiswürfeln
geben und mit Mineralwasser auffüllen: Mit einem Stirer servieren.

MORNING GLORY FIZZ

erfrischender Fizz für alle
Gelegenheiten
- mittelgroßer Tumbler
- Shaker

4 cl Scotch Whisky
1 cl Pernod
2 cl Zitronensaft
1 cl Zuckersirup
1 Eiweiß
Sodawasser zum Auffüllen

Alle Zutaten außer Soda zusammen im Shaker mit Eis kräftig
schütteln und in den Tumbler seihen. Mit Soda auffüllen.

LONDON SOUR

fruchtiger Sour für jede
Gelegenheit
- mittelgroßes Longdrinkglas
- Shaker

3 cl Scotch Whisky
1 cl Mandelsirup
2 cl Zitronensaft
2 cl Orangensaft
1 cl Zuckersirup
Deko:
½ Orangenscheibe
1 Cocktailkirsche

Die Zutaten zusammen im Shaker
mit Eis schütteln und in das Longdrinkglas geben. Orangenscheibe
und Kirsche zusammen am Sticker
über den Glasrand legen.

BOURBON HIGHBALL

lieblich-würziger Longdrink
für jede Jahreszeit
- Longdrinkglas
- Gästeglas

4 cl Bourbon Whiskey
1 Stück Zitronenschale
Ginger-ale zum Auffüllen
Deko:
1 Zitronenschalenspirale

Den Whiskey ins Glas mit Eiswürfeln geben. Mit der Zitronenschale
abspritzen und sie dazugeben. Mit
Ginger-ale auffüllen. Die Schalenspirale an den Glasrand hängen.

WHISKY SODA

erfrischender Longdrink für
jeden Tag
- kleiner Tumbler
- Gästeglas

---
4 cl Scotch Whisky

Sodawasser zum Auffüllen

Den Whisky in den Tumbler mit
Eiswürfeln geben, nach Belieben
mit Soda auffüllen.

CANADIAN SUMMER

frischer, würziger Longdrink für
jede Jahreszeit
- großer Tumbler
- Gästeglas

---
3 cl Canadian Whisky
---
2 cl Crème de Cacao weiß
---
1 cl Crème de Menthe grün

Sodawasser zum Auffüllen

Whisky und Likör zusammen im
Tumbler verrühren. Einige Eiswürfel dazugeben, mit Soda auffüllen.

CANADIAN GINGER

erfrischender Longdrink für die
Sommerparty
- Longdrinkglas
- Gästeglas

---
4 cl Canadian Whisky

Ginger-ale zum Auffüllen

Den Whisky in das Longdrinkglas
mit Eisstücken geben und mit Ginger-ale auffüllen.

WHISKY FIZZ

erfrischender Fizz für die Party
- mittelgroßer Tumbler
- Shaker

---
4 cl Scotch Whisky
---
2 cl Zitronensaft
---
1 cl Zuckersirup

Mineralwasser zum Auffüllen

Alle Zutaten außer Mineralwasser
zusammen im Shaker mit Eis
schütteln und in den Tumbler seihen. Mit Mineralwasser auffüllen.

BOURBON SILVER FIZZ

fruchtiger, feinherber Fizz für den
Nachmittag und den Abend
- großer Tumbler
- Shaker

---
3 cl Bourbon Whiskey
---
1 BL Zitronensaft
---
1 BL Limettensaft
---
1 BL Zuckersirup
---
1 Eiweiß

Sodawasser zum Auffüllen

Deko:
---
1 Zitronenscheibe

Alle Zutaten zusammen im Shaker
mit Eis schütteln und in den Tumbler seihen. Mit Soda auffüllen
und umrühren. Die Zitronenscheibe an den Glasrand stecken.

Canadian Summer (h.), Whisky Soda (v. l.), Bourbon Silver Fizz (v. r.)

FREEFALL

fruchtiger Longdrink für die
Sommerparty
■ Longdrinkglas
■ Shaker

3 cl Scotch Whisky
2 cl Malibu
1 cl Maracujasirup
1 cl Zitronensaft
6 cl Ananassaft
■ **Deko:**
1 Stück Ananas
1 Cocktailkirsche

Die Zutaten zusammen im Shaker
mit Eis schütteln und in das Longdrinkglas mit Eiswürfeln seihen.
Das Obst zusammen am Sticker
über den Glasrand legen.

CANADIAN SOUR

erfrischender Sour für die Party
■ mittelgroßer Tumbler
■ Shaker

4 cl Canadian Whisky
2 cl Zitronensaft
1 cl Zuckersirup
evtl. etwas Mineralwasser
■ **Deko:**
**½ Orangenscheibe, 1 Orangen-
schalenspirale, 1 Cocktailkirsche**

Die Zutaten zusammen im Shaker
mit Eis schütteln und in den Tumbler seihen. Eventuell etwas Mineralwasser dazugeben. Die Orangenscheibe an den Glasrand
stecken; Kirsche und Schalenspirale daran befestigen.

Whisky

SANDY COLLINS

erfrischender Collins für den
ganzen Tag
- Longdrinkglas
- Gästeglas

4 cl Scotch Whisky	
2 cl Zitronensaft	
1 cl Zuckersirup	
Sodawasser zum Auffüllen	
■ **Deko:**	
¹/₂ Zitronenscheibe	
1 Cocktailkirsche	

Alle Zutaten außer Soda zusammen im Longdrinkglas mit Eis verrühren. Mit Soda auffüllen und
umrühren, bis das Glas beschlägt.
Die Früchte zusammen am Sticker
über den Glasrand legen.

HIGHLAND COOLER

leichter Cooler für die Sommer-
party
- Longdrinkglas
- Shaker

4 cl Scotch Whisky	
2 dashes Angostura	
2 cl Zitronensaft	
1 cl Zuckersirup	
Ginger-ale zum Auffüllen	
■ **Deko:**	
¹/₂ Zitronenscheibe	

Alle Zutaten außer Ginger-ale zusammen im Shaker mit Eis schütteln und in das Longdrinkglas mit
Eisstücken seihen. Mit Ginger-ale
auffüllen. Die Zitronenscheibe ins
Glas geben.

OPENING II

lieblicher Shortdrink für die Party
- Cocktailglas
- Rührglas

3 cl Canadian Whisky	
1,5 cl Vermouth rosso	
1 cl Grenadine	

Die Zutaten zusammen im Rührglas mit Eis verrühren und in das Cocktailglas seihen.

HANSEKOGGE

fruchtiger Longdrink für die Party
- Longdrinkglas
- Shaker

3 cl Scotch Whisky	
1 cl Mandarinensirup	
4 cl Orangensaft	
4 cl Maracujasaft	
1 cl Zitronensaft	
Deko:	
½ Orangenscheibe	
2 Cocktailkirschen	
1 Minzeblatt	

Die Zutaten zusammen im Shaker mit Eis schütteln und in das Longdrinkglas mit Eis seihen. Die Früchte und das Minzeblatt zusammen auf einen langen Sticker stecken und ihn zusammen mit einem langen Stirer in das Glas geben.

ROYAL TURKEY

fruchtiger Longdrink für die Sommerparty
- Longdrinkglas
- Shaker

2 cl Bourbon Whiskey	
2 cl Apricot Brandy	
2 cl Gin	
4 cl Ananassaft	
Zitronenlimonade zum Auffüllen	
Deko:	
1 Cocktailkirsche	

Alle Zutaten außer Limonade zusammen im Shaker mit Eis schütteln und in das Longdrinkglas mit Eiswürfeln seihen. Mit Limonade auffüllen und umrühren. Die Cocktailkirsche ins Glas geben und den Drink mit einem Stirer servieren.

19TH HOLE

erfrischender, fruchtiger Longdrink für die Sommerparty
- Longdrinkglas
- Shaker

3 cl Scotch Whisky	
2 cl Southern Comfort	
1 cl Mandarinensirup	
8 cl Maracujasaft	
1 cl Zitronensaft	
Deko:	
1 Physalis (Kapstachelbeere)	

Die Zutaten zusammen im Shaker mit Eis schütteln und in das Longdrinkglas mit Crushed ice seihen. Die Physalis dann an den Glasrand stecken.

LOS ANGELES (L.A.)

fruchtiger Longdrink für die Party
- mittelgroßes Longdrinkglas
- Shaker

3 cl Scotch Whisky	
1 dash Vermouth bianco	
2 cl Zitronensaft	
1 cl Zuckersirup	
1 Ei	

Die Zutaten zusammen im Shaker mit Eis kräftig schütteln und in das Longdrinkglas seihen.

NEW ORLEANS SAZERAC

erfrischender Longdrink für den ganzen Tag
- großer Tumbler
- Gästeglas

1 Stück Würfelzucker
4 cl Bourbon Whiskey
1 cl Pernod
1 dash Angostura
klares Wasser zum Auffüllen
Außerdem:
1 Stück Zitronenschale

Den Würfelzucker in das Glas mit Eiswürfeln geben und mit dem Angostura tränken. Die Spirituosen dazugeben, mit Wasser auffüllen und alles gut verrühren. Den Drink mit der Zitronenschale abspritzen und zusammen mit einem Stirer servieren.

BIG JOHN

fruchtiger Longdrink für die Party
- Longdrinkglas
- Shaker

3 cl Scotch Whisky
2 cl Maracujasirup
4 cl Orangensaft
2 cl Zitronensaft
2 cl Ananassaft
Deko:
½ Orangenscheibe
½ Zitronenscheibe
¼ Ananasscheibe
1 Cocktailkirsche
3 dashes Amaretto

Die Zutaten zusammen im Shaker mit Eis schütteln und in das Longdrinkglas seihen. Die Früchte auf einen Spieß stecken und ihn über das Glas legen. Die Kirsche mit dem Amaretto beträufeln.

HORSE'S NECK II

milder Longdrink für den Abend
- großer Tumbler
- Gästeglas

4 cl Bourbon Whiskey
2 dashes Angostura
Ginger-ale zum Auffüllen
Deko:
1 Zitronenschalenspirale

Whiskey und Angostura zusammen im Tumbler mit Eis verrühren. Mit Ginger-ale auffüllen und kurz umrühren. Die Schalenspirale ins Glas geben.

CHERRY BLOSSOM

fruchtiger, feinherber Longdrink
für den Abend
- großer Tumbler
- Shaker

3 cl Irish Whiskey	
1 cl Zitronensaft	
1 cl Grenadine	
1 BL Eiweiß	
Sodawasser zum Auffüllen	

Alle Zutaten außer Soda zusammen im Shaker mit Eis schütteln
und in den Tumbler seihen. Mit
Soda auffüllen und kurz umrühren.

BOURBON DREAM

fruchtig-milder Longdrink für den
Abend
- Longdrinkglas
- Shaker

3 cl Bourbon Whiskey	
3 cl Apricot Brandy	
Orangensaft zum Auffüllen	
■ **Deko:**	
1 Orangenscheibe	
1 Cocktailkirsche	

Whiskey und Apricot Brandy zusammen mit Eiswürfeln im Shaker
schütteln und in das Longdrinkglas seihen. Mit Orangensaft auffüllen und kurz umrühren. Die
Orangenscheibe an den Glasrand
stecken und die Kirsche mit einem
Sticker daran befestigen.

IRISH ORANGE

fruchtig-herber Longdrink für den
Abend
- großer Tumbler
- Shaker

4 cl Irish Whiskey	
1 cl Zitronensaft	
1 cl Grenadine	
Bitter Orange (Bitterlimonade)	
■ **Deko:**	
1 Orangenschalenspirale	

Alle Zutaten außer der Limonade
zusammen im Shaker mit Eis
schütteln und in den Tumbler mit
Eiswürfeln seihen. Mit Bitter
Orange auffüllen und umrühren.
Die Schalenspirale an den Glasrand hängen.

HOLIDAY EGG-NOG

lieblicher Egg-Nog für jede
Jahreszeit
- Longdrinkglas
- Shaker

4 cl Bourbon Whiskey	
2 cl brauner Rum	
1 cl Zuckersirup	
4 cl Milch	
1 Ei	
■ **Außerdem:**	
geriebene Muskatnuß	

Alle Zutaten zusammen im Shaker
mit Eis schütteln und in das Glas
seihen. Etwas Muskatnuß darüberstreuen.

GOD MOTHER

VODKATINI

Drinks mit Wodka

BLACK RUSSIAN

WODKA GIBSON

FLYING GRASSHOPPER

HAIR RAISER

BARBARA

lieblicher, sahniger Shortdrink
- Cocktailglas
- Shaker

2 cl Wodka
2 cl Crème de Cacao weiß
2 cl Sahne
■ Außerdem:
geriebene Muskatnuß

Die Zutaten zusammen im Shaker mit Eis kräftig schütteln und in das Glas seihen. Etwas Muskatnuß darüberstreuen.

VODKATINI

herber Shortdrink für die Party
- Cocktailglas
- Rührglas

4 cl Wodka
2 cl Vermouth dry
■ Außerdem:
1 Olive

Die Zutaten zusammen im Rührglas mit Eis verrühren und in das Cocktailglas seihen. Die Olive am Sticker ins Glas geben.

GREEN SEA

halbtrockener Shortdrink
(Aperitif)
- Cocktailglas
- Rührglas

1,5 cl Wodka
1,5 cl Crème de Menthe grün
1,5 cl Vermouth dry

Die Zutaten zusammen im Rührglas mit Eis verrühren und in das Cocktailglas seihen.

BLACK RUSSIAN

lieblicher Shortdrink für den
Abend
- Cocktailglas
- Rührglas

4 cl Wodka
2 cl Kaffeelikör

Die Zutaten zusammen im Rührglas mit Eis verrühren und in das Cocktailglas seihen.

GOSPODIN

aromatischer Shortdrink für den
Nachmittag
- kleiner Tumbler
- Gästeglas

3 cl Wodka
2 cl Apricot Brandy

Die Zutaten im Tumbler mit Eis verrühren. Mit Stirer servieren.

GOD MOTHER

aromatischer Shortdrink für den
ganzen Tag
- kleiner Tumbler
- Gästeglas

4 cl Wodka
2 cl Amaretto

Die Zutaten zusammen im Tumbler mit Eis verrühren. Mit einem Stirer servieren.

Barbara (l.), Green Sea (M.), Vodkatini (r.)

FINLADY

fruchtiger, feinherber Shortdrink
für den Abend
- Cocktailglas
- Shaker

4 cl Wodka
2 cl Apricot Brandy
1 cl Zitronensaft

Alle Zutaten im Shaker mit Eis
schütteln und in das Glas seihen.

WODKA GIBSON

trockener Shortdrink (Aperitif)
- Cocktailglas
- Rührglas

4 cl Wodka
1 cl Vermouth dry
■ **Außerdem:**
1 Cocktailzwiebel

Die Zutaten zusammen im Rührglas mit Eis verrühren und in das
Cocktailglas seihen. Die Zwiebel
ins Glas geben.

SMIRNOFF COCKTAIL

cremiger Shortdrink für die Party
- Cocktailglas
- Shaker

2,5 cl Wodka
1,5 cl Crème de Cacao weiß
1,5 cl Crème de Menthe grün
1,5 cl Sahne

Die Zutaten im Shaker mit Eis
schütteln und in das Glas seihen.

BERENTZER PARADIESCOCKTAIL

halbtrockener Shortdrink
(Aperitif)
- Cocktailglas
- Shaker

2,5 cl Wodka
2,5 cl Apfellikör
1,5 cl Orangensaft
1 dash Campari
■ **Deko:**
1 Apfelscheibe
1 Cocktailkirsche
1 Minzezweig

Die Zutaten zusammen im Shaker
mit Eis schütteln und in das Glas
seihen. Die Apfelscheibe, die Kirsche und den Minzezweig zusammen am Sticker über den Glasrand
legen.

TARANTELLA

etwas bitterer Sektcocktail für den
Empfang
- Sektschale
- Rührglas

1,5 cl Wodka
1,5 cl Curaçao Triple sec
1,5 cl Campari
trockener Sekt zum Auffüllen
■ **Deko:**
1 Ananasstück, 1 Cocktailkirsche

Alle Zutaten außer Sekt zusammen im Rührglas mit Eis verrühren, in die Sektschale seihen
und mit dem Sekt auffüllen. Das
Ananasstück an den Glasrand
stecken und die Kirsche mit einem
Sticker daran befestigen.

Wodka

OVIDIO

erfrischender, herber Sektcocktail
für die Party
- ■ Sektschale
- ■ Shaker

3 *cl* **Wodka**
2 *cl* **Curaçao blue**
2 *cl* **Grapefruitsaft**
trockener **Sekt zum Auffüllen**
■ **Deko:**
½ **Zitronenscheibe**
1 **Minzeblatt**

Alle Zutaten außer Sekt zusammen im Shaker mit Eis schütteln, in die Sektschale seihen und mit Sekt auffüllen. Die Zitronenscheibe an den Glasrand stecken und das Minzeblatt auf das Getränk legen.

SNAP

halbtrockener Shortdrink
(Aperitif)
- ■ Cocktailglas
- ■ Rührglas

2 *cl* **Wodka**
2 *cl* **Vermouth dry**
2 *cl* **Limettensaft**
■ **Außerdem:**
1 **Stück Limettenschale**

Die Zutaten zusammen im Rührglas mit Eis verrühren und in das Cocktailglas seihen. Den Drink mit der Limettenschale abspritzen und sie ins Glas geben.

HAIR RAISER

feinherber Shortdrink für den
Abend
- ■ kleiner Tumbler
- ■ Gästeglas

2 *cl* **Wodka**
2 *cl* **Dubonnet**
2 *cl* **Tonic water**

Alle Zutaten zusammen im Tumbler mit Eiswürfeln langsam verrühren.

RUSSIAN CAR

cremiger, lieblicher Shortdrink
(After-Dinner-Drink)
- ■ großes Cocktailglas
- ■ Shaker

4 *cl* **Wodka**
1 *cl* **Galliano**
1 *cl* **Crème de Cacao weiß**
4 *cl* **Sahne**

Alle Zutaten zusammen im Shaker mit Eis schütteln, ins Glas seihen.

NORTH POLE

herb-würziger Shortdrink für den
Abend
- ■ Cocktailglas
- ■ Shaker

3 *cl* **Wodka**
1 *cl* **Drambuie (Honiglikör)**
1 *cl* **Campari**

Alle Zutaten zusammen im Shaker mit Eis schütteln und in das Cocktailglas seihen.

WHITE RUSSIAN

cremiger Shortdrink für den
ganzen Tag
■ Cocktailglas
■ Rührglas

3 cl Wodka	
2 cl Kaffeelikör	
1 cl Sahne	

Wodka und Likör zusammen im
Rührglas mit Eis verrühren und in
das Cocktailglas seihen. Die leicht
geschlagene Sahne auf das Getränk geben. Der Drink wird auch
gern mit Eiswürfeln getrunken,
nehmen Sie dann aber einen kleinen Tumbler zum Servieren.

MONTE ROSA

leichter Shortdrink (Aperitif)
■ Cocktailglas
■ Shaker

2 cl Wodka	
1 cl Curaçao Triple sec	
1 cl Campari	
1 cl Orangensaft	

Die Zutaten zusammen im Shaker
mit Eis schütteln und in das Cocktailglas seihen.

FLYING GRASSHOPPER

würziger, lieblicher Shortdrink für den Abend
- Cocktailglas
- Rührglas

2 cl Wodka	
1 cl Crème de Cacao weiß	
1 cl Crème de Menthe grün	
Deko:	
1 grüne Cocktailkirsche	

Alle Zutaten zusammen im Rührglas mit Eis verrühren und ins Glas seihen. Die Kirsche an den Glasrand stecken.

BALANCE

fruchtiger, feinherber Crusta für den Abend
- Cocktailglas mit Zuckerrand
- Shaker

2 cl Wodka	
1 cl weißer Rum	
1 cl Curaçao Triple sec	
1 BL Grenadine	
Deko:	
1 Cocktailkirsche	

Alle Zutaten zusammen im Shaker mit Eis schütteln und ins Glas mit Zuckerrand seihen. Die Kirsche am Sticker ins Glas geben.

WODKA NIKOLASCHKA

mild-fruchtiger Shortdrink für die Party
- Schnapsglas
- Gästeglas

2 cl Wodka
1 Orangenscheibe ohne Schale
1 BL Puderzucker
1 dash Grand Marnier

Den Wodka ins Glas geben. Die Orangenscheibe auf das Glas legen, mit Puderzucker bestreuen und mit Grand Marnier beträufeln. Man zerkaut die Orange und trinkt dazu den Wodka.

EASTWIND

würziger, feinherber Shortdrink (Aperitif)
- Cocktailglas
- Rührglas

2 cl Wodka
2 cl Vermouth dry
2 cl Vermouth rosso
Deko:
½ Orangenscheibe
½ Zitronenscheibe

Alle Zutaten zusammen im Cocktailglas mit Eiswürfeln verrühren. Die Fruchtscheiben an den Glasrand stecken.

YELLOW SEA

würziger Shortdrink für die Party
- Cocktailglas
- Shaker

2,5 cl Wodka
1 cl Maraschino
1,5 cl weißer Rum
1,5 cl Galliano
1 cl Limettensaft
1 BL Zuckersirup

Die Zutaten zusammen im Shaker mit Eis schütteln und in das Glas seihen.

RED RUSSIAN

fruchtig-lieblicher Shortdrink (After-Dinner-Drink)
- kleiner Tumbler
- Gästeglas

3 cl Wodka
2 cl Kirschlikör

Die Zutaten zusammen im Tumbler mit Eiswürfeln verrühren.

WODKA SPECIAL

halbtrockener Shortdrink für den Abend (Aperitif)
- Cocktailglas
- Shaker

3 cl Wodka
1 cl Crème de Cacao weiß
1 cl Zitronensaft

Alle Zutaten im Shaker mit Eis schütteln und in das Glas seihen.

RUSSIAN COCKTAIL

würzig-lieblicher Shortdrink für
den Abend
- Cocktailglas
- Shaker

---

4 cl Wodka

2 cl Crème de Cacao braun

Alle Zutaten zusammen im Shaker
mit Eis schütteln und in das Glas
seihen.

WODKA STINGER

würzig-frischer Shortdrink für den
Abend
- kleiner Tumbler
- Gästeglas

---

3 cl Wodka

2 cl Crème de Menthe grün

Die Zutaten zusammen im Tumbler mit Eiswürfeln verrühren.

WODKA SIDE CAR

bittersüßer Shortdrink für den
Abend
- Cocktailglas
- Shaker

---

2 cl Wodka

2 cl Curaçao Triple sec

1 BL Zitronensaft

Alle Zutaten zusammen im Shaker
mit Eis schütteln und in das Glas
seihen.

MARAWOD

fruchtiger, zartsüßer Shortdrink
für den Abend
- Cocktailglas
- Rührglas

---

3 cl Wodka

1 cl Kirschwasser

1 cl Maraschino

Deko:

1 Cocktailkirsche

Alle Zutaten zusammen im Rührglas mit Eis verrühren und ins Glas
seihen. Die Kirsche am Sticker ins
Glas geben.

FINLANDIA BITE

würziger, lieblicher Shortdrink
(After-Dinner-Drink)
- Cocktailglas
- Shaker

---

3 cl Wodka

3 cl Southern Comfort

2 cl Sahne

1 dash Zitronensaft

Außerdem:

geriebene Muskatnuß

Alle Zutaten zusammen im Shaker
mit Eis schütteln und in das Cocktailglas seihen. Mit Muskat bestreuen.

TRIP

herber Shortdrink (Aperitif)
- Cocktailglas
- Rührglas

2 cl Wodka
2 cl Limettenlikör
2 cl Noilly Prat
■ Außerdem:
1 Stück Limettenschale

Die Zutaten zusammen im Rührglas mit Eis verrühren und in das Cocktailglas seihen. Den Drink mit der Limettenschale abspritzen und sie ins Glas geben.

AMATO

fruchtiger, feinherber Shortdrink für den Abend
- großes Cocktailglas
- Rührglas

2 cl Wodka
2 cl Vermouth dry
2 cl Mandarinenlikör
■ Außerdem:
1 Stück Orangenschale

Alle Zutaten zusammen im Rührglas mit Eis verrühren und ins Glas mit Eiswürfeln seihen. Den Drink mit der Orangenschale abspritzen und sie ins Glas geben.

SIMINEN RAKKAUS

fruchtiger Shortdrink für die Party
- Cocktailglas
- Shaker

2 cl Wodka
1 cl Parfait Amour (Frucht-aromalikör)
2 cl Crème de Banane
1 cl Zitronensaft
■ Deko:
1 Cocktailkirsche

Die Zutaten zusammen im Shaker mit Eis schütteln und in das Glas seihen. Die Kirsche am Sticker ins Glas geben.

WODKA GIMLET

halbtrockener Shortdrink (Aperitif)
- Cocktailglas
- Rührglas

4 cl Wodka
2 cl Limettensaft
■ Außerdem:
½ Limettenscheibe

Die Zutaten zusammen im Rührglas mit Eis verrühren und in das Cocktailglas seihen. Die Limettenscheibe ins Glas geben.

Orange Wodka (l.), Pacific Blue (r.)

ORANGE WODKA

fruchtiger, feinherber Shortdrink
für jede Jahreszeit
- Cocktailglas
- Rührglas

3 cl Wodka
1 cl Orangenlikör
1 cl Limettensaft
Deko:
½ Orangenscheibe

Alle Zutaten zusammen im Rührglas mit Eis verrühren und ins Glas
seihen. Die Orangenscheibe an
den Glasrand stecken.

PACIFIC BLUE

lieblicher Shortdrink für die Party
- Cocktailglas mit Zuckerrand
- Rührglas

1 cl Wodka
2 cl Crème de Banane
2 cl Curaçao blue
1 cl Kokoslikör
Deko:
1 Cocktailkirsche

Die Zutaten zusammen im Rührglas mit Eis verrühren und ins Glas
mit Zuckerrand seihen. Die Kirsche an den Glasrand stecken.

109

AVIATION

halbtrockener Shortdrink
(Aperitif)
- Cocktailglas
- Shaker

3 cl Wodka	
2 dash Maraschino	
1 BL Apricot Brandy	
1,5 cl Zitronensaft	

Die Zutaten zusammen im Shaker
mit Eis schütteln und in das Cocktailglas seihen.

GOLDFINGER

fruchtiger, feinwürziger Shortdrink
für den Abend
- Cocktailglas
- Shaker

2 cl Wodka
4 cl Rosso Antico (roter Vermouth)
1 cl Orangensaft
1 dash Orange-Bitter

Alle Zutaten zusammen im Shaker
mit Eis schütteln und in das Glas
seihen.

ROBERTA

halbtrockener Shortdrink
(Aperitif)
- Cocktailglas
- Rührglas

2 cl Wodka
2 cl Vermouth dry
2 cl Kirschlikör
2 dashes Campari
2 dashes Crème de Banane
Außerdem:
1 Stück Orangenschale

Die Zutaten zusammen im Rührglas mit Eis verrühren und in das
Cocktailglas seihen. Den Drink mit
der Orangenschale abspritzen.

FESTRUS

halbtrockener Shortdrink
(Aperitif)
- Cocktailglas
- Rührglas

2 cl Wodka
2 cl Grand Marnier
2 cl Cinzano-Bitter
Außerdem:
1 Stück Orangenschale

Die Zutaten zusammen im Rührglas mit Eis verrühren und in das
Cocktailglas seihen. Den Drink mit
der Orangenschale abspritzen und
sie ins Glas geben.

WOLGA CLIPPER

fruchtig-lieblicher Shortdrink für
den Abend
■ Cocktailglas
■ Shaker

3 cl Wodka
2 cl Apricot Brandy
3 cl Orangensaft

Alle Zutaten zusammen im Shaker
mit Eis schütteln und in das Cocktailglas seihen.

TRIPLE SUN

aromatischer Shortdrink für die
Party
■ Cocktailglas
■ Rührglas

1,5 cl Wodka
1,5 cl Bananenlikör
1,5 cl Vermouth bianco
1,5 cl Vermouth dry
2 dash Grenadine
■ **Deko:**
1 Cocktailkirsche

Die Zutaten zusammen im Rührglas mit Eis verrühren und in das
Cocktailglas seihen. Die Kirsche
ins Glas geben.

E.P.U.

würzig-pikanter Pick-me-up
■ Sherryglas
■ Gästeglas

1 Eigelb
Pfeffer
Salz
Tabasco
2 cl Wodka
2 cl Sangrita

Das Eigelb in das Sherryglas geben. Gewürze, Wodka und Sangrita
dazugeben. Das Getränk wird in
einem Schluck getrunken.

COLONEL KREMLIN

fruchtig-zartherber Shortdrink für
den Abend
■ Cocktailglas
■ Shaker

4 cl Wodka
1 cl Limettensaft
1 cl Zuckersirup
■ **Außerdem:**
3 Minzeblätter

Alle Zutaten zusammen im Shaker
mit Eis kräftig schütteln und ins
Glas seihen. Die Minze klein-
hacken und ins Glas geben.

BLUE DAY

mild-fruchtiger Shortdrink für den Abend
- Cocktailglas
- Shaker

4 cl Wodka	
2 cl Curaçao blue	
1 dash Orange-Bitter	
■ **Deko:**	
½ Orangenscheibe	

Alle Zutaten zusammen im Shaker mit Eis schütteln und ins Glas seihen. Die Orangenscheibe an den Glasrand stecken.

BABYFACE

fruchtig-lieblicher Shortdrink (After-Dinner-Drink)
- Cocktailglas
- Shaker

2 cl Wodka	
2 cl Sahne	
2 cl Crème de Cassis	

Alle Zutaten zusammen im Shaker mit Eiswürfeln kräftig schütteln und in das Cocktailglas seihen.

GRANDE DUCHESSE

bittersüßer Shortdrink für den
Abend
▪ Cocktailglas
▪ Shaker

3 cl Wodka	
1 cl weißer Rum	
1 cl Zitronensaft	
1 BL Grenadine	

Alle Zutaten zusammen im Shaker
mit Eis schütteln und in das Cocktailglas seihen.

SONJA COCKTAIL

würziger Shortdrink
(After-Dinner-Drink)
▪ Cocktailglas
▪ Shaker

3 cl Wodka	
3 cl grüner Pfefferminzlikör	
▪ **Deko:**	
1 Minzezweig	

Alle Zutaten zusammen im Shaker
mit Eis schütteln und ins Glas seihen. Den Minzezweig an den Glasrand stecken.

WHITE CAP

cremiger Shortdrink für den
Nachmittag
■ Cocktailglas
■ Shaker

3 cl Wodka
1 cl Mokkalikör
1 cl Portwein
1 cl leicht geschlagene Sahne

Alle Zutaten außer Sahne zusammen im Shaker mit Eis schütteln und in das Cocktailglas seihen. Die Sahne auf den Shortdrink fließen lassen.

CAIPIROSKA

herber Shortdrink für den Abend
■ kleiner Tumbler
■ Gästeglas

1 Limette
1 BL brauner Zucker
5 cl Wodka

Die Limette vierteln, ins Glas geben und mit einem Stößel zerdrücken. Den Zucker dazugeben, mit Crushed ice auffüllen, den Wodka dazugeben und alles verrühren.

INDIANAPOLIS

sahniger Shortdrink für den
Abend
■ Cocktailglas
■ Shaker

2 cl Wodka
2 cl Curaçao blue
2 cl Sahne

Die Zutaten zusammen im Shaker mit Eis kräftig schütteln und in das Cocktailglas seihen.

RED DREAMS I

fruchtiger, feinherber Shortdrink für den Abend
■ Cocktailglas
■ Shaker

3 cl Wodka
1 cl Kirschlikör
1 cl Limettensaft
■ **Deko:**
1 Cocktailkirsche

Alle Zutaten zusammen im Shaker mit Eis schütteln und in das Glas seihen. Die Kirsche an den Glasrand stecken.

FINISH COCKBULL

würziger, lieblicher Shortdrink für
den Abend
- ◾ Cocktailglas
- ◾ Rührglas

| 3 cl **Wodka** |
| 2 cl **Amaretto** |
| 1 cl **Kaffeelikör** |
| ◾ **Deko:** |
| ¼ **Ananasscheibe** |

Alle Zutaten zusammen im Rührglas mit Eis verrühren und in das
Cocktailglas seihen. Das Ananasstück an den Glasrand stecken.

ROTER PLATZ

würziger, zartherber Shortdrink
für jede Jahreszeit
- ◾ Cocktailglas
- ◾ Shaker

| 2 cl **Wodka** |
| 2 cl **Crème de Cacao weiß** |
| 1 cl **Zitronensaft** |
| ½ TL **Grenadine** |
| ◾ **Deko:** |
| 1 **Cocktailkirsche** |

Alle Zutaten zusammen im Shaker
mit Eis kräftig schütteln und ins
Glas seihen. Die Kirsche an den
Glasrand stecken.

LOVER'S NOCTURNE

feinherber Shortdrink
(After-Dinner-Drink)
- ◾ Cocktailglas
- ◾ Rührglas

| 4 cl **Wodka** |
| 1 cl **Drambuie (Honiglikör)** |
| 1 dash **Angostura** |

Alle Zutaten zusammen im Rührglas mit Eis verrühren und in das
Cocktailglas seihen.

SERRERA

erfrischender Longdrink für den Sommer
- ■ Longdrinkglas
- ■ Shaker

3 cl Wodka

2 cl Curaçao blue

1 cl Zitronensaft

Sodawasser zum Auffüllen

■ **Deko:**

¼ Ananasscheibe

1 Stück Orangenschale

1 Cocktailkirsche

Alle Zutaten außer Sodawasser zusammen im Shaker mit Eis schütteln, in das Longdrinkglas mit Eiswürfeln seihen und mit Soda auffüllen. Die Ananasscheibe mit der Orangenschale und der Kirsche am Sticker an den Glasrand stecken. Mit einem Stirer servieren.

HAPPY FIN

fruchtig-erfrischender Longdrink für den Sommer
- ■ Longdrinkglas
- ■ Gästeglas

4 cl Wodka

2 cl Pfirsichlikör

Orangensaft zum Auffüllen

■ **Deko:**

½ Orangenscheibe

1 Cocktailkirsche

Die Zutaten zusammen im Longdrinkglas mit Eiswürfeln verrühren. Die Orangenscheibe zusammen mit der Cocktailkirsche am Sticker an den Glasrand stecken. Mit einem langen Stirer servieren.

MOSCOW MULE

mild-würziger Longdrink für den Abend
- ■ Longdrinkglas
- ■ Gästeglas

6 cl Wodka

1 dash Zitronensaft

Ginger-ale zum Auffüllen

■ **Außerdem:**

1 Stück Zitronenschale

Die Zutaten zusammen im Longdrinkglas mit Eiswürfeln verrühren. Die Zitronenschale ins Glas geben. Mit Stirer servieren.

BALTIC

fruchtiger Longdrink für den Sommer
- ■ Longdrinkglas
- ■ Gästeglas

3,5 cl Wodka

0,5 cl Curaçao blue

1,5 cl Maracujasaft

0,5 cl Zitronensaft

Orangensaft zum Auffüllen

■ **Deko:**

½ Orangenscheibe

1 Cocktailkirsche

Die Zutaten zusammen im Longdrinkglas mit Eiswürfeln verrühren. Die Orangenscheibe mit der Kirsche am Sticker an den Glasrand stecken.

Wodka

BLUE AEGEAN

fruchtiger Longdrink für den
Sommer
■ Longdrinkglas
■ Gästeglas

2 cl Wodka
2 cl Curaçao blue
2 cl Grand Marnier
Ananassaft-Zitronensaft-Mischung
(1:1) zum Auffüllen
■ **Deko:**
½ Ananasscheibe
1 Cocktailkirsche
1 Minzezweig

Die Spirituosen im Gästeglas mit
Eiswürfeln gut verrühren und mit
der Ananassaft-Zitronensaft-Mischung auffüllen. Die Ananasscheibe mit der Cocktailkirsche
und dem Minzezweig am Sticker
an den Glasrand stecken. Mit
einem Stirer servieren.

SCREW DRIVER

fruchtiger Longdrink
(Aperitif, After-Dinner-Drink)
■ mittelgroßer Tumbler
■ Gästeglas

4 cl Wodka
Orangensaft zum Auffüllen
■ **Deko:**
½ Orangenscheibe

Den Wodka in den Tumbler mit
Eiswürfeln geben und mit Orangensaft auffüllen. Die Orangenscheibe an den Glasrand stecken.

SALTY DOG

fruchtiger Longdrink
(Aperitif, After-Dinner-Drink)
■ mittelgroßer Tumbler mit
Salzrand
■ Gästeglas

4 cl Wodka
Grapefruitsaft zum Auffüllen

Den Wodka in den Tumbler mit
Salzrand geben und mit Grapefruitsaft auffüllen.

MANBOLS

fruchtiger Longdrink für
heiße Tage
■ Longdrinkglas
■ Gästeglas

2 cl Wodka
4 cl Mandarinenlikör
2 cl Zitronensaft
1 cl Grenadine
Tonic water zum Auffüllen
■ **Deko:**
1 Mandarinenscheibe
1 Zitronenscheibe
1 Cocktailkirsche

Die Zutaten zusammen im Longdrinkglas mit Eiswürfeln vorsichtig
verrühren. Mandarinen- und Zitronenscheibe sowie Kirsche am
Sticker über den Glasrand legen.
Mit einem Stirer servieren.

117

GREEN PEACE I

lieblicher Longdrink für den
Sommer
- Longdrinkglas
- Gästeglas

1,5 cl Wodka
1 cl Apricot Brandy
1,5 cl Vermouth dry
1,5 cl Pisang Ambon
Ananassaft zum Auffüllen
■ Deko:
1 Cocktailkirsche

Die Zutaten zusammen im Longdrinkglas mit Crushed ice oder Eiswürfeln verrühren. Die Kirsche an
den Glasrand stecken. Mit einem
Stirer servieren.

WOLGA CLIPPER
LONG

fruchtiger, feinherber Longdrink
für die Party
- Longdrinkglas
- Shaker

3 cl Wodka
2 cl Apricot Brandy
3 cl Orangensaft
Bitter orange (Bitterlimonade)
■ Deko:
1 Kumquat

Wodka, Apricot Brandy und Orangensaft zusammen im Shaker mit
Eiswürfeln gut schütteln und in
das Longdrinkglas seihen. Mit Bitter orange auffüllen und kurz umrühren. Die Kumquat an den Glasrand stecken.

BITTER SWEET I

fruchtiger, feinherber Longdrink
für den Sommer
- Longdrinkglas
- Gästeglas

1 große Kugel Zitroneneis
2 cl Wodka
2 cl Grapefruitsaft
2 cl Zitronensirup
Sodawasser zum Auffüllen

Die Eiskugel zusammen mit
Wodka, Grapefruitsaft und Zitro-
nensirup im Longdrinkglas verrühren. Mit Soda auffüllen und
kurz umrühren. Mit einem Löffel
servieren.

NORDIC SUMMER

fruchtiger, feinherber Longdrink
für die Party
- Longdrinkglas
- Gästeglas

4 cl Wodka
2 cl Maracujasirup
2 cl Limettensaft
evtl. 1 dash Grenadine
8 cl Orangensaft
■ Deko:
1 Limettenscheibe
1 Cocktailkirsche

Alle Zutaten zusammen im Longdrinkglas mit Eis vorsichtig verrühren. Das Obst an den Glasrand
stecken.

Nordic Summer (h.), Green Peace I (M. l.), Bitter Sweet (M. r.), Wolga Clipper (v.)

NIKKO

fruchtiger Longdrink für den
Sommer
- ◼ Longdrinkglas
- ◼ Shaker

3,5 cl Wodka	
1,5 cl Curaçao blue	
0,5 cl Zitronensaft	
0,5 cl Ananassaft	
Orangensaft zum Auffüllen	
◼ **Deko:**	
1 Minzezweig	

Alle Zutaten außer Orangensaft
zusammen im Shaker mit Eis
schütteln, in das Longdrinkglas
mit Eiswürfeln seihen, mit Orangensaft auffüllen und umrühren.
Den Minzezweig und einen Stirer
ins Glas geben.

GRAY HOUND

herb-fruchtiger Longdrink
(Aperitif)
- ◼ Longdrinkglas
- ◼ Gästeglas

6 cl Wodka	
6 cl Grapefruitsaft	

Die Zutaten in das Longdrinkglas
mit Eiswürfeln geben. Den Drink
mit einem Stirer servieren.

SILVER FIZZ WODKA

fruchtiger, zartbitterer Fizz für die
Sommerzeit
- ◼ Longdrinkglas
- ◼ Shaker

6 cl Wodka	
3 cl Zitronensaft	
2 cl Zuckersirup	
1 Eiweiß	
Sodawasser zum Auffüllen	

Alle Zutaten außer Soda zusammen im Shaker mit Eis schütteln
und ins Glas seihen. Mit Soda auffüllen.

BLUE LAGOON

fruchtig-lieblicher Longdrink für
den Sommer
- ◼ Longdrinkglas
- ◼ Gästeglas

4 cl Wodka	
2 cl Curaçao blue	
1 BL Zitronensaft	
Zitronenlimonade zum Auffüllen	
◼ **Deko:**	
1 Zitronenscheibe	

Alle Zutaten außer Limonade im
Longdrinkglas mit Eiswürfeln verrühren. Mit Limonade auffüllen
und kurz umrühren. Die Zitronenscheibe an den Glasrand stecken.

Wodka

WODKA AND PEPPERMINT

herb-würziger Longdrink für die Party
- ■ Longdrinkglas
- ■ Shaker

---
2 *cl* **Wodka**
---
2 *cl* **Pfefferminzsirup**

Tonic water zum Auffüllen

■ **Deko:**
---
1 **Zitronenschalenspirale**

Wodka und Sirup zusammen mit Eis im Shaker schütteln und ins Glas seihen. Mit Tonic auffüllen und kurz umrühren. Die Schalenspirale an den Glasrand hängen.

KONSUL

herb-fruchtiger Longdrink für die Party
- ■ mittelgroßes Longdrinkglas
- ■ Shaker

---
3 *cl* **Wodka**
---
2 *cl* **Himbeerlikör**
---
4 *cl* **Grapefruitsaft**
---
1 *cl* **Zitronensaft**

Die Zutaten zusammen im Shaker mit Eis schütteln und in das Longdrinkglas mit Eiswürfeln seihen.

SWINGER

bittersüßer Longdrink für die Party
- ■ Longdrinkglas
- ■ Shaker

---
4 *cl* **Wodka**
---
2 *cl* **Amaretto**
---
1 *cl* **Limettensaft**
---
8 *cl* **Orangensaft**

■ **Deko:**
---
1 **Orangenscheibe**

Alle Zutaten zusammen im Shaker mit Eiswürfeln kräftig schütteln und in das Longdrinkglas seihen. Die Orangenscheibe an den Glasrand stecken.

WODKA SOUR

erfrischender Longdrink für die Party
- ■ mittelgroßer Tumbler
- ■ Shaker

---
4 *cl* **Wodka**
---
2 *cl* **Zitronensaft**
---
1 *cl* **Zuckersirup**

■ **Außerdem:**

½ **Zitronenscheibe**
---
1 **Cocktailkirsche**

Die Zutaten zusammen im Shaker mit Eis schütteln und in den Tumbler seihen. Die Früchte ins Glas geben. Eventuell etwas Mineralwasser dazugeben.

CASABLANCA

fruchtig-cremiger Longdrink für
den Abend
■ Longdrinkglas
■ Shaker

3 cl Wodka

2 cl Eierlikör

2 cl Zitronensaft

4 cl Orangensaft

Alle Zutaten zusammen im Shaker
mit Eiswürfeln gut schütteln und
in das zur Hälfte mit Crushed ice
gefüllte Longdrinkglas seihen.

CAMURAI

cremiger Longdrink für den
Sommer
■ Longdrinkglas
■ Gästeglas

3 cl Wodka

1,5 cl Curaçao blue

1,5 cl Cream of Coconut

Sodawasser zum Auffüllen

■ **Deko:**

1 Cocktailkirsche

1 Stück Orangenschale

1 Stück Zitronenschale

Die Zutaten zusammen im Longdrinkglas vorsichtig verrühren. Die
Kirsche und die Zitrusfruchtschalen am Sticker über den Glasrand
legen. Mit einem Stirer servieren.

Wodka

HARVEY WALLBANGER

fruchtiger Longdrink
(Aperitif, After-Dinner-Drink)
- Longdrinkglas
- Gästeglas

3 cl Wodka
Orangensaft zum Auffüllen
1 cl Galliano
- **Deko:**
½ Orangenscheibe

Den Wodka ins Glas mit Eiswürfeln geben. Mit Orangensaft auffüllen und den Galliano auf das gerührte Getränk gießen. Die Orangenscheibe an den Glasrand stecken. Mit einem Stirer servieren.

GREEN SPIDER

würzig-frischer Longdrink für den Sommer
- Longdrinkglas
- Gästeglas

4 cl Wodka
2 cl Pfefferminzsirup
Sodawasser zum Auffüllen
- **Deko:**
1 Minzezweig

Wodka und Sirup zusammen im Longdrinkglas mit Eis verrühren. Mit Soda auffüllen und kurz umrühren. Den Minzezweig an den Glasrand stecken.

LE MANS

feinherber Longdrink für die Party
- großer Tumbler
- Gästeglas

3 cl Wodka

3 cl Cointreau

Sodawasser zum Auffüllen

- **Deko:**

1 Zitronenscheibe

Wodka und Cointreau zusammen mit Eiswürfeln im Glas verrühren. Mit Soda auffüllen und kurz umrühren. Die Zitronenscheibe an den Glasrand stecken.

APRICOT DAILY

herb-fruchtiger Longdrink für den Abend
- Longdrinkglas
- Shaker

4 cl Wodka

2 cl Apricot Brandy

1 cl Zitronensaft

Bitter lemon zum Auffüllen

Alle Zutaten außer Bitter lemon zusammen im Shaker mit Eis schütteln und ins Glas seihen. Mit Bitter lemon auffüllen und kurz umrühren.

BULL SHOT

würzig-pikanter Pick-me-up
- Longdrinkglas
- Gästeglas

4 cl Wodka

10 cl Consommé (gewürzte Kraftbrühe)

Die Zutaten zusammen im Longdrinkglas mit Eiswürfeln gut verrühren.

BLOODY MARY

würzig-pikanter Pick-me-up
- Longdrinkglas
- Gästeglas

4 cl Wodka

1 cl Zitronensaft

12 cl Tomatensaft

Worchestershiresauce

Salz

Pfeffer

Tabasco

Selleriesalz

- **Deko:**

evtl. 1 kleine Stange Sellerie

Die Zutaten zusammen im Longdrinkglas mit Eiswürfeln verrühren. Eventuell eine kleine Stange Stangensellerie ins Glas geben.

GIN STINGER

GIMLET

Drinks
mit
Gin

MARTINI EXTRA DRY

MARTINI SWEET

FLYING

ANGEL'S FACE

SINGAPORE SLING ORIGINAL

MARTINI MEDIUM

halbtrockener Shortdrink
- Cocktailglas
- Rührglas

4 cl Gin	
1 cl Vermouth dry	
1 cl Vermouth rosso	
Deko:	
1 Olive	
evtl. 1 Stück Zitronenschale	

Die Zutaten zusammen im Rührglas mit Eis verrühren und in das Cocktailglas seihen. Die Olive am Sticker ins Glas geben und den Drink eventuell mit Zitronenschale abspritzen.

MARTINI DRY

trockener Shortdrink (Aperitif)
- Cocktailglas
- Rührglas

4 cl Gin	
2 cl Vermouth dry	
Deko:	
1 Olive	

Die Zutaten zusammen im Rührglas mit Eis verrühren und in das Cocktailglas seihen. Die Olive am Sticker ins Glas geben.

MARTINI SWEET

lieblicher Shortdrink (Aperitif)
- Cocktailglas
- Rührglas

4 cl Gin	
2 cl Vermouth rosso	
Deko:	
1 Cocktailkirsche	
evtl. 1 Stück Zitronenschale	

Die Zutaten zusammen im Rührglas mit Eis verrühren und in das Cocktailglas seihen. Die Kirsche am Sticker in das Glas geben und den Drink eventuell mit der Zitronenschale abspritzen.

MARTINI EXTRA DRY

sehr harter Shortdrink (Aperitif)
- Cocktailglas
- Rührglas

5 cl Gin	
1 cl Vermouth dry	
Deko:	
1 Olive	
evtl. 1 Stück Zitronenschale	

Die Zutaten zusammen im Rührglas mit Eis verrühren und in das Cocktailglas seihen. Die Olive am Sticker ins Glas geben und den Drink eventuell mit der Zitronenschale abspritzen.

Martini Dry (o.), Martini Sweet (u.)

BRONX

trockener Shortdrink (Aperitif)
- Cocktailglas
- Shaker

2 cl Gin	
1 cl Vermouth rosso	
1 cl Vermouth dry	
2 cl Orangensaft	

Alle Zutaten zusammen im Shaker mit Eiswürfeln kräftig schütteln und in das Cocktailglas seihen.

WHITE WINGS

herber, trockener Shortdrink (Aperitif)
- Cocktailglas
- Rührglas

3 cl Gin	
1,5 cl Crème de Menthe weiß	

Die Zutaten zusammen im Rührglas mit Eis verrühren und in das Cocktailglas seihen.

GIN STINGER

aromatischer Shortdrink (Aperitif, After-Dinner-Drink)
- Cocktailglas
- Rührglas

3 cl Gin	
3 cl Crème de Menthe grün	

Die Zutaten zusammen im Rührglas mit Eis verrühren und in das Cocktailglas seihen.

FRENCH 75

aromatischer Sektcocktail (Aperitif, After-Dinner-Drink)
- Sektschale
- Shaker

2 cl Gin	
2 cl Cointreau	
2 cl Zitronensaft	
1 dash Pernod	
Sekt zum Auffüllen	
■ **Deko:**	
½ Orangenscheibe	
1 Cocktailkirsche	

Alle Zutaten außer Sekt zusammen im Shaker mit Eis schütteln und in die Sektschale seihen. Mit Sekt auffüllen. Die Orangenscheibe zusammen mit der Kirsche am Sticker an den Glasrand stecken.

NEGRONI

leicht lieblicher Shortdrink für den Abend
- kleiner Tumbler
- Gästeglas

2 cl Gin	
2 cl Campari	
2 cl Vermouth rosso	
■ **Deko:**	
1 Orangenscheibe	

Alle Zutaten zusammen im Tumbler mit Eis verrühren. Die Orangenscheibe an den Glasrand stecken.

Gin

RESOLUTE

halbtrockener Shortdrink
(Aperitif)
- Cocktailglas
- Shaker

2 cl Gin	
1 cl Apricot Brandy	
1 cl Zitronensaft	

Die Zutaten zusammen im Shaker
mit Eis schütteln und in das Cocktailglas seihen.

ANGEL'S FACE

lieblicher Shortdrink (Aperitif)
- Cocktailglas
- Rührglas

2 cl Gin	
2 cl Calvados	
2 cl Apricot Brandy	

Alle Zutaten zusammen im Rührglas mit Eis verrühren und in das
Cocktailglas seihen.

ATTA BOY

trockener Shortdrink (Aperitif)
- Cocktailglas
- Rührglas

3 cl Gin	
1,5 cl Vermouth dry	
1 BL Grenadine	

Die Zutaten zusammen im Rührglas mit Eis verrühren und in das
Cocktailglas seihen.

BALLA BALLA

trockener, etwas bitterer Sekt-
cocktail für den Empfang
- Sektschale
- Rührglas

1,5 cl Gin	
1,5 cl Curaçao Triple sec	
1,5 cl Campari	
trockener Sekt zum Auffüllen	
■ **Deko:**	
½ Orangenscheibe	
1 Cocktailkirsche	

Alle Zutaten außer Sekt zusammen im Rührglas mit Eis verrühren, in die Sektschale seihen
und mit Sekt auffüllen. Die Früchte
ins Glas geben.

MANDY

halbtrockener Shortdrink
(Aperitif)
- Cocktailglas
- Shaker

2 cl Gin	
0,5 cl Pfirsichlikör	
0,5 cl Red Orange	
3,5 cl Orangensaft	
0,5 cl Zitronensaft	
■ **Deko:**	
1 Cocktailkirsche	
1 kleiner Minzezweig	

Die Zutaten zusammen im Shaker
mit Eis schütteln und in das Cocktailglas seihen. Die Kirsche und
den Minzezweig an den Glasrand
stecken.

HONEYMOON I

herber Shortdrink (Aperitif)
- Cocktailglas
- Shaker

4 cl Gin	
2 cl Apricot Brandy	
0,5 cl Zitronensaft	
0,5 cl Grenadine	

Die Zutaten im Shaker mit viel Eis
schütteln und in das Cocktailglas
seihen. Die Kirsche ins Glas legen.

HAWAIIAN COCKTAIL

fruchtiger Shortdrink (Aperitif)
- Cocktailglas
- Shaker

3 cl Gin	
2 cl Orangensaft	
1 cl Curaçao Triple sec	

Die Zutaten zusammen im Shaker
mit viel Eis schütteln und in das
Cocktailglas seihen.

ISLE OF SKYE

lieblicher Shortdrink (Aperitif)
- Cocktailglas
- Shaker

2 cl Gin	
2 cl Drambuie (Honiglikör)	
2 cl Zitronensaft	

Die Zutaten zusammen im Shaker
mit Eis schütteln und in das Cocktailglas seihen.

ORANGE BLOSSOM

fruchtiger Shortdrink (Aperitif)
- Cocktailglas
- Shaker

3 cl Gin	
3 cl Orangensaft	

Die Zutaten zusammen im Shaker
mit Eis schütteln und in das Cocktailglas seihen.

BLUE LADY

fruchtig-lieblicher Crusta für den
Abend
- Cocktailglas mit Zuckerrand
- Shaker

2 cl Gin	
2 cl Curaçao blue	
2 cl Zitronensaft	

Die Zutaten zusammen im Shaker
mit Eis schütteln und in das Cocktailglas mit Zuckerrand seihen. Sofort servieren.

MAY FAIR

fruchtiger Shortdrink
(Aperitif, After-Dinner-Drink)
- Cocktailglas
- Shaker

3 cl Gin	
3 cl Orangensaft	
3 dashes Apricot Brandy	

Die Zutaten zusammen im Shaker
mit Eis schütteln und in das Cocktailglas seihen.

Blue Lady (l.), Gimlet (r.)

FLYING

erfrischender Sektcocktail
(Aperitif, After-Dinner-Drink)
- Sektkelch
- Shaker

2 cl Gin
2 cl Cointreau
2 cl Zitronensaft
Champagner oder trockener Sekt
zum Auffüllen
■ **Deko:**
1 Cocktailkirsche

Alle Zutaten außer Sekt zusammen im Shaker mit viel Eis schütteln und in den Sektkelch seihen. Mit Champagner oder Sekt auffüllen. Die Kirsche ins Glas geben.

GIMLET

leicht herber Shortdrink (Aperitif)
- Cocktailglas
- Rührglas

4 cl Gin
2 cl Rose's Lime Juice
■ **Außerdem:**
1 Stück Limettenschale
1 Stück Zitronenschale

Die Zutaten zusammen im Rührglas mit viel Eis verrühren und in das Cocktailglas seihen. Den Drink mit den Zitrusschalen abspritzen und sie ins Glas geben.

QUEBECK

aromatischer Shortdrink (Aperitif)
- Cocktailglas
- Shaker

2 *cl* **Gin**	
2 *cl* **Canadian Whisky**	
2 *cl* **Zitronensaft**	
1 *dash* **Angostura**	

Die Zutaten zusammen im Shaker mit Eis schütteln und in das Glas seihen.

QUEEN'S COCKTAIL

fruchtiger Shortdrink (Aperitif)
- Cocktailglas
- Shaker

2 *cl* **Gin**	
1 *cl* **Vermouth rosso**	
1 *cl* **Vermouth dry**	
2 *cl* **Ananassaft**	

Die Zutaten zusammen im Shaker mit Eis schütteln und in das Cocktailglas seihen.

XANTHIA

lieblicher Shortdrink (Aperitif)
- Cocktailglas
- Rührglas

2 *cl* **Gin**	
2 *cl* **Chartreuse grün**	
2 *cl* **Cherry Brandy**	

Die Zutaten zusammen im Rührglas mit Eis verrühren und in das Cocktailglas seihen.

THEATER

halbtrockener, erfrischender Sektcocktail für den Empfang
- Sektschale
- Shaker

2 *cl* **Gin**	
2 *cl* **Peach Brandy**	
1 *cl* **Bananenlikör**	
1 *cl* **Ananassaft**	
1 *dash* **Zitronensaft**	
trockener **Champagner oder Sekt**	
zum Auffüllen	
Deko:	
1 **Erdbeere**	
1 **Minzezweig**	

Alle Zutaten außer Sekt zusammen im Shaker mit Eis schütteln, in die Sektschale seihen und mit Champagner oder Sekt auffüllen. Die Erdbeere und den Minzezweig am Sticker über den Glasrand legen.

INSPIRATION

trockener Shortdrink (Aperitif)
- Cocktailglas
- Rührglas

1,5 *cl* **Gin**	
1,5 *cl* **Vermouth dry**	
1,5 *cl* **Calvados**	
1,5 *cl* **Grand Marnier**	
Deko:	
1 **Cocktailkirsche**	

Die Zutaten zusammen im Rührglas mit Eis verrühren und in das Cocktailglas seihen. Die Kirsche am Sticker ins Glas geben.

NETZROLLER

erfrischender, fruchtiger Sekt-
cocktail für den Empfang
■ Sektschale
■ Shaker

2 cl Gin	
2 cl Maracujalikör	
2 cl Orangensaft	
trockener Sekt zum Auffüllen	
■ **Deko:**	
¹/₂ Orangenscheibe	
1 Cocktailkirsche	

Alle Zutaten außer Sekt zusammen im Shaker mit Eis schütteln,
in die Sektschale seihen und mit
Sekt auffüllen. Die Orangenscheibe an den Glasrand stecken.
Die Kirsche mit einem Sticker
daran befestigen.

EXTERMINATOR

trockener Sektcocktail für den
Empfang
■ große Sektschale
■ Shaker

3 cl Gin	
2 cl Cointreau	
4 cl Grapefruitsaft	
trockener Sekt zum Auffüllen	
■ **Deko:**	
1 Cocktailkirsche	

Alle Zutaten außer Sekt zusammen im Shaker mit Eis schütteln,
in die Sektschale seihen und mit
Sekt auffüllen. Die Kirsche ins Glas
geben.

PARADISE

halbtrockener, fruchtiger Short-
drink (After-Dinner-Drink)
■ Cocktailglas
■ Shaker

2 cl Gin	
2 cl Apricot Brandy	
2 cl Orangensaft	

Die Zutaten zusammen im Shaker
mit Eis schütteln und in das Cocktailglas seihen.

ZA ZA

trockener Shortdrink (Aperitif)
■ Cocktailglas
■ Rührglas

3 cl Gin	
3 cl Dubonnet	
1 dash Angostura	

Die Zutaten zusammen im Shaker
mit Eis schütteln und in das Cocktailglas seihen.

TRINITY

herber Shortdrink (Aperitif)
■ Cocktailglas
■ Rührglas

2 cl Gin	
2 cl Vermouth rosso	
2 cl Vermouth dry	

Die Zutaten zusammen im Rührglas mit Eis verrühren und in das
Cocktailglas seihen.

FALLEN ANGEL

sehr fruchtiger, herber Shortdrink
(Aperitif)
- Cocktailglas
- Shaker

4 cl Gin
2 cl Zitronensaft
2 dashes Crème de Menthe grün
1 dash Angostura

Alle Zutaten zusammen im Shaker
mit viel Eis schütteln und in das
Glas seihen.

MILLION DOLLAR

lieblicher Shortdrink (Aperitif)
- Cocktailglas
- Shaker

3 cl Gin
3 cl Vermouth rosso
1 BL Grenadine
1 BL Ananassaft
1 BL Eiweiß

Die Zutaten zusammen im Shaker
mit Eis kräftig schütteln und in das
Glas seihen.

ALCUDIA

fruchtiger Shortdrink für den
Sommer
- Cocktailglas
- Shaker

2,5 cl Gin
1,5 cl Bananenlikör
1,5 cl Galliano
1,5 cl Grapefruitsaft
■ **Deko:**
¼ Orangenscheibe
1 Cocktailkirsche

Die Zutaten zusammen im Shaker
mit Eis schütteln und in das Cocktailglas seihen. Die Orangenscheibe an den Glasrand stecken
und die Kirsche mit einem Sticker
daran befestigen.

GIN AND FRENCH

sehr trockener Shortdrink
(Aperitif)
- Cocktailglas
- Rührglas

4 cl Gin
2 cl trockener französischer Vermouth
■ **Außerdem:**
1 Stück Zitronenschale

Die Zutaten zusammen mit Eis im
Rührglas verrühren und in das
Cocktailglas seihen. Den Drink mit
Zitronenschale abspritzen und sie
ins Glas geben.

Gin

CLARIDGE

halbtrockener Shortdrink für alle
Gelegenheiten
- Cocktailglas
- Rührglas

1,5 cl Gin	
1,5 cl Vermouth dry	
1 cl Apricot Brandy	
1 cl Curaçao Triple sec	
Deko:	
1 Cocktailkirsche	

Die Zutaten zusammen im Rührglas mit Eis verrühren und in das
Glas seihen. Die Kirsche ins Glas
geben.

WHITE LADY

aromatischer Shortdrink (Aperitif)
- Cocktailglas
- Shaker

2 cl Gin	
2 cl Cointreau	
2 cl Zitronensaft	
Deko:	
1 Cocktailkirsche	

Die Zutaten zusammen im Shaker
mit Eis schütteln und in das Cocktailglas seihen. Die Kirsche ins
Glas geben.

RHEINGOLD

trockener, leicht bitterer Short-
drink (Aperitif)
- Cocktailglas
- Rührglas

2,5 cl Gin	
1,5 cl Cointreau	
1 cl Vermouth dry	
1 cl Campari	
Außerdem:	
1 Stück Orangenschale	

Die Zutaten zusammen im Rührglas mit Eis verrühren und in das
Cocktailglas seihen. Den Drink mit
der Orangenschale abspritzen.

HAPPY BIRTHDAY

fruchtiger Champagnercocktail
für den Empfang
- Sektkelch
- Shaker

4 cl Genever	
1,5 cl Curaçao orange	
1,5 cl weißer Rum	
1,5 cl Pfirsichlikör	
1,5 cl Ananassaft	
Champagner zum Auffüllen	
Deko:	
½ Zitronenscheibe	
1 Cocktailkirsche	

Alle Zutaten außer Champagner
zusammen im Shaker mit Eis
schütteln und in den Sektkelch seihen. Mit Champagner auffüllen.
Die Zitronenscheibe an den Glasrand stecken und die Kirsche mit
einem Sticker daran befestigen.

PINK GIN

starker Shortdrink für den Abend
- kleiner Tumbler
- Gästeglas

1 dash Angostura
4 cl Gin
evtl. Eiswasser

Den Tumbler mit dem Angostura ausschwenken und den Gin dazugießen. 2 Eiswürfel ins Glas geben. Nach Belieben ein Glas Eiswasser dazugeben.

YELLOW DAISY

halbtrockener Shortdrink (Aperitif)
- Cocktailglas
- Rührglas

3 cl Gin
2 cl Vermouth dry
1 cl Grand Marnier

Die Zutaten zusammen im Rührglas mit Eis verrühren und in das Cocktailglas seihen.

MAXIM COCKTAIL

würzig-milder Shortdrink (After-Dinner-Drink)
- Cocktailglas
- Rührglas

3 cl Gin
2 cl Vermouth rosso
1 cl Crème de Cacao weiß

Alle Zutaten im Rührglas mit Eis verrühren, in das Glas seihen.

CONCA D'ORO

lieblicher Shortdrink (After-Dinner-Drink)
- Cocktailglas
- Rührglas

4 cl Gin
1 cl Cherry Brandy
1 cl Maraschino
1 cl Curaçao weiß
■ **Außerdem:**
1 Stück Orangenschale

Die Zutaten zusammen im Rührglas mit Eis verrühren und in das Cocktailglas seihen. Den Drink mit der Orangenschale abspritzen und sie ins Glas geben.

INES

halbtrockener Shortdrink (Aperitif)
- Cocktailglas
- Rührglas

2 cl Gin
2 cl Vermouth dry
2 cl Vermouth rosé
1 cl Amaretto
■ **Deko:**
1 grüne Olive (mit Paprika gefüllt)

Die Zutaten zusammen im Rührglas mit Eis verrühren und in das Cocktailglas seihen. Die Olive ins Glas geben.

AMOUR MARIE

fruchtiger Shortdrink für den
Sommer
■ Cocktailglas
■ Rührglas

3 cl Gin

**1,5 cl Parfait Amour (Frucht-
aromalikör)**

1,5 cl Vermouth dry

■ **Deko:**

1 Cocktailkirsche

Die Zutaten zusammen im Rührglas mit Eis verrühren und in das
Cocktailglas seihen. Die Kirsche
ins Glas geben.

BANANZAS

lieblicher Shortdrink für die Party
■ Cocktailglas
■ Shaker

2,5 cl Gin

1,5 cl Crème de Banane

1,5 cl Drambuie (Honiglikör)

1,5 cl Grapefruitsaft

■ **Deko:**

1 Cocktailkirsche

Die Zutaten zusammen im Shaker
mit Eis schütteln und in das Cocktailglas seihen. Die Kirsche ins
Glas geben.

ALASKA

aromatischer Shortdrink (Aperitif)
■ Cocktailglas
■ Rührglas

4 cl Gin

2 cl Chartreuse gelb

■ **Außerdem:**

1 Stück Zitronenschale

Die Zutaten zusammen im Rührglas mit Eis verrühren, in das Cocktailglas seihen und mit der Zitronenschale abspritzen.

PINK LADY

fruchtiger Shortdrink
(Aperitif, After-Dinner-Drink)
■ Cocktailglas
■ Shaker

4 cl Gin

2 cl Zitronensaft

1 cl Grenadine

½ Eiweiß

Die Zutaten zusammen im Shaker
mit Eis kräftig schütteln und in das
Glas seihen.

TANGO

halbtrockener Shortdrink
(Aperitif)
- Cocktailglas
- Shaker

3 cl Gin	
1,5 cl Vermouth rosso	
1,5 cl Vermouth dry	
1 cl Orangensaft	
2 dashes Curaçao orange	
Außerdem:	
1 Stück Orangenschale	

Die Zutaten zusammen im Shaker
mit Eis schütteln und in das Cocktailglas seihen. Nun die Orangenschale ins Glas geben.

ADAM & EVE

fruchtig-würziger Shortdrink für
den Abend
- Cocktailglas
- Shaker

2 cl Gin	
2 cl Drambuie	
2 cl Angostura	
1 cl Zitronensaft	
1 dash Grenadine	
Deko:	
1 Zitronenscheibe	
1 Cocktailkirsche	

Alle Zutaten zusammen im Shaker
mit Eiswürfeln schütteln und in
das Cocktailglas seihen. Das Obst
zusammen am Sticker über den
Glasrand legen.

Gin

ADMIRAL COCKTAIL

fruchtig-würziger Shortdrink für
jede Jahreszeit
■ Cocktailglas
■ Shaker

4 cl Gin	
2 cl Kirschlikör	
2 cl Zitronensaft	
■ **Deko:**	
1 Cocktailkirsche	

Alle Zutaten zusammen im Shaker
mit Eiswürfeln schütteln und in
das Cocktailglas seihen. Die Kirsche an den Glasrand stecken.

ZITRONENFLIP

erfrischender Flip
(After-Dinner-Drink)
■ Sektkelch
■ Shaker

3 cl Gin	
2 cl Curaçao Triple sec	
4 cl Zitronensaft	
1 Eigelb	
■ **Deko:**	
½ Zitronenscheibe	

Die Zutaten zusammen im Shaker
mit Eis kräftig schütteln und in den
Sektkelch seihen. Die Zitronenscheibe an den Glasrand stecken.

MAR DEL PLATA

halbtrockener Shortdrink
(Aperitif)
- ■ Cocktailglas
- ■ Rührglas

3 cl Gin
2 cl Vermouth dry
1 cl Bénédictine D.O.M.
■ **Außerdem:**
1 Stück Zitronenschale

Die Zutaten zusammen im Rührglas mit Eis verrühren und in das Cocktailglas seihen. Den Drink mit der Zitronenschale abspritzen.

GIN AND IT

halbtrockener Shortdrink
(Aperitif)
- ■ Cocktailglas
- ■ Rührglas

3 cl Gin
3 cl Vermouth rosso
■ **Deko:**
1 Cocktailkirsche

Die Zutaten zusammen im Rührglas mit viel Eis verrühren und in das Cocktailglas seihen. Die Kirsche am Sticker ins Glas geben.

PINK ROSE COCKTAIL

fruchtiger Shortdrink für jede
Jahreszeit
- ■ Cocktailglas
- ■ Shaker

4 cl Gin
1 BL Grenadine
1 BL Zitronensaft
1 BL Sahne
1 Eiweiß

Alle Zutaten zusammen im Shaker mit Eis schütteln und in das Cocktailglas seihen.

SILVER JUBILEE

würzig-lieblicher Shortdrink
(After-Dinner-Drink)
- ■ Cocktailglas
- ■ Shaker

4 cl Gin
2 cl Bananenlikör
4 cl Sahne
■ **Deko:**
1 Bananenscheibe

Alle Zutaten zusammen im Shaker mit Eis gut schütteln und in das Cocktailglas seihen. Die Bananenscheibe am Sticker ins Glas geben.

Gin

BLUE DEVIL

fruchtig-milder Shortdrink für
die Party
- Cocktailglas
- Shaker

4 cl Gin	
2 cl Curaçao blue	
2 cl Zitronensaft	
1 cl Zuckersirup	
Deko:	
1 Cocktailkirsche	

Alle Zutaten zusammen im Shaker
mit Eiswürfeln schütteln und in
das Cocktailglas seihen. Die Kirsche an den Glasrand stecken.

BANJINO COCKTAIL

fruchtig-würziger Shortdrink für
die Party
- Cocktailglas
- Shaker

3 cl Gin	
3 cl Orangensaft	
1 dash Bananenlikör	
Deko:	
1 Orangenscheibe	

Alle Zutaten zusammen im Shaker
mit Eis schütteln und ins Glas seihen. Die Orangenscheibe an den
Glasrand stecken.

GIN AND SIN

fruchtig-würziger Shortdrink für
jede Jahreszeit
- kleiner Tumbler
- Shaker

4 cl Gin	
2 cl Orangensaft	
2 cl Zitronensaft	
2 BL Grenadine	
Deko:	
½ Orangenscheibe	

Alle Zutaten zusammen im Shaker
mit Eis kräftig schütteln und in den
Tumbler seihen. Die Orangenscheibe an den Glasrand stecken.

BARFLY'S DREAM

mild-würziger Shortdrink für den
Abend
- Cocktailglas
- Shaker

2 cl Gin	
2 cl brauner Rum	
2 cl Ananassaft	

Alle Zutaten zusammen im Shaker
mit Eis schütteln und ins Glas
seihen.

ALEXANDRA COCKTAIL

lieblicher Shortdrink für den Nachmittag
- ■ Cocktailglas
- ■ Shaker

2 cl Gin
2 cl Crème de Cacao weiß oder braun
2 cl Sahne

Alle Zutaten zusammen im Shaker mit Eis schütteln und in das Cocktailglas seihen.

MY FAIR LADY

herb-würziger Shortdrink für den Abend
- ■ Cocktailglas
- ■ Shaker

3 cl Gin
1 cl Orangensaft
1 cl Zitronensaft
1 dash Grenadine
1 BL Eiweiß
■ **Deko:**
½ Orangenscheibe

Alle Zutaten zusammen im Shaker mit Eis schütteln und in das Cocktailglas seihen. Die Orangenscheibe an den Glasrand stecken.

RED GIN

halbtrockener Shortdrink (Aperitif, After-Dinner-Drink)
- ■ Cocktailglas
- ■ Shaker

4 cl Gin
1 cl Cherry Brandy
■ **Deko:**
1 Orangenscheibe

Die Zutaten zusammen im Shaker mit Eiswürfeln gut schütteln und in das Cocktailglas seihen. Die Orangenscheibe an den Glasrand stecken.

PALL MALL COCKTAIL

würziger Shortdrink (Aperitif)
- ■ Cocktailglas
- ■ Rührglas

4 cl Gin
1 cl Vermouth rosso
1 cl Vermouth dry
■ **Deko:**
1 Cocktailkirsche

Die Zutaten zusammen im Rührglas mit Eis verrühren und in das Cocktailglas seihen. Die Kirsche ins Glas geben.

Gin

Alexandra Cocktail (l.), Lady Brown (M.), Royal Cocktail (r.)

LADY BROWN

fruchtig-herber Shortdrink für
jede Jahreszeit
- Cocktailglas
- Shaker

3 cl Gin	
1,5 cl Grand Marnier	
1,5 cl Zitronensaft	
■ **Deko:**	
½ Orangenscheibe	

Alle Zutaten zusammen im Shaker
mit Eiswürfeln schütteln und in
das Cocktailglas seihen. Die Orangenscheibe in das Cocktailglas
geben.

ROYAL COCKTAIL

fruchtig-würziger Shortdrink
(Aperitif, After-Dinner-Drink)
- Cocktailglas
- Shaker

2 cl Gin	
2 cl Vermouth dry	
2 cl Cherry Brandy	
1 dash Maraschino	
■ **Deko:**	
1 Cocktailkirsche	

Alle Zutaten zusammen im Shaker
mit Eis schütteln und in das Cocktailglas seihen. Die Kirsche an den
Glasrand stecken.

143

MOULIN ROUGE

fruchtiger, feinherber Shortdrink
für jede Jahreszeit
- Cocktailglas
- Shaker

2 cl Gin
2 cl Apricot Brandy
2 cl Zitronensaft
1 BL Grenadine
■ **Deko:**
1 Cocktailkirsche

Alle Zutaten zusammen im Shaker
mit Eis schütteln und in das Cocktailglas seihen. Die Kirsche ins
Glas geben.

GIBSON DRY

trockener Shortdrink (Aperitif)
- Cocktailglas
- Rührglas

4 cl Gin
2 cl Vermouth dry
■ **Deko:**
2 Cocktailzwiebeln

Die Zutaten zusammen im Rührglas mit viel Eis verrühren und in
das Cocktailglas seihen. Die Cock-
tailzwiebeln am Sticker ins Glas
geben.

AFTER THE STORM

mild-würziger Shortdrink
(After-Dinner-Drink)
- Cocktailglas
- Shaker

2 cl Gin
1 cl Scotch Whisky
1 cl Crème de Cacao weiß
2 cl Sahne
■ **Deko:**
1 Cocktailkirsche

Alle Zutaten zusammen im Shaker
mit Eis kräftig schütteln und ins
Glas seihen. Die Kirsche an den
Glasrand stecken.

ASTORIA COCKTAIL

herb-würziger Shortdrink
(Aperitif)
- Cocktailglas
- Rührglas

4 cl Gin
2 cl Vermouth dry
2 dashes Orange-Bitter
■ **Deko:**
1 grüne Olive

Alle Zutaten zusammen im Rührglas mit Eis verrühren und ins Glas
seihen. Die Olive ins Glas geben.

Gin

MISSISSIPPI I

mild-fruchtiger Shortdrink für den Abend
- Cocktailglas
- Shaker

3 cl Gin
3 cl Crème de Cassis
4 dashes Orangensaft

Alle Zutaten zusammen im Shaker mit Eis schütteln und in das Cocktailglas seihen.

EMPIRE STATE

würziger, feinherber Shortdrink für den Abend
- Cocktailglas
- Rührglas

4 cl Gin
2 cl Cognac
2 cl Apricot Brandy
1 dash Orange-Bitter
Deko:
1 Cocktailkirsche

Alle Zutaten zusammen im Rührglas mit Eis verrühren und in das Cocktailglas seihen. Die Kirsche an den Glasrand stecken.

BERMUDA

feinwürziger Shortdrink für jede Jahreszeit
- Cocktailglas
- Shaker

6 cl Gin
2 cl Peach Brandy
1 BL Curaçao blue
1 BL Orangensaft
Deko:
½ Orangenscheibe

Alle Zutaten zusammen im Shaker mit Eis schütteln und in das Cocktailglas seihen. Die Orangenscheibe an den Glasrand stecken.

PICCADILLY

würziger, feinherber Shortdrink für den Abend oder als Aperitif
- Cocktailglas
- Rührglas

4 cl Gin
2 cl Vermouth dry
1 dash Grenadine
1 dash Pernod

Alle Zutaten zusammen im Rührglas mit Eis verrühren und in das Cocktailglas seihen.

TAKE FIVE

fruchtiger, feinherber Shortdrink
für die Party
- ■ Sektschale
- ■ Shaker

3 cl Gin	
3 cl Zitronensaft	
1 cl Orangensaft	
2 cl Zuckersirup	
1 cl Grenadine	
■ **Deko:**	
1 Limettenscheibe	

Alle Zutaten zusammen im Shaker
mit Eis schütteln und in die Sektschale seihen. Nun die Limettenscheibe an den Glasrand stecken.

ENGLISH ROSE

halbtrockener Shortdrink
(Aperitif)
- ■ Cocktailglas
- ■ Shaker

2 cl Gin	
1 cl Apricot Brandy	
1 cl Vermouth dry	
1 BL Grenadine	
3 dashes Zitronensaft	

Die Zutaten zusammen im Shaker
mit Eis schütteln und in das Cocktailglas seihen.

HABERFIELD

würzig-herber Shortdrink
(Aperitif)
- ■ Cocktailglas
- ■ Shaker

4 cl Gin	
1 cl Vermouth dry	
1 cl Zitronensaft	

Alle Zutaten zusammen im Shaker
mit Eiswürfeln kräftig schütteln
und in das Cocktailglas seihen.

VIRGIN COCKTAIL

lieblicher Shortdrink
(After-Dinner-Drink)
- ■ Cocktailglas
- ■ Rührglas

2 cl Gin	
2 cl Crème de Menthe weiß	
2 cl Curaçao Triple sec	

Die Zutaten zusammen im Rührglas mit Eis verrühren und in das
Cocktailglas seihen.

BERMUDA ROSE

trockener Shortdrink (Aperitif)
- ■ Cocktailglas
- ■ Shaker

4 cl Gin	
1 BL Apricot Brandy	
2 dashes Grenadine	
1 cl Zitronensaft	

Die Zutaten zusammen im Shaker
mit Eis schütteln und in das Cocktailglas seihen.

Take Five (h. l.), Bermuda Rose (h. r.), Haberfield (v.)

CONCORDE

fruchtiger, feinherber Shortdrink
für jede Jahreszeit
- Cocktailglas
- Shaker

3 cl Gin	
1 cl Apricot Brandy	
1 cl Campari	
1 cl Grenadine	
■ **Deko:**	
1 Cocktailkirsche	

Alle Zutaten zusammen im Shaker
mit Eiswürfeln schütteln und in
das Cocktailglas seihen. Die Kirsche an den Glasrand stecken.

BLUE VELVET

trockener Shortdrink für den
Abend
- Cocktailglas
- Rührglas

2,5 cl Gin	
2 cl Curaçao blue	
1,5 cl Vermouth dry	
■ **Deko:**	
1 Karambolenscheibe	

Die Zutaten zusammen im Rührglas mit Eis verrühren und in das
Cocktailglas seihen. Die Karambolenscheibe zuletzt an den Glasrand stecken.

BUTTERFLY

aromatischer Shortdrink für den
Abend
- mittelgroßer Tumbler
- Shaker

2 cl Genever	
1 cl Wodka	
1 cl Crème de Banane	
2 cl Ananassaft	
1 dash Frothee	
■ **Deko:**	
1 Erdbeere	

Die Zutaten zusammen im Shaker
mit Eis schütteln und in den Tumbler mit Eiswürfeln seihen. Die
Erdbeere zuletzt an den Glasrand
stecken.

GREEN PEACE II

herb-würziger Shortdrink für jede
Jahreszeit
- großes Cocktailglas
- Shaker

3 cl Gin	
1 cl Crème de Menthe grün	
3 BL Zitronensaft	
2 BL Zucker	
1 Eiweiß	

Alle Zutaten zusammen im Shaker
mit Eis schütteln und in das Glas
seihen.

WEDDING BELLS

kräftiger Shortdrink für den
ganzen Tag
■ Cocktailglas
■ Shaker

2 cl Gin
2 cl Dubonnet
1 cl Brandy
2 cl Orangensaft

Die Zutaten zusammen im Shaker
mit Eis schütteln und in das Glas
seihen.

CARIN

lieblicher Shortdrink
(After-Dinner-Drink)
■ Cocktailglas
■ Rührglas

3 cl Gin
1,5 cl Dubonnet
1,5 cl Mandarinenlikör
■ **Außerdem:**
1 Stück Zitronenschale

Die Zutaten zusammen im Rührglas mit Eis verrühren und in das
Cocktailglas seihen. Den Drink mit
der Zitronenschale abspritzen und
sie ins Glas geben.

MONTE CARLO
IMPERIAL

erfrischender Sektcocktail für den
Empfang
■ Sektkelch
■ Shaker

2 cl Gin
1 cl Crème de Menthe weiß
Sekt zum Auffüllen

Die Zutaten außer Sekt zusammen
im Shaker mit Eis schütteln und in
den Sektkelch seihen. Mit Sekt auffüllen.

NORDLICHT 02

leicht lieblicher Shortdrink für alle
Gelegenheiten
■ Cocktailglas
■ Shaker

3 cl Gin
1 cl Johannisbeerlikör
1 cl Curaçao Triple sec
1 cl Zitronensaft
1 dash Frothee
■ **Deko:**
1 Cocktailkirsche

Die Zutaten zusammen im Shaker
mit Eis schütteln und in das Cocktailglas seihen. Die Kirsche ins
Glas geben.

YELLOW FINGER

fruchtig-milder Shortdrink für
jede Jahreszeit
- Cocktailglas
- Shaker

2 cl Gin	
2 cl Brombeerbrandy	
1 cl Bananenlikör	
1 dash Sahne	

Alle Zutaten zusammen im Shaker
mit Eis kräftig schütteln und in das
Cocktailglas seihen.

BARNUM

halbtrockener Shortdrink
(Aperitif)
- Cocktailglas
- Shaker

3 cl Gin	
2 cl Apricot Brandy	
2 dashes Angostura	
3 dashes Zitronensaft	

Die Zutaten zusammen im Shaker
mit Eis schütteln und in das Cocktailglas seihen.

WESTERN ROSE

herber, trockener Shortdrink für
den Abend
- Cocktailglas
- Shaker

2 cl Gin	
1 cl Apricot Brandy	
1 cl Vermouth dry	
3 dashes Zitronensaft	

Die Zutaten zusammen im Shaker
mit Eis schütteln und in das Cocktailglas seihen.

BIJOU

würziger Shortdrink
(After-Dinner-Drink)
- Cocktailglas
- Rührglas

3 cl Gin	
2 cl Vermouth dry	
1 cl Chartreuse grün	

Alle Zutaten zusammen im Rührglas mit Eiswürfeln verrühren und
in das Cocktailglas seihen.

Gin

ALEXANDER'S SISTER

sahniger, lieblicher Shortdrink für den Nachmittag
- ■ Cocktailglas
- ■ Shaker

2 cl Gin	
2 cl Crème de Menthe grün	
2 cl Sahne	

Die Zutaten zusammen im Shaker mit Eis kräftig schütteln und in das Glas seihen.

EXOTIC

lieblicher Shortdrink für den Abend
- ■ kleiner Tumbler
- ■ Gästeglas

3 cl Gin	
1,5 cl Crème de Cacao	
1,5 cl Crème de Banana	

Die Zutaten zusammen im Tumbler mit Eiswürfeln verrühren und den Drink zusammen mit einem Stirer servieren.

DERBY

kräftiger Shortdrink (Aperitif)
- ■ Cocktailglas
- ■ Rührglas

6 cl Gin	
2 dashes Peach-Bitter	
■ **Deko:**	
einige Minzeblätter	

Die Zutaten zusammen im Rührglas mit viel Eis verrühren und in das Cocktailglas seihen. Die Minzeblätter ins Glas geben.

GOLDEN DAWN

fruchtiger Shortdrink für jede Jahreszeit
- ■ Sektschale
- ■ Shaker

3 cl Gin	
2 cl Orangensaft	
1 cl Zitronensaft	
1 BL Apricot Brandy	
3 dashes Grenadine	

Alle Zutaten zusammen im Shaker mit Eiswürfeln schütteln und in das Cocktailglas seihen.

PERFECT GIN COCKTAIL

halbtrockener Shortdrink für den Abend
- ■ Cocktailglas
- ■ Rührglas

4 cl Gin	
1 cl Vermouth dry	
1 cl Vermouth rosso	

Die Zutaten zusammen im Rührglas mit Eiswürfeln verrühren und in das Cocktailglas seihen.

HABITANT

würzig-lieblicher Shortdrink für jede Jahreszeit
- ■ Cocktailglas
- ■ Shaker

2 cl Gin	
2 cl Vermouth rosso	
2 cl Ahornsirup	
2 dashes Angostura	

Alle Zutaten zusammen im Rührglas mit Eis verrühren und in das Cocktailglas seihen.

SPENCER

halbtrockener Shortdrink (Aperitif)
- ■ Cocktailglas
- ■ Shaker

2 cl Gin	
2 cl Apricot Brandy	
1 dash Angostura	
1 BL Orangensaft	

Die Zutaten zusammen im Shaker mit Eis schütteln und in das Cocktailglas seihen.

JOURNALIST

halbtrockener Shortdrink für alle Gelegenheiten
- ■ Cocktailglas
- ■ Shaker

3 cl Gin	
1 cl Vermouth dry	
1 cl Vermouth rosso	
1 BL Curaçao Triple sec	
1 BL Zitronensaft	
1 dash Angostura	

Die Zutaten zusammen im Shaker mit Eis schütteln und in das Glas seihen.

Lady Chatterley (l.), Gin Crusta (r.)

LADY CHATTERLEY

halbtrockener Shortdrink
(Aperitif)
- Cocktailglas
- Shaker

3 cl	**Gin**
1 cl	**Curaçao Triple sec**
1 cl	**Vermouth dry**
1 cl	**Orangensaft**

Die Zutaten zusammen im Shaker
mit Eis schütteln und in das Cocktailglas seihen.

GIN CRUSTA

würzig-fruchtiger Crusta für jede
Jahreszeit
- kleines, ballonförmiges Glas
  mit Zuckerrand
- Rührglas

4 cl	**Gin**
1 BL	**Kirschlikör**
2 dashes	**Angostura**

Alle Zutaten zusammen im Rührglas mit Eiswürfeln verrühren und
ins Glas mit Zuckerrand seihen.

JOHN COLLINS

erfrischender Longdrink für heiße Tage
- Longdrinkglas
- Gästeglas

4 cl Genever	
2 cl Zitronensaft	
1 cl Zuckersirup	
Sodawasser zum Auffüllen	
■ **Deko:**	
½ Zitronenscheibe	
1 Cocktailkirsche	

Alle Zutaten außer Soda zusammen im Glas mit Eiswürfeln verrühren und mit Soda auffüllen. Die Zitronenscheibe an den Glasrand stecken, die Kirsche ins Glas geben. Mit einem Stirer servieren.

GOLDEN FIZZ

erfrischender Fizz für den Sommer
- Longdrinkglas
- Shaker

4 cl Gin	
2 cl Zitronensaft	
1 cl Zuckersirup	
1 Eigelb	
Sodawasser zum Auffüllen	

Alle Zutaten außer Sodawasser zusammen im Shaker mit viel Eis schütteln und in das Longdrinkglas gießen. Mit Sodawasser auffüllen.

HORSE'S NECK I

feinherber Longdrink für jede Jahreszeit
- großer Tumbler
- Gästeglas

4 cl Gin	
2 BL Grenadine	
Ginger-ale zum Auffüllen	
■ **Deko:**	
1 Zitronenschalenspirale	

Gin und Grenadine zusammen im Tumbler mit Eiswürfeln verrühren. Mit Ginger-ale auffüllen und kurz umrühren. Die Zitronenschalenspirale an den Glasrand hängen.

TOM COLLINS

fruchtig-herber Longdrink für heiße Tage
- Longdrinkglas
- Gästeglas

4 cl Gin	
2 cl Zitronensaft	
1 cl Zuckersirup	
Sodawasser zum Auffüllen	
■ **Deko:**	
½ Zitronenscheibe	
1 Cocktailkirsche	

Alle Zutaten außer Soda zusammen im Longdrinkglas mit Eis verrühren und mit Soda auffüllen. Die Zitronenscheibe an den Glasrand stecken, die Kirsche ins Glas geben. Mit einem langen Sticker servieren.

Gin

SINGAPORE SLING ORIGINAL

fruchtiger Longdrink für heiße Tage
- Longdrinkglas
- Shaker

3 cl Gin
1 cl Cherry Heering
1 dash Bénédictine D.O.M.
1 dash Cointreau
1 dash Angostura
Limettensaft und Ananassaft zum Auffüllen
Deko:
1 Stück Ananas, 1 Cocktailkirsche

Alle Zutaten zusammen im Shaker mit Eis schütteln und in das Longdrinkglas mit Eis geben. Mit Limetten- und Ananassaft auffüllen. Das Ananasstück mit der Cocktailkirsche am Sticker über den Glasrand legen.

PIMM'S NO. 1

erfrischender Longdrink für die Party
- Longdrinkglas
- Gästeglas

4 cl Pimm's No. 1
Zitronenlimonade zum Auffüllen
1 Stück Gurkenschale
½ Orangenscheibe
½ Zitronenscheibe
2 Cocktailkirschen

Pimm's No. 1 in das Longdrinkglas mit Eiswürfeln gießen und mit Zitronenlimonade auffüllen. Die Gurkenschale und die Früchte ins Glas geben. Mit Stirer servieren.

SINGAPORE GIN SLING

erfrischender Longdrink für heiße Tage
- Longdrinkglas
- Shaker

4 cl Gin
2 cl Cherry Heering
2 cl Zitronensaft
Sodawasser zum Auffüllen
Deko:
½ Zitronenscheibe
1 Cocktailkirsche

Alle Zutaten außer Soda zusammen im Shaker mit Eis schütteln und in das Longdrinkglas mit Eis seihen. Mit Soda auffüllen. Die Zitronenscheibe und die Kirsche am Sticker über den Glasrand legen.

PIMM'S ROYAL

erfrischender Longdrink für den Sommer
Longdrinkglas
Gästeglas

4 cl Pimm's No. 1
Champagner oder Sekt zum Auffüllen
1 Stück Gurkenschale
½ Orangenscheibe
½ Zitronenscheibe
2 Cocktailkirschen

Pimm's No. 1 in das Longdrinkglas mit Eiswürfeln gießen. Mit Champagner oder Sekt auffüllen. Die Gurkenschale und die Früchte ins Glas geben.

NEPTUN'S FAIR

fruchtig-erfrischender Longdrink
für die Party
- Longdrinkglas
- Shaker

2 cl Gin
1 cl Pisang Ambon
1 cl Jambosala
2 cl Zitronensaft
Bitter lemon zum Auffüllen
Deko:
1 Zitronenscheibe
1 Cocktailkirsche
1 kleiner Minzezweig

Alle Zutaten außer Bitter lemon
zusammen im Shaker mit Eis
schütteln und in das Longdrinkglas mit Eis seihen. Mit Bitter
lemon auffüllen. Die Zitronenscheibe an den Glasrand stecken,
die Kirsche mit einem Sticker
daran befestigen. Den Minzezweig
ins Glas geben.

GIN TONIC

erfrischender Longdrink für jede
Gelegenheit
- Longdrinkglas
- Gästeglas

4 cl Gin
Tonic water zum Auffüllen
Außerdem:
½ Zitronenscheibe

Den Gin in das Longdrinkglas mit
Eiswürfeln geben und mit Tonic
water auffüllen. Die Zitronenscheibe ins Glas geben. Mit einem
Stirer servieren.

CHAMPAGNER FIZZ

spritzig-leichter Fizz für die Party
- Sektkelch
- Shaker

3 cl Gin
2 cl Zitronensaft
1 cl Zuckersirup
6 cl Sekt oder Champagner
Deko:
½ Zitronenscheibe

Alle Zutaten außer Sekt zusammen im Shaker mit Eis schütteln,
in das Kelchglas seihen und mit
Sekt auffüllen. Die Zitronenscheibe an den Glasrand stecken.

OPTIMIST

fruchtiger Longdrink für alle
Gelegenheiten
- Longdrinkglas
- Shaker

3 cl Gin
2 cl Crème de Cassis
2 cl Ananassaft
Orangensaft zum Auffüllen
1 dash Maracujasirup
Deko:
½ Orangenscheibe
1 Stück Ananas
1 Cocktailkirsche

Alle Zutaten außer Maracujasirup
und Orangensaft zusammen im
Shaker mit Eis schütteln und in
das Longdrinkglas mit Eiswürfeln
seihen. Mit Orangensaft auffüllen.
Den Maracujasirup auf das Getränk geben. Das Obst zusammen
am Sticker über den Glasrand
legen.

Neptun's Fair (h.), Gin Tonic (v. l.), Champagner Fizz (v. M.), Optimist (v. r.)

GIN FIZZ

erfrischend-fruchtiger Fizz für alle
Gelegenheiten
- ▪ mittelgroßer Tumbler
- ▪ Shaker

4 cl Gin
2 cl Zitronensaft
1 cl Zuckersirup
Sodawasser zum Auffüllen
▪ **Deko:**
½ Zitronenscheibe

Alle Zutaten außer Soda zusammen im Shaker mit viel Eis schütteln, in den Tumbler gießen und
mit Soda auffüllen. Die Zitronenscheibe an den Glasrand stecken.

GIN SOUR

kräftiger, erfrischender Sour für
die Party
- ▪ kleiner Tumbler
- ▪ Shaker

4 cl Gin
2 cl Zitronensaft
1 cl Zuckersirup
▪ **Außerdem:**
½ Zitronenscheibe
1 Cocktailkirsche

Die Zutaten zusammen im Shaker
mit Eis schütteln und in den Tumbler seihen. Die Zitronenscheibe
und die Cocktailkirsche ins Glas
geben. Der Drink kann nach Belieben mit Sodawasser aufgefüllt
werden.

PIRAT

fruchtiger, halbtrockener Long-
drink für alle Gelegenheiten
- ▪ Longdrinkglas
- ▪ Shaker

2 cl Gin
3 cl Cherry Heering
4 cl Maracujasaft
1 cl Zitronensaft
Tonic water zum Auffüllen
▪ **Deko:**
½ Orangenscheibe
2 Cocktailkirschen

Alle Zutaten außer Tonic water zusammen im Shaker mit Eis schütteln und in das Longdrinkglas mit
Eiswürfeln seihen. Mit Tonic water
auffüllen. Die Orangenscheibe
und Cocktailkirschen zusammen
auf einen langen Holzspieß stek-
ken, so daß er wie ein Segel aussieht, und ihn ins Glas stellen. Mit
einem Stirer servieren.

GIN ORANGE

leichter Longdrink für die Party
- ▪ kleiner Tumbler
- ▪ Gästeglas

4 cl Gin
Orangensaft zum Auffüllen
▪ **Deko:**
½ Orangenscheibe

Den Gin in den Tumbler mit Eiswürfeln geben und mit Orangensaft auffüllen. Die Orangenscheibe
ins Glas geben. Mit einem Stirer
servieren.

Gin

GOLD DIGGER

fruchtiger Longdrink für die Party
- Longdrinkglas
- Rührglas

1,5 cl Gin
1,5 cl Kiwilikör
1,5 cl Melonenlikör
1,5 cl Aperol
Orangensaft zum Auffüllen

Alle Zutaten außer Orangensaft zusammen im Rührglas mit Eis verrühren und in das Longdrinkglas mit Eis geben. Mit dem Orangensaft auffüllen und gut umrühren. Mit einem Stirer servieren.

TROPIC SUN

leichter, fruchtig-erfrischender Longdrink für die Sommerparty
- Longdrinkglas
- Shaker

4 cl Gin
2 cl Maracujasirup
1 cl Zitronensaft
Tropical Bitter (Tropic-Limonade) zum Auffüllen
1 dash Grenadine
Deko:
½ Orangenscheibe
1 Cocktailkirsche

Alle Zutaten außer Tropical Bitter und Grenadine zusammen im Shaker mit Eis schütteln, in das Longdrinkglas mit Eiswürfeln seihen und mit Tropical Bitter auffüllen. Den Grenadine auf das Getränk geben. Die Orangenscheibe zusammen mit der Cocktailkirsche am langen Sticker ins Glas geben.

NICKY

aromatischer Longdrink für die Party
- Longdrinkglas
- Gästeglas

3 cl Gin
3 cl Apricot Brandy
1 dash brauner Rum
3 dashes Zitronensaft
Sodawasser zum Auffüllen
Deko:
1 Orangenscheibe
1 Cocktailkirsche

Alle Zutaten zusammen im Longdrinkglas mit Eiswürfeln verrühren. Die Orangenscheibe an den Glasrand stecken, die Kirsche mit einem kleinen Sticker daran befestigen.

NEW ORLEANS FIZZ

fruchtig-erfrischender Fizz für die Sommerparty
- Longdrinkglas
- Shaker

4 cl Gin
2 cl Zitronensaft
1 cl Zuckersirup
3 dashes Orange-Bitter
1 Eiweiß
1 cl Sahne
6 cl Sodawasser

Alle Zutaten außer Sodawasser im Shaker zusammen mit Eis kräftig schütteln und in das Longdrinkglas geben. Mit Soda auffüllen.

MEINER

fruchtig-erfrischender Longdrink
(Aperitif, After-Dinner-Drink)
- Longdrinkglas
- Gästeglas

3 cl Gin

Orangensaft zum Auffüllen

½ Orangenscheibe

2 cl Campari

Den Gin in das Longdrinkglas mit
Eis geben und mit Orangensaft
auffüllen. Die Orangenscheibe ins
Glas legen und den Campari darübergießen. Mit einen langen Stirer servieren.

SILVER FIZZ

erfrischender, fruchtiger Fizz für
den Sommer
- Longdrinkglas
- Shaker

4 cl Gin

2 cl Zitronensaft

1 cl Zuckersirup

1 Eiweiß

Sodawasser zum Auffüllen

Alle Zutaten außer Sodawasser zusammen im Shaker mit Eis schütteln und in das Longdrinkglas seihen. Mit Soda auffüllen.

JOHNNIE RED

fruchtiger Longdrink für den
Sommer
◼ Longdrinkglas
◼ Gästeglas

3 cl Genever	
1,5 cl Parfait Amour (Frucht-aromalikör)	
1,5 cl Crème de Banane	
1 dash Grenadine	
Orangensaft zum Auffüllen	
◼ **Deko:**	
1 Orangenschalenspirale	

Die Zutaten zusammen im Longdrinkglas mit Eiswürfeln verrühren. Die Orangenschalenspirale an den Glasrand hängen und
den Drink mit einem langen Stirer
servieren.

SEVEN SEA

fruchtiger Longdrink für die
Sommerparty
◼ Longdrinkglas
◼ Gästeglas

2 cl Gin	
4 cl Pisang Ambon	
1 dash Crème de Banane	
Tonic water zum Auffüllen	
◼ **Deko:**	
1 Cocktailkirsche	

Die Zutaten zusammen im Longdrinkglas mit Eiswürfeln verrühren. Die Kirsche ins Glas geben
und den Drink zusammen mit
einem Stirer servieren.

ROYAL FIZZ

erfrischender Fizz für heiße Tage
- Longdrinkglas
- Shaker

4 cl Gin
2 cl Zitronensaft
1 cl Zuckersirup
1 Ei
Sodawasser zum Auffüllen

Alle Zutaten außer Soda zusammen im Shaker mit Eis kräftig schütteln und in das Longdrinkglas seihen. Mit Soda langsam auffüllen.

STARMANIA

lieblicher Longdrink für die Party
- Longdrinkglas
- Shaker

2 cl Gin
1 cl Apricot Brandy
0,5 cl Campari
1 cl Maracujasaft
1 dash Curaçao green
Ginger-ale zum Auffüllen
Deko:
kleine Fruchtstücke

Alle Zutaten außer Ginger-ale zusammen im Shaker mit Eis schütteln und in das Longdrinkglas mit Eis seihen. Mit Ginger-ale auffüllen und umrühren. Die Fruchtstückchen auf einen Sticker spießen und ihn über den Glasrand legen. Mit einem hübschen Stirer servieren.

DASH MADNEY

erfrischender Longdrink für den Sommer
- Longdrinkglas
- Rührglas

3 cl Genever
1,5 cl Maraschino
1,5 cl Crème de Banane
Bitter lemon zum Auffüllen
Deko:
1 Cocktailkirsche

Alle Zutaten außer Bitter lemon zusammen im Rührglas mit Eis verrühren und in das Longdrinkglas mit Eiswürfeln seihen. Mit Bitter lemon auffüllen und gut umrühren. Die Kirsche an den Glasrand stecken und den Drink mit einem Stirer servieren.

BABY DOC

fruchtiger Longdrink für die Sommerparty
- Longdrinkglas
- Gästeglas

2 cl Gin
2 cl Kiwilikör
2 cl Ananassaft
0,5 cl Pfefferminzlikör
Tonic water zum Auffüllen
Deko:
1 Orangenschalenspirale

Die Zutaten zusammen im Longdrinkglas mit Eiswürfeln verrühren. Die Schalenspirale an den Glasrand hängen.

Gin

SWEET MARY

erfrischender Longdrink für heiße Tage
- Longdrinkglas
- Gästeglas

1,5 cl Gin	
4,5 cl Crème de Banane	
1 dash Crème de Cassis	
Zitronenlimonade zum Auffüllen	
Deko:	
1 Cocktailkirsche	

Die Zutaten zusammen im Longdrinkglas mit Eiswürfeln verrühren. Die Kirsche am Sticker über den Glasrand legen.

LADY KILLER

fruchtig-lieblicher Longdrink für den Sommer
- Longdrinkglas
- Shaker

2 cl Gin	
1 cl Cointreau	
1 cl Apricot Brandy	
3 cl Maracujasaft	
3 cl Ananassaft	
Deko:	
1 grüne Mirabelle	
1 Orangenschalenspirale	
1 Minzezweig	

Die Zutaten zusammen im Shaker mit Eis kräftig schütteln und in das Longdrinkglas mit Eiswürfeln seihen. Die Mirabelle an den Glasrand stecken und die Orangenschalenspirale am Sticker über den Glasrand legen. Den Minzezweig ins Glas geben.

ROSETTE MEROLA

fruchtiger Longdrink für die Party
- Longdrinkglas
- Gästeglas

1,5 cl Gin	
1,5 cl Gold Digger Likör	
1,5 cl Kiwilikör	
1,5 cl Aperol	
Orangensaft zum Auffüllen	
Deko:	
1 Cocktailkirsche	
1 Stück Orangenschale	

Die Zutaten zusammen im Longdrinkglas mit Eiswürfeln verrühren. Die Cocktailkirsche und die Orangenschale am Sticker über den Glasrand legen. Den Drink mit einem Stirer servieren.

POGO STICK

herber, erfrischender Longdrink für den Sommer
- Longdrinkglas
- Shaker

3 cl Gin	
2 cl Cointreau	
6 cl Grapefruitsaft	
1 cl Zitronensaft	
Deko:	
½ Grapefruitscheibe	

Die Zutaten zusammen im Shaker mit Eis schütteln und in das Longdrinkglas mit Eiswürfeln seihen. Die Grapefruitscheibe an den Glasrand stecken.

STROUMF

vollmundiger Longdrink für den
Abend
- Longdrinkglas
- Shaker

2,5 cl Gin
1 cl Apricot Brandy
1 cl Amaretto
1 dash Zitronensaft
Orangensaft zum Auffüllen

Alle Zutaten außer Orangensaft
zusammen im Shaker mit Eis
schütteln und in das Longdrinkglas seihen. Mit Orangensaft auffüllen und umrühren. Mit einem
Stirer servieren.

LONDON FEVER

mild-fruchtiger Longdrink für die
Party
- mittelgroßer Tumbler
- Gästeglas

3 cl Gin
2 cl weißer Rum
3 cl Limettensirup
1 BL Grenadine
Sodawasser zum Auffüllen
▪ **Deko:**
½ Ananasscheibe
1 Cocktailkirsche

Alle Zutaten außer Soda zusammen im Tumbler mit Eis verrühren.
Mit Soda auffüllen und kurz umrühren. Das Obst an den Glasrand
stecken.

MESSICANO

fruchtig-lieblicher Longdrink für
die Sommerparty
- Longdrinkglas
- Shaker

2 cl Gin
2,5 cl Galliano
0,5 cl Amaretto
2,5 cl Orangensaft
▪ **Deko:**
1 Orangenscheibe
1 Cocktailkirsche
1 Minzezweig

Die Zutaten zusammen im Shaker
mit Eis schütteln und in das Longdrinkglas mit Eiswürfeln seihen.
Die Früchte und den Minzezweig
an den Glasrand stecken.

PARK LANE

fruchtig-milder Longdrink für die
Party
- kleiner Tumbler
- Shaker

4 cl Gin
2 cl Apricot Brandy
4 cl Orangensaft
1 dash Grenadine
1 dash Zitronensaft

Alle Zutaten zusammen im Shaker
mit Eiswürfeln gut schütteln und
in den Tumbler seihen.

PLANTER'S COCKTAIL

PLANTER'S PUNCH

PRESIDENT

Drinks mit Rum

CAIPIRISSIMA

ROBSON

UPTON

DAIQUIRI

PLANTER'S COCKTAIL I

fruchtig-herber Longdrink für
heiße Tage
- kleiner Tumbler
- Shaker

---
5 cl brauner Rum

3 cl Orangensaft

2 cl Zitronensaft
- **Deko:**

½ Zitronenscheibe

½ Orangenscheibe

Alle Zutaten zusammen im Shaker
mit Eiswürfeln kräftig schütteln
und in den Tumbler gießen. Die
Fruchtscheiben an den Glasrand
stecken.

PLANTER'S COCKTAIL II

fruchtig-herber Shortdrink für
heiße Tage
- kleiner Tumbler
- Shaker

---
4 cl brauner Rum

2 cl Zitronensaft

½ BL Staubzucker
- **Deko:**

½ Zitronenscheibe

½ Limettenscheibe

Alle Zutaten zusammen im Shaker
mit Eis schütteln und in den Tumbler gießen. Die Fruchtscheiben an
den Glasrand stecken.

DAIQUIRI

herber Shortdrink (Aperitif)
- Cocktailglas
- Im Shaker

---
3 cl weißer Rum

2 cl Limetten- oder Zitronensaft

1 cl Zuckersirup

Die Zutaten im Shaker mit Eis
schütteln und in das Glas seihen.

FROZEN DAIQUIRI

erfrischender, fruchtiger Short-
drink für die Party
- Cocktailglas
- Shaker

---
3 cl weißer Rum

2 cl Limetten- oder Zitronensaft

1 cl Zuckersirup
- **Deko:**

1 Cocktailkirsche

Die Zutaten im Shaker mit Crushed ice schütteln und ins Glas
gießen. Kirsche ins Glas geben.

BACARDI COCKTAIL

herber Shortdrink (Aperitif)
- Cocktailglas
- Shaker

---
3 cl weißer Rum

2 cl Zitronensaft

1 cl Grenadine

Die Zutaten im Shaker mit Eis
schütteln und in das Glas seihen.

CHERRY DAIQUIRI

fruchtig-milder Shortdrink für die Party
■ Cocktailglas
■ Rührglas

3 cl weißer Rum
2 cl Cherry Brandy
1 cl Kirschwasser
2 cl Limettensirup
■ **Deko:**
1 Cocktailkirsche

Alle Zutaten zusammen im Rührglas mit Eis verrühren und in das Cocktailglas seihen. Die Kirsche ins Glas geben.

STRAWBERRY DAIQUIRI FROZEN

fruchtiger, erfrischender Shortdrink für die Party
■ großes Cocktailglas
■ Blender

5 cl weißer Rum
1 cl Erdbeerlikör
2 cl Zitronensaft
2 große Erdbeeren
1 BL Puderzucker

Die Zutaten zusammen mit einer Barschaufel Crushed ice im Blender mixen und in das Cocktailglas seihen.

RUM ALEXANDER COCKTAIL

lieblicher Shortdrink (After-Dinner-Drink)
■ Cocktailglas
■ Shaker

2 cl brauner Rum
2 cl Crème de Cacao braun
2 cl Sahne
■ **Außerdem:**
geriebene Muskatnuß

Alle Zutaten zusammen im Shaker mit Eiswürfeln schütteln und in das Cocktailglas seihen. Etwas Muskat darüberstreuen.

CAIPIRISSIMA

herber Shortdrink für den Abend
■ mittelgroßer Tumbler
■ Gästeglas

1 Limette
1 BL brauner Zucker
5 cl weißer Rum

Die Limette vierteln, in das Glas geben und mit einem Stößel ausdrücken. Den Zucker und etwas Crushed ice dazugeben und den Rum dazugießen. Alles verrühren.

EL PRESIDENTE

fruchtiger Shortdrink (Aperitif)
- Cocktailglas
- Shaker

3 cl brauner Rum	
2 cl Orangensaft	
1 cl Vermouth dry	
1 dash Grenadine	
1 dash Curaçao orange	

Die Zutaten zusammen im Shaker mit Eis kräftig schütteln und in das Glas seihen.

DAVIS

kräftiger Shortdrink für die Party
- Cocktailglas
- Shaker

2 cl brauner Rum	
2 cl Vermouth dry	
1 cl Grenadine	
1 cl Zitronensaft	

Die Zutaten zusammen im Shaker mit Eis schütteln und in das Cocktailglas seihen.

ROBSON

halbtrockener Shortdrink (Aperitif)
- Cocktailglas
- Shaker

3 cl brauner oder weißer Rum	
1,5 cl Grenadine	
1,5 cl Orangensaft	
1 cl Zitronensaft	

Die Zutaten zusammen im Shaker mit Eis schütteln und in das Glas seihen.

RUM GIMLET

fruchtig-frischer Shortdrink für heiße Tage
- kleiner Tumbler
- Gästeglas

4 cl brauner Rum	
2 cl Limettensirup	
Außerdem:	
1 Limettenviertel	

Die Zutaten zusammen im Tumbler mit Eiswürfeln verrühren. Das Limettenviertel in den Drink ausdrücken und hineingeben.

Davis (l.), Robson (r. h.), Rum Gimlet (r. v.)

GOLDEN CLIPPER

fruchtig-milder Shortdrink für die
Party
- ◼ Cocktailglas
- ◼ Shaker

4 cl weißer Rum	
2 cl Peach Brandy	
2 cl Orangensaft	
◼ **Deko:**	
¼ Orangenscheibe	

Alle Zutaten zusammen im Shaker
mit Eiswürfeln schütteln und in
das Cocktailglas seihen. Die Orangenscheibe zuletzt an den Glasrand stecken.

CLARENDON COCKTAIL

fruchtiger, leicht herber Short-
drink für heiße Tage
- ◼ Cocktailglas
- ◼ Shaker

4 cl weißer Rum	
1,5 cl Limettensirup	
2 cl Grapefruitsaft	
2 BL Puderzucker	
1 BL Grenadine	

Alle Zutaten zusammen im Shaker
mit Eiswürfeln schütteln und in
das Cocktailglas seihen.

HONEYBEE

lieblicher Shortdrink für alle
Gelegenheiten
- ◼ Cocktailglas
- ◼ Shaker

3 cl weißer Rum	
1 cl Zitronensaft	
1 cl Honig	

Die Zutaten zusammen im Shaker
mit Eis kräftig schütteln und in das
Cocktailglas seihen.

PRESIDENT

halbtrockener Shortdrink für die
Party
- ◼ Cocktailglas
- ◼ Shaker

3 cl weißer Rum	
2 cl Orangensaft	
1 BL Grenadine	

Die Zutaten zusammen im Shaker
mit Eis schütteln und in das Cocktailglas seihen.

PARISIAN BLOND

halbtrockener Shortdrink
(After-Dinner-Drink)
- ◼ Cocktailglas
- ◼ Shaker

2 cl brauner Rum	
2 cl Curaçao Triple sec	
2 cl Sahne	

Die Zutaten im Shaker mit Eis
schütteln und in das Glas seihen.

DUNLOP

trockener Shortdrink (Aperitif)
- ▪ Cocktailglas
- ▪ Rührglas

---

4 cl weißer Rum

2 cl Sherry fino

1 dash Angostura

▪ **Außerdem:**

1 Stück Zitronenschale

Alle Zutaten zusammen im Rührglas mit Eis verrühren und in das Cocktailglas seihen. Den Drink mit der Zitronenschale abspritzen und sie ins Glas geben.

LITTLE PRINCESS

kräftiger Shortdrink (Aperitif)
- ▪ Cocktailglas
- ▪ Rührglas

---

2 cl weißer Rum

2 cl Vermouth rosso

▪ **Deko:**

1 Cocktailkirsche

Die Zutaten zusammen im Rührglas mit Eis verrühren und in das Cocktailglas seihen. Die Kirsche ins Glas geben.

MELISSA

halbtrockener Shortdrink (Aperitif)
- ▪ Cocktailglas
- ▪ Rührglas

---

3 cl weißer Rum

1 cl Curaçao Triple sec

1 cl Bols Tropical (Tropic-Likör)

1 cl Limettensirup

1 dash Grenadine

▪ **Deko:**

½ Limettenscheibe

1 Cocktailkirsche

1 Orangenschalenspirale

Die Zutaten zusammen im Rührglas mit Eis verrühren und in das Glas seihen. Die Früchte zusammen am Sticker über den Glasrand legen.

JAMAICA KISS

cremiger Shortdrink (After-Dinner-Drink)
- ▪ Cocktailglas
- ▪ Gästeglas

---

2 cl brauner Rum

2 cl Crème de Café

2 cl Sahne

Rum und Crème de Café in das Gästeglas geben. Die Sahne ins Glas fließen lassen.

LITTLE DEVIL

trockener, herb-fruchtiger Short-
drink (Aperitif)
- Cocktailglas
- Shaker

2 cl weißer Rum	
2 cl Gin	
1 cl Cointreau	
1 cl Zitronensaft	
Deko:	
1 Cocktailkirsche	

Die Zutaten zusammen im Shaker
mit Eis schütteln und in das Glas
seihen. Die Kirsche am Sticker ins
Glas geben.

YELLOW BIRD

lieblicher Shortdrink
(Aperitif, After-Dinner-Drink)
- Cocktailglas
- Shaker

3 cl weißer Rum	
1 cl Galliano	
1 cl Cointreau	
1 cl Zitronensaft	
Deko:	
1 Cocktailkirsche	

Die Zutaten zusammen im Shaker
mit Eis schütteln und in das Cocktailglas seihen. Die Kirsche ins
Glas geben.

UPTON

fruchtiger Shortdrink
(Aperitif, After-Dinner-Drink)
- Cocktailglas
- Shaker

2 cl brauner Rum	
2 cl Ananassaft	
1 cl Orangensaft	
1 cl Zitronensaft	

Die Zutaten zusammen im Shaker
mit Eis schütteln und in das Glas
seihen.

XYZ

kräftiger Shortdrink (Aperitif)
- Cocktailglas
- Shaker

3 cl brauner Rum	
2 cl Cointreau	
2 cl Zitronensaft	

Die Zutaten zusammen im Shaker
mit Eis schütteln und in das Cocktailglas seihen.

PETITE FLEUR

fruchtiger Shortdrink (Aperitif)
- Cocktailglas
- Shaker

2 cl weißer Rum	
2 cl Cointreau	
2 cl Grapefruitsaft	

Die Zutaten im Shaker mit Eis
schütteln und in das Glas seihen.

ELISA

halbtrockener Shortdrink
(After-Dinner-Drink)
- ▪ Cocktailglas
- ▪ Rührglas

3 *cl* brauner Rum
1 *cl* Amaro Averna (Bitter)
1 *cl* Apricot Brandy
1 *cl* Vermouth bianco
1 *cl* trockener Sekt
▪ **Deko:**
1 Stück Orangenschale
1 Cocktailkirsche

Alle Zutaten außer Sekt zusammen im Rührglas mit Eis verrühren und in das Glas seihen. Mit Sekt auffüllen. Die Orangenschale zusammen mit der Kirsche am Sticker über den Glasrand legen.

VINTAGE 84

fruchtiger Shortdrink für jeden Tag
- ▪ Cocktailglas
- ▪ Shaker

2 *cl* weißer Rum
1 *cl* Apricot Brandy
1,5 *cl* Orangensaft
1,5 *cl* Ananassaft
1 dash Grenadine
▪ **Außerdem:**
einige kleine Obststücke

Die Zutaten zusammen im Shaker mit Eis schütteln und in das Cocktailglas seihen. Die Obststücke ins Glas geben. Mit Sticker servieren.

SWEET MEMORIES

halbtrockener Shortdrink
(Aperitif)
- ▪ Cocktailglas
- ▪ Rührglas

2 *cl* weißer Rum
2 *cl* Orangenlikör
2 *cl* Noilly Prat

Die Zutaten zusammen im Rührglas mit Eis verrühren und in das Cocktailglas seihen.

CARDICAS

halbtrockener Shortdrink
(Aperitif)
- ▪ Cocktailglas
- ▪ Rührglas

3 *cl* weißer Rum
1,5 *cl* Cointreau
1,5 *cl* Portwein

Die Zutaten zusammen im Rührglas mit Eis verrühren und in das Cocktailglas seihen.

MALLORCA

halbtrockener Shortdrink
(After-Dinner-Drink)
- ▪ Cocktailglas
- ▪ Rührglas

3 *cl* brauner Rum
1 *cl* Vermouth dry
1 *cl* Crème de Banane
1 *cl* Drambuie (Honiglikör)

Die Zutaten im Rührglas mit Eis verrühren, in das Glas seihen.

CALCUTTA FLIP

cremig, lieblicher Flip für den
Abend
- ◼ Sektkelch oder Flipglas
- ◼ Shaker

4 cl brauner Rum	
1 cl Orangenlikör	
2 cl Zuckersirup	
4 cl Sahne	
1 Eigelb	
◼ **Außerdem:**	
geriebene Muskatnuß	

Die Zutaten zusammen im Shaker
mit Eis kräftig schütteln und in das
Glas seihen. Mit etwas Muskatnuß
bestreuen.

DREAM

cremiger Shortdrink
(After-Dinner-Drink)
- ◼ Cocktailglas
- ◼ Shaker

2 cl weißer Rum	
2 cl Crème de Banane	
1 cl Ananassaft	
1 cl Sahne	
1 dash Grenadine	

Die Zutaten zusammen im Shaker
mit Eis kräftig schütteln und in das
Cocktailglas seihen.

SHOW

kräftiger Shortdrink für den Abend
- ◼ Cocktailglas
- ◼ Shaker

3 cl weißer Rum	
2,5 cl Apricot Brandy	
0,5 cl Chartreuse grün	
1 dash Grenadine	
1 dash Zitronensaft	

Die Zutaten zusammen im Shaker
mit Eis schütteln und in das Cocktailglas seihen.

MARIONETTE

hochprozentiger Shortdrink für
den Abend
- ◼ Cocktailglas
- ◼ Shaker

2,5 cl weißer Rum	
1,5 cl Apricot Brandy	
1,5 cl Sherry dry	
1,5 cl Cherry Heering (Kirschlikör)	

Die Zutaten im Shaker mit Eis
schütteln und in das Glas seihen.

RUM STINGER

würziger Shortdrink für den
Abend
- ◼ Cocktailglas
- ◼ Rührglas

4 cl brauner Rum	
2 cl Crème de Menthe weiß	

Die Zutaten im Rührglas mit Eis
verrühren, in das Glas seihen.

Dream (h.), Show (M.), Marionette (v.)

RAUHREIF

würzig-milder Crusta für die Party
- ■ Cocktailglas mit Zuckerrand
- ■ Shaker

2 cl brauner Rum	
2 cl Gin	
1 cl Zitronensaft	
1 cl Curaçao Triple sec	
1 BL Grenadine	

Alle Zutaten zusammen im Shaker mit Eiswürfeln schütteln und in das Cocktailglas mit Zuckerrand seihen.

AMARO

bittersüßer Shortdrink (After-Dinner-Drink)
- ■ Sherryglas
- ■ Rührglas

4 cl weißer Rum	
2 cl Amaretto	
 **Deko:**	
1 Zitronenscheibe	
1 TL Kaffeepulver	

Die Zutaten zusammen im Rührglas mit Eiswürfeln verrühren und in das Sherryglas gießen. Die Zitronenscheibe über den Glasrand legen und das Kaffeepulver darauf streuen.

CHERRY RUM

fruchtig-lieblicher Shortdrink für die Party
- ■ großes Cocktailglas
- ■ Shaker

3 cl weißer Rum	
2 cl Kirschlikör	
3 cl Sahne	
■ **Deko:**	
2 Cocktailkirschen	

Alle Zutaten zusammen im Shaker mit Eis schütteln und in das Cocktailglas seihen. Die Kirschen zusammen am Sticker über den Glasrand legen.

WINDJAMMER

würzig-milder Crusta für die Party
- ■ Cocktailglas mit Zuckerrand
- ■ Rührglas

4 cl weißer Rum	
2 cl Vermouth dry	
2 BL Grenadine	
■ **Deko:**	
2 Cocktailkirschen	

Die Zutaten zusammen im Shaker mit Eiswürfeln schütteln und in das Cocktailglas mit Zuckerrand seihen. Die Kirschen ins Glas geben. Mit Sticker servieren.

ORACABESSA

fruchtiger, zartherber Shortdrink
für die Party
- Cocktailglas
- Shaker

4 cl brauner Rum
2 cl Bananenlikör
3 cl Zitronensaft
Deko:
3 Bananenscheiben

Alle Zutaten zusammen im Shaker
mit Eiswürfeln schütteln und in
das Cocktailglas seihen. Die Bananenscheiben zusammen am
Sticker über den Glasrand legen.

RUM FANTASY

fruchtig-lieblicher Shortdrink für
die Party
- kleiner Tumbler
- Gästeglas

4 cl brauner Rum
1 cl Peach Brandy
2 cl Limettensirup
Deko:
1 Limettenscheibe

Alle Zutaten zusammen im Tumbler mit Eiswürfeln verrühren. Die
Limettenscheibe ins Glas geben.

SNOW WHITE
COCKTAIL

fruchtig-herber Shortdrink für die
Party
- großes Cocktailglas
- Shaker

4 cl weißer Rum
2 cl Zitronensaft
2 cl Ananassaft
1 BL Zuckersirup
1 Eiweiß

Alle Zutaten zusammen im Shaker
mit Eis schütteln und in das Glas
seihen.

FOUR FLUSH

mild-würziger Shortdrink für jede
Jahreszeit
- Cocktailglas
- Rührglas

3 cl weißer Rum
2 cl Vermouth dry
1 cl Maraschino
2 dashes Grenadine
Deko:
1 Cocktailkirsche

Alle Zutaten zusammen im Rührglas mit Eiswürfeln verrühren und
in das Glas seihen. Die Kirsche am
Sticker ins Glas geben.

PLANTER'S PUNCH I

fruchtiger Longdrink für die Party
- ▣ großes Ballonglas
- ▣ Gästeglas

5 cl brauner Rum	
4 cl Orangensaft	
4 cl Ananassaft	
3 cl Zitronensaft	
2 cl Grenadine	
1 cl Zuckersirup	
▣ **Deko:**	
1 Cocktailkirsche	
½ Orangenscheibe	
¼ Ananasscheibe	
½ Kiwischeibe	
1 dicke Bananenscheibe	
1 Minzezweig	

Alle Zutaten zusammen im Ballonglas mit Eiswürfeln verrühren. Das Obst auf einen langen Spieß stecken und ihn ins Glas stellen. Den Minzezweig an den Glasrand stecken. Mit Trinkhalm servieren.

PLANTER'S PUNCH II

fruchtig-milder Longdrink für die Party
- ▣ Longdrinkglas
- ▣ Gästeglas

3 cl weißer Rum	
3 cl brauner Rum	
2 cl Zitronensaft	
2 cl Orangensaft	
1 cl Zuckersirup	
1 BL Grenadine	
▣ **Deko:**	
1 Orangenscheibe	
1 Zitronenscheibe	
1 Cocktailkirsche	
1 Minzezweig	

Alle Zutaten zusammen im Glas mit Eiswürfeln verrühren. Fruchtscheiben, Kirsche und Minzezweig zusammen auf einen langen Spieß stecken und ihn ins Glas stellen. Mit Trinkhalm servieren.

PLANTER'S PUNCH III

fruchtig-herber Longdrink für die Party
- Longdrinkglas
- Gästeglas

6 cl brauner Rum	
4 cl Limettensaft	
1 cl Zuckersirup	
■ **Deko:**	
¼ Ananasscheibe	
1 Cocktailkirsche	
1 Minzezweig	

Alle Zutaten zusammen im zur Hälfte mit Crushed ice gefüllten Longdrinkglas verrühren. Die Früchte und den Minzezweig an den Glasrand stecken. Mit Trinkhalm servieren.

PLANTER'S PUNCH IV

fruchtiger Longdrink für die Sommerparty
- Longdrinkglas
- Shaker

2 cl weißer Rum	
2 cl brauner Rum	
1 cl Grenadine	
1 dash Angostura	
5 cl Orangensaft	
2 cl Zitronensaft	
■ **Deko:**	
½ Orangenscheibe	
½ Zitronenscheibe	
1 Cocktailkirsche	

Die Zutaten zusammen im Shaker mit Eis kräftig schütteln und in das Longdrinkglas mit Eiswürfeln seihen. Die Orangenscheibe mit der Kirsche am Sticker über den Glasrand legen und die Zitronenscheibe an den Glasrand stecken. Mit Trinkhalm servieren.

MAI TAI

fruchtig-milder Longdrink für die Party
- ■ großes Ballonglas
- ■ Gästeglas

4 cl brauner Rum	
2 cl brauner Rum 75 Vol.-%	
1 cl Curaçao weiß	
1 cl Mandelsirup	
2 cl Zitronensaft	
4 cl Ananassaft	
2 cl Orangensaft	
■ **Deko:**	
1 Limettenscheibe, 1 Minzezweig	

Alle Zutaten zusammen in dem zur Hälfte mit Crushed ice gefüllten Ballonglas verrühren. Limettenscheibe und Minzezweig an den Glasrand stecken. Mit Trinkhalm servieren.

RUM DAISY

mild-säuerlicher Daisy für den Abend
- ■ Longdrinkglas
- ■ Gästeglas

4 cl brauner Rum	
2 cl Himbeersaft	
2 cl Zitronensaft	
Sodawasser zum Auffüllen	
■ **Deko:**	
1 Minzezweig	

Alle Zutaten zusammen im Longdrinkglas mit Eiswürfeln verrühren. Nach Belieben mit Soda auffüllen und nochmals umrühren. Den Minzezweig an den Glasrand hängen. Mit einem Trinkhalm servieren.

ZOMBIE

fruchtiger Longdrink für die Sommerparty
- ■ Longdrinkglas
- ■ Shaker

2 cl weißer Rum	
2 cl brauner Rum	
1 cl Apricot Brandy	
5 cl Ananassaft	
2 cl Zitronen- oder Limettensaft	
2 cl 75%iger Rum	
■ **Deko:**	
1 Orangenscheibe, 1 Cocktailkirsche	
1 Minzezweig	

Alle Zutaten außer dem 75%igen Rum zusammen im Shaker mit Eis schütteln und in das Longdrinkglas mit Crushed ice seihen. Die Orangenscheibe und die Kirsche zusammen am Sticker über den Glasrand legen, den Minzezweig ins Glas stecken. Den 75%igen Rum ins Glas geben. Mit Stirer und Trinkhalm servieren.

BANANA COW

fruchtig-lieblicher Longdrink mit Milch für Sommertage
- ■ Longdrinkglas
- ■ Blender

6 cl brauner Rum	
3 cl Zuckersirup	
10 cl Milch	
½ Banane, geschält und zerdrückt	

Alle Zutaten zusammen im Blender mit Eiswürfeln mixen und in das Glas gießen. Mit einem dicken Trinkhalm servieren.

CUBA LIBRE

erfrischender Highball für
jeden Tag
- ◼ Longdrinkglas
- ◼ Gästeglas

4 cl weißer Rum	
1 cl Zitronensaft	
Cola zum Auffüllen	
◼ **Außerdem:**	
½ Zitronenscheibe	

Die Zutaten in das Longdrinkglas
mit Eiswürfeln geben und einen
Stirer ins Glas stellen. Die Zitronenscheibe ins Glas geben.

LUMUMBA II

würziger Longdrink mit Milch für
den Nachmittag
- ◼ Longdrinkglas
- ◼ Gästeglas

4 cl brauner Rum	
10 cl eisgekühlter Kakao	
◼ **Deko:**	
1 TL Schokoraspel	

Die Zutaten zusammen im Shaker
mit Eiswürfeln im Longdrinkglas
verrühren und den Drink mit Schokoraspeln bestreuen. Mit Trinkhalm servieren.

A LULU

fruchtig-milder Longdrink für die
Party
- ◼ großer Tumbler
- ◼ Shaker

4 cl weißer Rum, 2 cl Nußlikör	
3 cl Maracujasaft, 3 cl Orangensaft	

Alle Zutaten zusammen im Shaker
mit Eis schütteln, in den Tumbler
gießen. Mit Trinkhalm servieren.

CARIBBEAN CAPER

lieblicher Longdrink für die
Sommerzeit
- ◼ Longdrinkglas
- ◼ Gästeglas

5 cl brauner Rum	
4 cl Cream of Coconut	
Sodawasser zum Auffüllen	

Rum und Cream of Coconut zusammen mit Eis im Longdrinkglas
verrühren. Mit Soda auffüllen, umrühren. Mit Trinkhalm servieren.

OCHO RIOS

fruchtig-lieblicher Longdrink für
die Party
- ◼ großes Cocktailglas
- ◼ Shaker

4 cl brauner Rum	
2 cl Zuckersirup	
2 cl Limettensirup, 2 cl Sahne	
4 cl Guavennektar	

Alle Zutaten im Shaker schütteln
und in das Cocktailglas gießen.

PIÑA COLADA

lieblicher Longdrink für die
Sommerparty
- Longdrinkglas
- Shaker

4 cl weißer Rum
5 cl Cream of Coconut
5 cl Ananassaft
1 cl Sahne
Deko:
¼ Ananasscheibe
1 Cocktailkirsche

Die Zutaten zusammen im Shaker
mit Eis kräftig schütteln und in das
Longdrinkglas mit Crushed ice sei-
hen. Das Ananasstück und die
Cocktailkirsche zusammen am
Sticker über den Glasrand legen.

SEPTEMBER MORNING

fruchtig-milder Longdrink für jede
Jahreszeit
- großes Ballonglas
- Shaker

6 cl weißer Rum
1 cl Grenadine
2 cl Limettensaft
1 Eiweiß

Alle Zutaten zusammen im Shaker
kräftig schütteln und vorsichtig in
das Ballonglas gießen.

RUM TONIC

würzig-herber Longdrink für die
Sommerparty
- Longdrinkglas
- Gästeglas

4 cl brauner Rum
Tonic water zum Auffüllen
Außerdem:
1 Limettenviertel

Den Rum in das Longdrinkglas mit
Eis geben. Mit Tonic water auffüllen und kurz umrühren. Das Limettenviertel in den Drink ausdrücken
und ins Glas geben.

BANANA DAIQUIRI

fruchtiger, süß-saurer Longdrink
für die Sommerparty
- Ballonglas
- Blender

6 cl weißer oder brauner Rum
3 cl Zitronensaft
2 cl Zuckersirup
½ Banane, geschält und in Scheiben
Deko:
1 dicke Bananenscheibe
1 Cocktailkirsche

Alle Zutaten zusammen mit Eis im
Blender mixen, bis alles püriert ist.
Bananenscheibe und Kirsche auf
einen großen Spieß stecken. Den
Longdrink in das Ballonglas
gießen und den Früchtespieß dar-
überlegen. Mit einem dicken Trinkhalm servieren.

TON CŒUR

fruchtiger, erfrischender Longdrink für die Party
■ Longdrinkglas
■ Shaker

| 2 cl brauner Rum |
| 2 cl Southern Comfort |
| 1 cl Grenadine |
| 8 cl Orangensaft |
| Tonic water zum Auffüllen |

Alle Zutaten außer Tonic water zusammen im Shaker mit Eis schütteln, in das Longdrinkglas seihen und mit Tonic water auffüllen.

LASER

fruchtiger, halbtrockener Longdrink für alle Gelegenheiten
■ Longdrinkglas
■ Shaker

| 3 cl weißer Rum |
| 2 cl Southern Comfort |
| 1 cl Mandarinensirup |
| 6 cl Maracujasaft |
| 2 cl Zitronensaft |
| ■ Deko: |
| ½ Orangenscheibe |
| 2 Cocktailkirschen |

Die Zutaten zusammen im Shaker mit Eis kräftig schütteln und in das Longdrinkglas mit Crushed ice seihen. Die Kirschen und die Orangenscheibe zusammen auf einen langen Sticker stecken, so daß er wie ein Segel aussieht, und ihn ins Glas stellen. Mit einem hübschen Stirer servieren.

SÜDSEETRAUM

lieblicher Longdrink für die Sommerparty
■ Longdrinkglas
■ Shaker

| 2 cl weißer Rum |
| 3 cl Pisang Ambon |
| 5 cl Cream of Coconut |
| 5 cl Ananassaft |
| 1 cl Sahne |
| ■ Deko: |
| ¼ Ananasscheibe |
| 1 Cocktailkirsche |
| 1 Minzezweig |

Die Zutaten zusammen im Shaker mit Eis kräftig schütteln und in das Longdrinkglas mit Crushed ice seihen. Das Ananasstück an den Glasrand stecken, die Kirsche mit einem Sticker daran befestigen. Den Minzezweig ins Glas geben.

CHOCOLATE COCO

milder Longdrink für die Sommerparty
■ großes Ballonglas mit Kokosrand
■ Shaker

| 3 cl Malibu |
| 3 cl weißer Rum |
| 2 cl Zitronensaft |
| 6 cl Ananassaft |
| 2 cl Schokoladensirup |

Alle Zutaten zusammen im Shaker mit Eis schütteln und in das Glas gießen.

RED COLADA

lieblicher Longdrink für die
Sommerparty
- Longdrinkglas
- Shaker

3 cl weißer Rum	
3 cl Red Orange	
5 cl Cream of Coconut	
5 cl Ananassaft	
1 cl Sahne	
Deko:	
¼ Ananasscheibe	
1 Cocktailkirsche	

Die Zutaten zusammen im Shaker
mit Eis kräftig schütteln und in das
Longdrinkglas mit Crushed ice seihen. Die Früchte an den Glasrand
stecken.

SWIMMING POOL

lieblich-fruchtiger Longdrink für
die Sommerparty
- Longdrinkglas
- Shaker

3 cl weißer Rum	
2 cl Wodka	
5 cl Cream of Coconut	
5 cl Ananassaft	
1 cl Sahne	
1 cl Curaçao blue	
Deko:	
¼ Ananasscheibe	
1 Cocktailkirsche	

Alle Zutaten außer Curaçao blue
zusammen im Shaker mit Eis kräftig schütteln und in das Longdrinkglas mit Crushed ice seihen.
Den Curaçao über den Drink gießen. Das Ananasstück und Cocktailkirsche zusammen am Sticker
über den Glasrand legen.

Rum

MAGIC QUEEN

fruchtiger Longdrink für heiße Tage
- ■ Longdrinkglas
- ■ Shaker

4 cl brauner Rum	
1 cl Curaçao Triple sec	
1 cl Bananenlikör	
3 cl Orangensaft	
2 cl Ananassaft	
1 cl Zitronensaft	
1 BL Grenadine	
■ **Deko:**	
½ Zitronenscheibe	
½ Orangenscheibe	
1 Cocktailkirsche	

Die Zutaten zusammen im Shaker mit Eis schütteln und in das Longdrinkglas mit Crushed ice seihen. Das Obst auf einen Sticker stecken und ihn über den Glasrand legen.

ABSEITS

fruchtiger, lieblicher Longdrink für jeden Tag
- ■ Longdrinkglas
- ■ Shaker

3 cl brauner Rum	
2 cl Amaretto	
1 cl Limettensirup	
4 cl Cream of Coconut	
4 cl Ananassaft	
■ **Deko:**	
¼ Ananasscheibe	
1 Cocktailkirsche	
1 Minzezweig	

Die Zutaten zusammen im Shaker mit Eis schütteln und in das Longdrinkglas mit Eiswürfeln seihen. Das Ananasstück an den Glasrand stecken, die Kirsche mit einem Sticker daran befestigen. Den Minzezweig ins Glas geben.

COLUMBUS

erfrischender Longdrink für heiße Tage
- ◾ Longdrinkglas
- ◾ Gästeglas

3 cl brauner Rum
1 cl Aprikosenlikör
1 cl Grenadine
Bitter lemon zum Auffüllen
◾ **Deko:**
½ Zitronenscheibe

Die Zutaten zusammen in das Longdrinkglas mit Eiswürfeln geben und gut umrühren. Die Zitronenscheibe an den Glasrand stecken. Mit einem langen Stirer servieren.

RAMCOOLER

herber, erfrischender Longdrink für den Abend
- ◾ Longdrinkglas
- ◾ Shaker

4,5 cl weißer Rum
1,5 cl Galliano
6 cl Limettensaft
◾ **Deko:**
1 Limettenscheibe
1 Cocktailkirsche

Die Zutaten zusammen im Shaker mit Eis schütteln und in das Longdrinkglas mit Crushed ice seihen. Die Früchte zusammen am Sticker über den Glasrand legen.

FIREMAN'S SOUR

erfrischender Sour für heiße Tage
- ◾ mittelgroßes Longdrinkglas
- ◾ Shaker

2 cl weißer Rum
2 cl Zitronensaft
1 cl Grenadine
Sodawasser zum Auffüllen
◾ **Deko:**
½ Orangenscheibe
1 Cocktailkirsche

Alle Zutaten außer Soda zusammen im Shaker mit viel Eis schütteln, in das Glas gießen und mit etwas Sodawasser auffüllen. Die Orangenscheibe mit der Kirsche am Sticker über den Glasrand legen.

RUM EGG-NOG

kräftiger, sättigender Egg-Nog (After-Dinner-Drink)
- ◾ großer Tumbler
- ◾ Shaker

4 cl brauner Rum
1 cl Zuckersirup
10 cl Milch oder Sahne
1 Eigelb
◾ **Außerdem:**
geriebene Muskatnuß

Die Zutaten zusammen im Shaker mit Eis kräftig schütteln und in den Tumbler seihen. Etwas Muskatnuß darüberstreuen.

JAMAICA GREEN

zart-herber Longdrink für die
Sommerparty
■ Longdrinkglas
■ Shaker

4 cl weißer Rum
2 cl Crème de Menthe grün
3 cl Zitronensaft
2 cl Zuckersirup
■ **Deko:**
1 Zitronenscheibe

Alle Zutaten zusammen im Shaker
mit Eis schütteln und in das Longdrinkglas gießen. Die Zitronenscheibe an den Glasrand stecken.

MOJITO

erfrischender Longdrink für die
Sommerparty
■ Longdrinkglas
■ Gästeglas

einige Minzeblätter
2 cl Zitronen- oder Limettensaft
1 cl Zuckersirup
4 cl weißer Rum
Sodawasser zum Abspritzen
■ **Deko:**
1 Minzezweig

Die Minzeblätter im Glas zerdrük-
ken. Zitronen- oder Limettensaft
und Zuckersirup dazugeben und
umrühren. Reichlich Crushed ice
und den Rum dazugeben, nochmals umrühren. Mit Soda abspritzen. Den Minzezweig ins Glas
geben.

SCORPION

fruchtiger Longdrink für den
ganzen Tag
■ Longdrinkglas
■ Shaker

3 cl brauner Rum
2 cl weißer Rum
1 cl Grenadine
5 cl Maracujasaft
3 cl Zitronensaft
■ **Deko:**
1 Stück Ananas
2 Cocktailkirschen

Die Zutaten zusammen im Shaker
mit Eis schütteln und in das Longdrinkglas mit Crushed ice seihen.
Die Früchte zusammen am Sticker
über den Glasrand legen.

CORALL SEA

cremiger, lieblicher Longdrink für
die Party
■ Longdrinkglas
■ Shaker

3 cl weißer Rum
2 cl Curaçao blue
5 cl Cream of Coconut
5 cl Ananassaft
1 cl Sahne
■ **Deko:**
¼ Ananasscheibe
1 Cocktailkirsche, 1 Minzeblatt

Die Zutaten zusammen im Shaker
mit Eis schütteln und in das Longdrinkglas mit Crushed ice seihen.
Die Früchte und das Minzeblatt zusammen am Sticker über den Glasrand legen.

DON FREDERICO

fruchtig-erfrischender Longdrink
für die Party
- Longdrinkglas
- Shaker

3 cl weißer Rum
1,5 cl Galliano
2 dashes Apricot Brandy
1,5 cl Grenadine
Orangensaft zum Auffüllen
Außerdem:
1 Stück Orangenschale

Alle Zutaten außer Orangensaft
zusammen im Shaker mit Eis
schütteln und in das Longdrinkglas seihen. Mit Orangensaft auffüllen und umrühren. Die Orangenschale nun an den Glasrand
stecken.

NAVY PUNCH

fruchtiger Longdrink für die Party
- Longdrinkglas
- Shaker

6 cl brauner Rum
4 cl Orangensaft
1 cl Zitronensaft
2 cl Grenadine
Deko:
½ Orangenscheibe
½ Zitronenscheibe
1 Cocktailkirsche

Die Zutaten zusammen im Shaker
mit Eis kräftig schütteln und in das
Longdrinkglas mit Crushed ice seihen. Das Obst zusammen am
Sticker über den Glasrand legen.

BOTNIA 84

fruchtiger Longdrink für die Party
- Longdrinkglas
- Gästeglas

1,5 cl weißer Rum
1 cl Apricot Brandy
1,5 cl Grand Marnier
4 cl Orangensaft
Ginger-ale zum Auffüllen
Deko:
1 Stück Orangenschale
1 Cocktailkirsche

Die Zutaten zusammen im Longdrinkglas mit Eiswürfeln verrühren. Die Orangenschale an den
Glasrand hängen, die Kirsche ins
Glas geben. Mit einem Stirer servieren.

BOMBAY PUNCH

fruchtiger Longdrink für die Party
- Longdrinkglas
- Shaker

4 cl brauner Rum
1 cl Orangenlikör
4 cl Orangensaft
4 cl Ananassaft
2 cl Zitronensaft
1 cl Grenadine
Deko:
¼ Ananasscheibe
1 Cocktailkirsche

Die Zutaten zusammen im Shaker
mit Eis schütteln und in das Longdrinkglas mit Crushed ice seihen.
Das Obst zusammen am Sticker
über den Glasrand legen.

Botnia 84 (l.), Bombay Punch (r.)

CON-TICO

würzig-lieblicher Longdrink für
jede Jahreszeit
- Longdrinkglas
- Shaker

3 cl weißer Rum
1 cl Southern Comfort
1 cl Cointreau
1 cl Rosso antico (vermouthähnliches
Getränk)
12 cl Ananassaft
■ **Deko:**
¼ Ananasscheibe
1 Orangenscheibe
1 Cocktailkirsche

Alle Zutaten zusammen im Shaker
mit Eiswürfeln gut schütteln und
in das Longdrinkglas seihen. Die
Früchte zuletzt an den Glasrand
stecken.

TROPICAL WONDER

fruchtig-milder Longdrink für jede
Jahreszeit
- Longdrinkglas
- Shaker

4 cl weißer Rum
4 cl Maracujasaft
4 cl Orangensaft
4 cl Ananassaft
■ **Deko:**
1 Orangenscheibe
1 Limettenscheibe
1 Zweig Zitronenmelisse

Alle Zutaten zusammen im Shaker
mit Eis schütteln und in das Glas
seihen. Früchte und Minzezweig
an den Glasrand stecken.

GOLDEN COLADA

fruchtig-milder Longdrink für die
Sommerparty
- Longdrinkglas
- Shaker

3 cl brauner Rum
2 cl weißer Rum
1 cl Galliano
2 cl Cream of Coconut
2 cl Orangensaft
2 cl Ananassaft
1 cl Sahne
■ **Deko:**
½ Ananasscheibe
1 Cocktailkirsche

Alle Zutaten zusammen im Shaker
mit Eiswürfeln kräftig schütteln
und in das zur Hälfte mit Crushed
ice gefüllte Longdrinkglas seihen.
Ananasscheibe und Kirsche zusammen am Sticker über den Glasrand legen.

TAHITI

fruchtiger Longdrink für die Party
- Longdrinkglas
- Shaker

3 cl brauner Rum
3 cl Malibu
8 cl Orangensaft
2 cl Zitronensaft
■ **Deko:**
3 Kokosnußstreifen

Alle Zutaten zusammen im Shaker
mit Eis schütteln und in das Glas
gießen. Die Kokosstreifen an den
Glasrand stecken.

MONTEGO BAY

fruchtiger, süß-saurer Longdrink
für die Sommerparty
- Longdrinkglas
- Shaker

4 cl weißer Rum	
1 cl Curaçao blue	
2 cl Zitronensaft	
2 cl Limettensirup	
Außerdem:	
1 Limettenviertel	

Alle Zutaten zusammen im Shaker
mit Eis schütteln und in das zur
Hälfte mit Crushed ice gefüllte
Glas seihen. Das Limettenviertel
dazugeben. Mit einem Trinkhalm
servieren.

SANTO DOMINGO

fruchtig-milder Longdrink für die
Party
- Longdrinkglas
- Shaker

4 cl weißer Rum	
2 cl Curaçao blue	
6 cl Orangensaft	
3 cl Maracujasaft	
Deko:	
1 Karambolenscheibe	
1 Cocktailkirsche	
1 Minzezweig	

Alle Zutaten zusammen mit Eiswürfeln im Shaker kräftig schütteln
und in das Glas gießen. Das Obst
und den Minzezweig an den Glasrand stecken. Mit einem Trinkhalm
servieren.

FEDORA PUNCH

leicht bitterer Longdrink für die
Party
- Longdrinkglas
- Shaker

3 cl brauner Rum	
1 cl Cognac	
1 cl Bourbon Whiskey	
1 cl Curaçao orange	
2 cl Zitronensaft	
2 cl Zuckersirup	
Deko:	
1 Zitronenschalenspirale	

Alle Zutaten zusammen im Shaker
schütteln und in das zur Hälfte mit
Crushed ice gefüllte Glas seihen.
Die Schalenspirale an den Glasrand hängen.

HAWAIIAN BANGER

würzig-milder Longdrink für die
Party
- Longdrinkglas
- Gästeglas

4 cl brauner Rum	
2 cl Galliano	
8 cl Orangensaft	
Deko:	
½ Orangenscheibe	
1 Cocktailkirsche	

Alle Zutaten zusammen mit Eiswürfeln im Longdrinkglas verrühren. Orangenscheibe und Kirsche auf einen Sticker stecken und
ihn ins Glas stellen. Mit Trinkhalm
servieren.

BOSSA NOVA

fruchtig-milder Longdrink für die
Sommerparty
- ▪ Longdrinkglas
- ▪ Shaker

3 cl brauner Rum
2 cl Galliano
1 cl Apricot Brandy
6 cl Ananassaft
▪ **Deko:**
1 Orangenscheibe
¼ Aprikose

Alle Zutaten zusammen im Shaker
mit Eis schütteln und in das Glas
gießen. Das Obst an den Glasrand
stecken.

HAWAIIAN

fruchtig-milder Longdrink für die
Party
- ▪ Longdrinkglas
- ▪ Shaker

4 cl brauner Rum
4 cl Ananassaft
2 cl Grenadine
1 Eiweiß
▪ **Deko:**
¼ Ananasscheibe

Alle Zutaten zusammen im Shaker
mit Eis schütteln und in das Longdrinkglas gießen. Die Ananasscheibe an den Glasrand stecken.
Mit Trinkhalm servieren.

COCO LOCO

fruchtig-milder Longdrink für die
Sommerparty
- ▪ großes Ballonglas
- ▪ Shaker

3 cl brauner Rum
3 cl Malibu
3 cl Maracujasaft
3 cl Orangensaft
▪ **Deko:**
1 Karambolenscheibe
1 Cocktailkirsche

Alle Zutaten zusammen im Shaker
mit Eis schütteln und in das Ballonglas gießen. Die Karambolenscheibe an den Glasrand stecken
und die Kirsche mit einem Sticker
daran befestigen.

MAHUKONA

fruchtiger, süß-saurer Longdrink
für die Party
- ▪ Longdrinkglas
- ▪ Gästeglas

4 cl weißer Rum
2 cl Curaçao Triple sec
3 cl Zitronensaft
2 cl Zuckersirup
1 dash Angostura
▪ **Außerdem:**
1 Ananasscheibe, gewürfelt
3 Cocktailkirschen

Alle Zutaten zusammen im Longdrinkglas mit Eiswürfeln verrühren. Das Obst ins Glas geben.
Mit Trinkhalm und langem Löffel
servieren.

COCOS KISS

fruchtig-lieblicher Longdrink für
die Sommerparty
- Longdrinkglas
- Shaker

3 cl brauner Rum	
3 cl Malibu	
4 cl Orangensaft	
3 cl Maracujasirup	
Deko:	
1 Minzezweig	

Alle Zutaten zusammen im Shaker
mit Eis schütteln und in das Longdrinkglas gießen. Den Minzezweig
ins Glas geben. Mit einem Trinkhalm servieren.

LOOKING AT YOU

würzig-milder Crusta für die
Sommerparty
- Longdrinkglas mit Zuckerrand
- Shaker

2 cl weißer Rum	
1 cl brauner Rum	
3 cl Sambuca	
10 cl Orangensaft	
Deko:	
1 Orangenscheibe	
1 Cocktailkirsche	

Alle Zutaten zusammen im Shaker
mit Eiswürfeln schütteln und in
das Glas seihen. Mit Crushed ice
auffüllen. Das Obst an den Glasrand stecken.

HULA HULA

fruchtig-milder Longdrink für die
Sommerparty
- Ballonglas
- Shaker

3 cl brauner Rum	
3 cl weißer Rum	
3 cl Zuckersirup	
3 cl Zitronensaft	
5 cl Maracujasaft	
Deko:	
1 Kiwischeibe	
1 Karambolenscheibe	

Alle Zutaten zusammen mit Eis im
Shaker schütteln und in das Glas
gießen. Das Obst an den Glasrand
stecken. Mit Trinkhalm servieren.

BARBADOS SWIZZLE

fruchtig-herber Longdrink für die
Sommerzeit
- Longdrinkglas
- Gästeglas

5 cl weißer Rum	
2 cl Limettensaft	
1 cl Zuckersirup	
1 dash Angostura	
Deko:	
1 Minzezweig	
1 Limettenschalenspirale	

Alle Zutaten zusammen in das
Longdrinkglas gießen, mit Crushed ice auffüllen und umrühren.
Den Minzezweig ins Glas geben;
die Schalenspirale an den Glasrand hängen.

TIP TOP

fruchtig-milder Longdrink für die
Party
■ Longdrinkglas
■ Shaker

4 cl brauner Rum	
4 cl Bananensaft	
4 cl Maracujasaft	
2 cl Zitronensaft	
■ **Deko:**	
1 Bananenscheibe	
1 Cocktailkirsche	

Alle Zutaten zusammen mit Eis im
Shaker schütteln und in das Glas
gießen. Die Bananenscheibe an
den Glasrand stecken und die Kirsche mit einem Sticker daran befestigen.

PINK RUM

fruchtig-milder Longdrink für
jeden Tag
■ Longdrinkglas
■ Gästeglas

4 cl brauner Rum	
2 cl Limettensirup	
2 cl Grenadine	
Bitter lemon zum Auffüllen	
■ **Außerdem:**	
1 Limettenviertel	

Rum, Limettensirup und Grenadine zusammen mit Eis im Longdrinkglas verrühren. Mit Bitter
lemon auffüllen und kurz umrühren. Das Limettenviertel in den
Drink ausdrücken und dazugeben.
Mit Trinkhalm servieren.

BAHIA I

fruchtig-lieblicher Longdrink für
heiße Tage
■ Longdrinkglas
■ Shaker

3 cl brauner Rum	
3 cl weißer Rum	
3 cl Cream of Coconut	
4 cl Mangosaft	
■ **Deko:**	
1 Orangenscheibe	
1 Karambolenscheibe	
1 Cocktailkirsche	

Alle Zutaten zusammen im Shaker
mit Eis schütteln und in das Glas
gießen. Die Früchte an den Glasrand stecken.

BAHIA II

fruchtig-milder Longdrink für die
Sommerparty
■ Ballonglas
■ Shaker

6 cl weißer Rum	
8 cl Ananassaft	
2 BL Cream of Coconut	
■ **Deko:**	
1 Orangenscheibe	
¼ Ananasscheibe	
1 Minzezweig	

Alle Zutaten zusammen mit Eis im
Shaker mixen und in das Ballonglas gießen. Das Obst und den
Minzezweig an den Glasrand
stecken.

KIR IMPERIAL

EROTICA

KIR ROYAL

Drinks mit Sekt

CHAMPAGNER COCKTAIL

CHAMPENOIS

SEKT ORANGE

KIWISEKT

KIR

aromatischer Weincocktail
(Aperitif)
- ■ Weinballonglas
- ■ Gästeglas

1 cl Crème de Cassis
10 cl trockener Weißwein
zum Auffüllen

Den Cassis in das Glas geben, mit
Wein auffüllen und kurz umrühren.

KIR ROYAL

aromatischer Sektcocktail
(Aperitif)
- ■ Sektkelch
- ■ Gästeglas

1 cl Crème de Cassis
10 cl trockener Sekt oder
Champagner zum Auffüllen

Den Cassis in das Glas geben, mit
Sekt oder Champagner auffüllen.

KIR IMPERIAL I

fruchtiger Sektcocktail für den
Empfang
- ■ Sektkelch
- ■ Gästeglas

1 cl Himbeerlikör
10 cl trockener Sekt oder
Champagner zum Auffüllen

Den Likör in das Glas geben, mit
Sekt oder Champagner auffüllen.

KIR IMPERIAL II

lieblicher Champagnercocktail
(Aperitif)
- ■ Sektkelch
- ■ Shaker

2 cl Crème de Cassis
2 cl Wodka
Champagner zum Auffüllen

Crème de Cassis und Wodka zusammen im Shaker mit Eis schütteln und in das Glas seihen. Mit
Champagner auffüllen.

SEKT ORANGE

leichter Sektcocktail für den
Empfang
- ■ Sektkelch
- ■ Gästeglas

Orangensaft
trockener Sekt zum Auffüllen

Den Sektkelch zur Hälfte mit Orangensaft füllen, mit Sekt auffüllen.

SOUTHERN TRIP

herber Sektcocktail (Aperitif)
- ■ Sektkelch
- ■ Gästeglas

4 cl Southern Comfort
trockener Sekt zum Auffüllen
1 Stück Orangenschale

Den Southern Comfort in den
Sektkelch geben, mit Sekt auffüllen. Mit der Orangenschale abspritzen und sie in das Glas geben.

Sekt

KIWISEKT

fruchtiger Sektcocktail für den Abend
- Sektkelch
- Shaker

4 cl Kiwilikör
1 cl Zitronensaft
Sekt zum Auffüllen
Deko:
1 Kiwischeibe

Kiwilikör und Zitronensaft zusammen im Shaker mit Eis schütteln und in das Glas seihen. Mit Sekt auffüllen. Die Kiwischeibe an den Glasrand stecken.

APRIKOSENSEKT

fruchtiger Sektcocktail für heiße Tage
- Sektschale
- Rührglas

2 cl Apricot Brandy
3 cl weißer Rum
Sekt zum Auffüllen

Apricot Brandy und Rum zusammen im Rührglas mit Eis verrühren und in die Sektschale seihen. Mit Sekt auffüllen.

MARGRET ROSE

leicht bitterer Sektcocktail (Aperitif)
- Sektflöte
- Gästeglas

2 cl Campari
Sekt zum Auffüllen

Den Campari in die Sektflöte geben, mit Sekt langsam auffüllen.

CHAMPAGNER ORANGE

fruchtiger Champagnercocktail für die Party
- Sektflöte
- Gästeglas

2 cl Curaçao orange
Champagner zum Auffüllen
Deko:
Orangenschalenspirale

Den Curaçao in die Sektflöte gießen, mit Champagner auffüllen. Die Schalenspirale an den Glasrand hängen.

OUVERTÜRE

aromatischer Sektcocktail
(Aperitif)
■ Sektkelch
■ Gästeglas

1,5 cl Orangenlikör
1 dash Orange-Bitter
trockener Sekt oder Champagner
zum Auffüllen
■ **Deko:**
1 Orangenschalenspirale

Likör und Orange-Bitter zusammen in das Glas geben, dann mit
Sekt oder Champagner auffüllen.
Die Schalenspirale an den Glasrand hängen.

CHAMPENOIS

erfrischender Champagner-
cocktail für den Empfang
■ Sektkelch
■ Gästeglas

0,5 cl Apricot Brandy
1 dash Crème de Framboise
1 dash Angostura
Champagner zum Auffüllen
■ **Deko:**
1 Orangenscheibe
1 Cocktailkirsche

Alle Zutaten außer Champagner
im Sektkelch verrühren. Mit Champagner auffüllen. Die Orangenscheibe an den Glasrand stecken
und die Kirsche mit einem Sticker
daran befestigen.

VALENCIA

fruchtiger Champagnercocktail
(Aperitif)
- ◼ Sektkelch
- ◼ Shaker

2 cl Apricot Brandy
2 cl Orangensaft
Champagner zum Auffüllen
◼ **Deko:**
1 Cocktailkirsche

Alle Zutaten außer Champagner
zusammen im Shaker mit Eis
schütteln und in einen Sektkelch
seihen. Mit Champagner auffüllen.
Die Cocktailkirsche am Sticker in
das Glas geben.

FRANÇOIS BISE

fruchtiger Champagnercocktail
(Aperitif)
- ◼ Sektkelch
- ◼ Gästeglas

1 TL pürierte Himbeeren
Champagner zum Auffüllen

Die Himbeeren ins Glas geben, mit
Champagner auffüllen.

CHAMPAGNER-COCKTAIL I

bitter-süßer Champagnercocktail
- ■ Sektschale
- ■ Gästeglas

1 Stück Würfelzucker
3 dashes Angostura
Champagner oder trockener Sekt
zum Auffüllen
1 Stück Zitronenschale

In der Sektschale das Stück Würfelzucker mit Angostura tränken und mit Champagner oder Sekt auffüllen. Das Getränk mit Zitronenschale abspritzen und sie ins Glas geben.

CHAMPAGNER-COCKTAIL II

bitter-süßer Champagnercocktail für den Abend
- ■ Sektkelch
- ■ Gästeglas

1 Stück Würfelzucker
1 dash Angostura
2 cl Cognac
Champagner zum Auffüllen
■ **Deko:**
1 Orangenschalenspirale

Den Zucker im Glas mit Angostura tränken, den Cognac dazugeben, mit Champagner auffüllen. Die Schalenspirale an den Glasrand hängen.

LILA CRYSTAL

leichter Sektcocktail für den Empfang
- ■ Sektschale
- ■ Rührglas

2 cl Bénédictine D.O.M.
1 cl Gin
2 dashes Orange-Bitter
trockener Sekt zum Auffüllen
1 Stück Orangenscheibe
■ **Deko:**
1 Cocktailkirsche

Bénédictine, Gin und Orange-Bitter zusammen im Rührglas verrühren und in die Sektschale seihen. Mit Sekt auffüllen. Das Getränk mit der Orangenschale abspritzen und die Cocktailkirsche hineingeben.

EROTICA

fruchtig-erfrischender Sektcocktail (Aperitif)
- ■ Sektschale
- ■ Shaker

2 cl Maracujalikör
2 cl Wodka
2 cl Ananassaft
1 dash Angostura
trockener Sekt zum Auffüllen
■ **Deko:**
1 Stück Ananas
2 Cocktailkirschen

Alle Zutaten außer Sekt zusammen im Shaker mit Eis schütteln, in eine Sektschale seihen und mit Sekt auffüllen. Das Ananasstück an den Glasrand stecken; die Kirschen mit einem Sticker daran befestigen.

Erotica (l.), Champagnercocktail II (r.)

SEKT SOUR

fruchtiger Sektcocktail (Aperitif)
- Sektkelch
- Gästeglas

1 Stück Würfelzucker
3 BL Zitronensaft
Sekt zum Auffüllen
■ Deko:
1 Orangenscheibe

Den Würfelzucker ins Glas geben, mit Zitronensaft beträufeln, mit Sekt auffüllen.

AIR MAIL

lieblich-fruchtiger Champagner-cocktail für die Party
- Sektkelch
- Shaker

2 cl Limettensirup
2 TL Honig
3 cl brauner Rum
Champagner zum Auffüllen
■ Deko:
1 Limettenscheibe
1 Cocktailkirsche

Limettensirup, Honig und Rum zusammen im Shaker schütteln und zusammen mit dem Eis in den Sektkelch gießen. Mit Champagner auffüllen. Das Obst an den Glasrand stecken.

SILVER TOP

erfrischend-fruchtiger Sekt-cocktail für die Party
- Sektschale
- Shaker

2 cl Curaçao Triple sec
2 cl Gin
1 cl Orangensaft
1 BL Grenadine
Sekt zum Auffüllen
■ Deko:
½ Orangenscheibe
2 Cocktailkirschen

Likör, Gin und Orangensaft sowie Grenadine zusammen im Shaker mit Eis gut schütteln und in das Glas seihen. Mit Sekt auffüllen. Das Obst an den Glasrand stecken.

FEEL LIKE HOLIDAY

milder Champagnercocktail für die Party
- Sektkelch
- Rührglas

1 cl Wodka
1 cl Himbeergeist
Champagner zum Auffüllen

Wodka und Himbeergeist zusammen im Rührglas mit Eis verrühren und in den Sektkelch seihen. Mit Champagner auffüllen.

MOON WALK COCKTAIL

fruchtiger, zartherber Champagnercocktail für den Empfang
- ■ Sektkelch
- ■ Shaker

3 cl Orangenlikör	
3 cl Grapefruitsaft	
1 dash Rosenwasser	
Champagner zum Auffüllen	

Likör, Grapefruitsaft und Rosenwasser zusammen im Shaker mit Eis schütteln und in den Kelch seihen. Mit Champagner auffüllen.

SPOTLIGHT

fruchtiger, leicht bitterer Sektcocktail (Aperitif)
- ■ Sektschale
- ■ Rührglas

3 cl Kirschlikör	
1 cl Campari	
1 cl Vermouth dry	
1 cl Gin	
Sekt zum Auffüllen	
■ **Deko:**	
1 Zitronenscheibe	

Alle Zutaten außer Sekt zusammen im Shaker mit Eis schütteln und in das Glas seihen. Mit Sekt auffüllen. Die Zitronenscheibe an den Glasrand stecken.

HANSEATIC

fruchtiger, starker Sektcocktail für den Abend
- ■ Sektschale
- ■ Shaker

2 cl Bourbon Whiskey	
2 cl Weinbrand	
2 cl Brombeerlikör	
Sekt zum Auffüllen	
■ **Deko:**	
1 Zitronenscheibe	

Alle Zutaten außer Sekt zusammen im Shaker mit Eis schütteln und in das Glas seihen. Mit Sekt auffüllen. Die Zitronenscheibe an den Glasrand stecken.

SEKTFLIP

fruchtiger Flip für den Abend
- ■ Sektkelch
- ■ Shaker

4 cl Portwein	
1 Eigelb	
1 BL Zucker	
Sekt zum Auffüllen	

Portwein, Eigelb und Zucker zusammen im Shaker mit Eis schütteln und in das Glas seihen. Mit Sekt auffüllen.

CHICAGO I

fruchtiger Champagnercocktail
für die Party
- ■ Sektkelch
- ■ Rührglas

2 cl Cognac
1 BL Cointreau
1 dash Angostura
Champagner zum Auffüllen

Cognac, Cointreau und Angostura
zusammen im Rührglas mit Eis
verrühren und in den Sektkelch
seihen. Mit Champagner auffüllen.

VALENCIA SMILE

fruchtiger Sektcocktail für den
Empfang
- ■ Sektkelch
- ■ Shaker

3 cl Apricot Brandy
2 cl Orangensaft
3 dashes Orange-Bitter
Sekt zum Auffüllen
■ **Deko:**
1 Orangenscheibe

Alle Zutaten außer Sekt zusammen im Shaker mit Eis schütteln
und in das Glas seihen. Mit Sekt
auffüllen. Die Orangenscheibe an
den Glasrand stecken.

CHICAGO II

aromatischer Sektcocktail für den
Abend
- ■ Sektschale mit Zuckerrand
- ■ Rührglas

2 cl Cognac
3 dashes Curaçao orange
1 dash Orange-Bitter
Sekt zum Auffüllen

Alle Zutaten außer Sekt zusammen im Rührglas mit Eis verrühren
und in das Glas seihen. Mit Sekt
auffüllen.

SEKT COBBLER

fruchtig-milder Cobbler für die
Sommerparty
- ■ Cocktailglas
- ■ Gästeglas

2 cl Maraschino
2 cl Curaçao Triple sec
2 BL Zitronensaft
1 Pfirsichhälfte, gewürfelt
2 Cocktailkirschen
2 Weintrauben
Sekt zum Auffüllen

Maraschino, Curaçao und Zitronensaft zusammen in dem zu einem Drittel mit Crushed ice gefüllten Cocktailglas verrühren. Die
Früchte dazugeben, mit Sekt auffüllen. Mit Löffel servieren.

Valencia Smile (l.), Sekt Cobbler (r.)

AMARETTO FLIRT

fruchtiger Sektcocktail für den
Empfang
▨ Sektschale
▨ Shaker

2 *cl* Amaretto
2 *cl* Orangensaft
trockener Sekt zum Auffüllen
▨ **Deko:**
½ Orangenscheibe
1 Cocktailkirsche

Alle Zutaten außer Sekt zusammen im Shaker mit Eis schütteln, in eine Sektschale seihen und mit dem Sekt auffüllen. Die Orangenscheibe an den Glasrand stecken, die Kirsche mit einem Sticker daran befestigen.

CHAMPAGNER DAISY

fruchtiger Champagnercocktail
für die Party
▨ Sektkelch
▨ Shaker

1 *cl* Grenadine
1 *cl* Zitronensaft
2 *cl* Chartreuse gelb
Champagner zum Auffüllen
▨ **Deko:**
1 Erdbeere

Grenadine, Zitronensaft und Chartreuse zusammen im Shaker mit Eiswürfeln schütteln und in den Sektkelch seihen. Mit Champagner auffüllen. Die Erdbeere an den Glasrand stecken und den Cocktail sofort servieren.

SEXY 6

fruchtiger Sektcocktail (Aperitif)
- Sektschale
- Shaker

2 cl Gin	
1 cl Apricot Brandy	
2 cl Orangensaft	
1 cl Himbeersaft	
Sekt zum Auffüllen	
Deko:	
1 Cocktailkirsche	

Gin, Orangensaft, Apricot Brandy und Himbeersaft zusammen im Shaker mit Eis schütteln und in das Glas seihen. Mit Sekt auffüllen. Die Kirsche an den Glasrand stecken.

FRUCHTSEKT

fruchtig-milder Sektcocktail für den Abend
- Sektschale
- Shaker

1 cl Cognac	
2 cl Apricot Brandy	
5 cl Orangensaft	
Sekt zum Auffüllen	
Deko:	
1 Cocktailkirsche	

Cognac, Apricot Brandy und Orangensaft zusammen im Shaker mit Eis schütteln und in das Glas seihen. Mit Sekt auffüllen. Die Kirsche an den Glasrand stecken.

NORTHERN LIGHT

aromatischer Sektcocktail für die Party
- Sektkelch
- Shaker

2 cl weißer Rum	
2 cl Curaçao Triple sec	
Sekt zum Auffüllen	
1 Stück Orangenschale	
Deko:	
½ Orangenscheibe	

Rum und Curaçao zusammen im Shaker mit Eis schütteln und in das Glas seihen. Mit Sekt auffüllen und mit der Orangenschale abspritzen. Die Orangenscheibe an den Glasrand stecken.

MIRABELL

aromatischer Champagnercocktail (Aperitif)
- Sektkelch
- Shaker

2 cl Orangenlikör	
2 cl Gin	
2 cl Vermouth rosso	
2 cl Orangensaft	
Champagner zum Auffüllen	

Alle Zutaten außer Champagner zusammen im Shaker mit Eis schütteln und in das Glas seihen. Mit Champagner auffüllen und sofort servieren.

OHIO I

würziger Champagnercocktail
(Aperitif)
- Cocktailglas
- Rührglas

2 cl Canadian Whisky	
1 cl Vermouth rosso	
1 dash Angostura	
Champagner zum Auffüllen	

Whisky, Vermouth und Angostura
zusammen im Rührglas mit Eis
verrühren und in das Cocktailglas
seihen. Mit Champagner auffüllen.

ADRIA LOOK

fruchtiger Sektcocktail für die
Sommerparty
- Sektschale
- Rührglas

2 cl Gin
2 cl Curaçao blue
2 BL Zitronensaft
Sekt zum Auffüllen
Deko:
1 Cocktailkirsche
1 Aprikosenhälfte

Gin, Curaçao und Zitronensaft zusammen im Rührglas mit Eis verrühren und in das Glas seihen. Mit
Sekt auffüllen. Das Obst an den
Glasrand stecken.

OHIO II

aromatischer Sektcocktail für die
Party
- Sektschale
- Gästeglas

2 cl Cointreau
2 cl Brandy
1 dash Angostura
Sekt zum Auffüllen
Deko:
1 Cocktailkirsche

Cointreau, Brandy und Angostura
zusammen in der Sektschale gut
verrühren. 2 kleine Eiswürfel dazugeben, mit Sekt auffüllen. Die Kirsche an den Glasrand stecken.

AMERICAN GLORY

fruchtig-milder Sektcocktail
(Aperitif)
- Sektkelch
- Gästeglas

2 cl Grenadine
4 cl Orangensaft
1 cl Zitronensaft
Sekt zum Auffüllen
Deko:
1 Orangenscheibe

Grenadine, Orangen- und Zitro-
nensaft zusammen im zu einem
Drittel mit Crushed ice gefüllten
Kelch verrühren. Mit Sekt auffül-
len. Die Orangenscheibe an den
Glasrand stecken.

RED SIN

fruchtiger Sektcocktail (Aperitif)
- Longdrinkglas
- Gästeglas

4 cl Crème de Cassis
1 cl Orangensaft
roter Sekt zum Auffüllen
■ **Deko:**
1 Johannisbeerrispe

Crème de Cassis und Orangensaft
zusammen im Longdrinkglas mit
Eiswürfeln verrühren. Mit Sekt auffüllen. Die Johannisbeerrispe an
den Glasrand hängen.

SPRITZER

erfrischender Longdrink für
jeden Tag
- großer Tumbler
- Gästeglas

12 cl Weißwein
Sodawasser zum Auffüllen
½ Zitronenscheibe

Den Wein in den Tumbler gießen
und mit Soda abspritzen. Die
Zitronenscheibe ins Glas geben.

JAMAICA COOLER

fruchtiger Cooler für die Party
- hohes Stielglas
- Gästeglas

4 cl weißer Rum
10 cl trockener Rotwein
1 cl Zitronensaft
1 cl Orangensaft
3 cl Zuckersirup
■ **Deko:**
½ Zitronenscheibe

Alle Zutaten zusammen mit Eiswürfeln im Stielglas verrühren. Die
Zitronenscheibe an den Glasrand
stecken. Mit Trinkhalm servieren.

ROTWEINFLIP

mild-würziger Flip für den Abend
- Kelchglas
- Shaker

1 Eigelb
8 cl Rotwein
2 TL Zucker
■ **Außerdem:**
geriebene Muskatnuß

Alle Zutaten zusammen im Shaker
mit Eiswürfeln schütteln und in
das Kelchglas seihen. Mit Muskatnuß bestreuen.

GRASSHOPPER

POUSSE-CAFÉ I

Drinks mit Likör

SPRINGTIME

AURELIA

FLUFFY F

MUDDY RIVER

GOLDEN CADILLAC

POUSSE-CAFÉ 1

würzig-lieblicher Pousse-Café
(After-Dinner-Drink)
■ Pousse-Café-Glas
■ Gästeglas

Curaçao blue
Galliano

Etwas Curaçao mit Hilfe eines
Meßbechers ins Glas geben. Dann
den Galliano über einen verkehrt
gehaltenen Barlöffel, der am inne-
ren Glasrand anliegt, vorsichtig
auf den Likör fließen lassen. Die
einzelnen Schichten dürfen nicht
ineinanderlaufen.

POUSSE-CAFÉ 2

lieblicher Pousse-Café
(After-Dinner-Drink)
■ Pousse-Café-Glas
■ Gästeglas

Grenadine
Maraschino
Curaçao blue

Die Zutaten in der angegebenen
Reihenfolge schichtweise ins Glas
fließen lassen (genaue Beschrei-
bung siehe Pousse-Café 1).

POUSSE-CAFÉ 3

lieblicher Pousse-Café
(After-Dinner-Drink)
■ Pousse-Café-Glas
■ Gästeglas

Maraschino
Curaçao blue
Grand Marnier

Zubereitung siehe Pousse-Café 1.

POUSSE-CAFÉ 4

würzig-lieblicher Pousse-Café
(After-Dinner-Drink)
■ Pousse-Café-Glas
■ Gästeglas

Crème de Menthe grün
Curaçao blue
Chartreuse grün

Zubereitung siehe Pousse-Café 1.

POUSSE-CAFÉ 5

würzig-lieblicher Pousse-Café
(After-Dinner-Drink)
■ Pousse-Café-Glas
■ Gästeglas

Grenadine
Crème de Menthe grün
Cherry Brandy
Chartreuse gelb

Zubereitung siehe Pousse-Café 1.

CHRISTMAS

lieblicher Longdrink für die Party
- ◼ Longdrinkglas
- ◼ Shaker

3 cl Amaretto	
5 cl Maracujasaft	
5 cl Cream of Coconut	
1 cl Sahne	
◼ **Deko:**	
2 Cocktailkirschen	

Die Zutaten zusammen im Shaker mit Eis kräftig schütteln und in das Longdrinkglas mit Crushed ice seihen. Die Cocktailkirschen zusammen am Sticker über den Glasrand legen.

BOCCIE BALL

fruchtig-milder Longdrink für jede Jahreszeit
- ◼ Longdrinkglas
- ◼ Gästeglas

5 cl Amaretto	
5 cl Orangensaft	
10 cl Sodawasser	
◼ **Deko:**	
1 Orangenscheibe	

Amaretto und Orangensaft zusammen mit Eiswürfeln im Longdrinkglas verrühren. Mit Soda auffüllen und nochmals kurz umrühren. Die Orangenscheibe an den Glasrand stecken.

AMAROS

fruchtig-süßer Shortdrink für den Abend
- ◼ Cocktailglas
- ◼ Shaker

4 cl Amaretto	
2 cl Calvados	
1 dash Zitronensaft	

Alle Zutaten im Shaker mit Eis schütteln und in das Glas seihen.

ORIENT EXPRESS

fein-würziger Longdrink für jede Jahreszeit
- ◼ Longdrinkglas mit Mandelrand (aus gemahlenen Mandeln)
- ◼ Blender

2 cl Amaretto	
20 cl sehr kalte Milch	
1 EL Instantkakao	

Alle Zutaten zusammen im Blender mixen und in das Glas gießen. Mit Trinkhalm servieren.

ITALIAN CHERRY

fruchtig-lieblicher Shortdrink (After-Dinner-Drink)
- ◼ Cocktailglas
- ◼ Shaker

3 cl Amaretto	
3 cl Cherry Brandy	

Die Zutaten im Shaker mit Eis schütteln und in das Glas seihen.

211

LOUSIANA

fruchtiger, leicht herber Short-
drink für den Abend
- Cocktailglas
- Shaker

4 cl Apricot Brandy	
2 cl Gin	
2 cl Grapefruitsaft	

Alle Zutaten mit Eis im Shaker
schütteln und in das Glas seihen.

PRINCESS

lieblicher Shortdrink für den
Nachmittag
- Cocktailglas
- Gästeglas

3 cl Apricot Brandy	
2 cl Sahne	

Den Apricot Brandy in das Cocktailglas geben. Die Sahne löffel-
weise darauf geben.

FESTIVAL

cremiger Shortdrink
(After-Dinner-Drink)
- Cocktailglas
- Shaker

2 cl Apricot Brandy	
2 cl Crème de Cacao weiß	
1 BL Grenadine	
2 cl Sahne	

Zutaten im Shaker mit Eis schütteln und in das Glas seihen.

BREAKFAST

lieblicher Egg-Nog für den
ganzen Tag
- mittelgroßer Tumbler
- Shaker

2 cl Apricot Brandy	
1 cl Curaçao Triple sec	
6 cl Milch	
1 cl Sahne	
1 BL Puderzucker	
1 Ei	
■ **Außerdem:**	.
Muskatnuß	

Die Zutaten zusammen im Shaker
mit Eis kräftig schütteln und in den
Tumbler seihen. Etwas Muskatnuß
darüberreiben.

APRICOT COOLER

sehr erfrischender Cooler für die
Sommerparty
- Longdrinkglas
- Gästeglas

4 cl Apricot Brandy	
3 cl Zitronensaft	
1 BL Grenadine	
Mineralwasser zum Auffüllen	
■ **Deko:**	
1 Zitronenscheibe	

Alle Zutaten außer Mineralwasser
zusammen im Shaker mit Eisstücken schütteln und in das
Longdrinkglas mit Eis seihen. Mit
Mineralwasser auffüllen. Die Zitronenscheibe an den Glasrand
stecken. Mit einem langen Stirer
servieren.

Lousiana (o. l.), Festival (o. r.), Princess (u. l.), Apricot Cooler (u. r.)

AURELIA

cremiger Shortdrink für die Party
- ■ Cocktailglas
- ■ Rührglas

2,5 cl Batida de Coco	
2 cl Curaçao blue	
2 cl Grenadine	
■ **Deko:**	
1 Cocktailkirsche	

Die Zutaten zusammen im Rührglas mit Eis verrühren und in das Cocktailglas seihen. Die Cocktailkirsche am Sticker in das Glas geben.

JIMMY'S DREAM

lieblich-fruchtiger Longdrink für die Party
- ■ Longdrinkglas
- ■ Shaker

2 cl Batida de Coco	
2 cl Amaretto	
2 cl Jambosala (Likör aus	
Passionsfrüchten)	
7 cl Orangensaft	
2 cl Zitronensaft	
■ **Deko:**	
½ Orangenscheibe	

Die Zutaten zusammen im Shaker mit Eis schütteln und in das Longdrinkglas mit Crushed ice seihen. Die Orangenscheibe an den Glasrand stecken.

APRICOT ORANGE

fruchtig-lieblicher Longdrink für die Party
- ■ großes Cocktailglas
- ■ Shaker

4 cl Cointreau	
3 cl Orangensaft	
3 cl Aprikosensaft	
1 cl Apricot Brandy	
■ **Deko:**	
1 Cocktailkirsche	

Alle Zutaten zusammen im Shaker mit Eiswürfeln schütteln und in das Glas seihen. Die Kirsche an den Glasrand stecken.

FLUFFY F

lieblicher Shortdrink für den Nachmittag
- ■ Cocktailglas
- ■ Shaker

2 cl Crème de Banane	
2 cl Crème de Cacao weiß	
2 cl Frangelico (Kräuterlikör)	
2,5 cl Sahne	
■ **Deko:**	
1 Cocktailkirsche	

Die Zutaten zusammen im Shaker mit Eis schütteln und in das Glas seihen. Die Kirsche an den Glasrand stecken.

GOLDEN COCONUT

lieblicher Shortdrink
(After-Dinner-Drink)
■ kleiner Tumbler
■ Shaker

2 *cl* Bananenlikör	
2 *cl* Crème de Cacao weiß	
2 *cl* Cream of Coconut	
3 *cl* Sahne	
■ **Deko:**	
1 Cocktailkirsche	

Alle Zutaten zusammen im Shaker mit Eiswürfeln kräftig schütteln und in den Tumbler seihen. Die Kirsche an den Glasrand stecken.

DALLAS

cremiger Longdrink für die Party
■ Longdrinkglas
■ Shaker

2 *cl* Crème de Banane	
2 *cl* Curaçao blue	
2 *cl* Batida de Coco	
Ananassaft zum Auffüllen	
■ **Deko:**	
1 Erdbeere	
1 Minzezweig	

Alle Zutaten außer Ananassaft zusammen im Shaker mit Eis schütteln und in das Longdrinkglas mit Eis seihen. Mit Ananassaft auffüllen und umrühren. Die Erdbeere an den Glasrand stecken. Den Minzezweig ins Glas geben. Mit Stirer servieren.

GREEN BANANAS

fruchtig-milder Longdrink für jede Jahreszeit
■ Longdrinkglas
■ Shaker

4 *cl* grüner Bananenlikör	
2 *cl* Zitronensaft	
14 *cl* Orangensaft	
■ **Deko:**	
1 Orangenscheibe	

Alle Zutaten zusammen im Shaker mit Eis schütteln und in das Glas seihen. Die Orangenscheibe an den Glasrand stecken.

COCONUT FRUIT

fruchtig-lieblicher Longdrink für die Party
■ Longdrinkglas
■ Shaker

3 *cl* grüner Bananenlikör	
3 *cl* Malibu	
10 *cl* Ananassaft	
■ **Deko:**	
1 Ananasscheibe	

Alle Zutaten zusammen im Shaker mit Eiswürfeln schütteln, in das Longdrinkglas seihen und 1 Eßlöffel Crushed ice hinzufügen. Die Ananasscheibe an den Glasrand stecken.

GRASSHOPPER

sahniger Shortdrink
(After-Dinner-Drink)
- Cocktailglas
- Shaker

2 cl Crème de Cacao weiß
2 cl Crème de Menthe grün
2 cl Sahne

Die Zutaten im Shaker mit Eis
schütteln und in das Glas seihen.

CONNECTION

lieblicher Shortdrink
(After-Dinner-Drink)
- kleiner Tumbler
- Gästeglas

2 cl Bailey's Irish Cream Likör
(Kakaolikör)
2 cl Wodka

Die Zutaten zusammen im Glas
verrühren. Wer möchte, gibt 2 bis
3 Eiswürfel dazu.

SCHOKOFLIP

lieblich-cremiger Flip für die Party
- Cocktailglas
- Shaker

3 cl Kakaolikör
2 cl Scotch Whisky
2 cl Sahne
1 Eigelb

Die Zutaten zusammen im Shaker
mit Eis kräftig schütteln und in das
Glas seihen.

TROPICAL

lieblicher Shortdrink (Aperitif)
- Cocktailglas
- Rührglas

2 cl Crème de Cacao weiß
2 cl Maraschino
2 cl Vermouth dry
1 dash Angostura
Deko:
1 Cocktailkirsche

Die Zutaten zusammen im Rührglas mit Eis verrühren und in das
Cocktailglas seihen. Die Kirsche
am Sticker in das Glas geben.

ANGEL'S KISS

würzig-lieblicher Shortdrink für
den Nachmittag
- Sektflöte
- Gästeglas

4 cl Crème de Cacao braun
leicht geschlagene Sahne
zum Auffüllen
Deko:
1 Cocktailkirsche

Den Kakaolikör in das Glas geben.
Die Sahne in einer etwa 2 cm dik-
ken Schicht über den Likör geben.
Die Kirsche an den Glasrand
stecken.

GOLDEN CADILLAC

sahniger Shortdrink
(After-Dinner-Drink)
- ▪ Cocktailglas
- ▪ Shaker

2 cl Crème de Cacao weiß
2 cl Sahne
2 cl Galliano
2 cl Orangensaft

Die Zutaten im Shaker mit Eis schütteln und in das Glas seihen.

NICOLA

würzig-lieblicher Shortdrink
(After-Dinner-Drink)
- ▪ Cocktailglas
- ▪ Shaker

1 dash Grenadine
2 cl Sahne
2 cl Crème de Cacao braun
2 cl Amaretto

Den Grenadine in das Cocktailglas geben. Die restlichen Zutaten zusammen im Shaker mit Eiswürfeln schütteln, in das Glas seihen.

CACAO CREAM

würzig-lieblicher Shortdrink
(After-Dinner-Drink)
- ▪ Cocktailglas
- ▪ Shaker

4 cl Crème de Cacao braun
4 cl Sahne

Die Zutaten im Shaker mit Eis schütteln und in das Glas seihen.

LUMUMBA III

lieblich-erfrischender Longdrink
für heiße Tage
- ▪ großer Tumbler
- ▪ Gästeglas

3 cl Crème de Cacao braun
2 cl Weinbrand
eiskalte Milch zum Auffüllen
▪ **Deko:**
Schokoladenraspel

Crème de Cacao und Weinbrand in den Tumbler gießen, mit Milch auffüllen und umrühren. Mit Schokoladenraspeln bestreuen.

KING ALFONS

cremiger Shortdrink für den
Nachmittag
- ▪ Cocktailglas
- ▪ Gästeglas

4 cl Crème de Café
2 cl leicht geschlagene Sahne

Den Likör in das Glas geben. Die Sahne vorsichtig auf den Likör fließen lassen.

MUDDY RIVER

lieblicher Shortdrink
(After-Dinner-Drink)
- ▪ kleiner Tumbler
- ▪ Gästeglas

4 cl Kahlúa (Kaffeelikör)
4 cl Sahne

Die Zutaten zusammen im Tumbler mit Eis verrühren.

MOKKA FLIP

lieblicher Flip für den Abend
- Kelchglas
- Shaker

---

5 cl Kahlúa (Kaffeelikör)
1 cl Sahne
1 Eigelb
- **Außerdem:**
geriebene Muskatnuß

Kahlúa, Sahne und Eigelb zusammen im Shaker mit Eiswürfeln kräftig schütteln und in das Kelchglas seihen. Eine Prise Muskatnuß darüberstreuen.

CARIBIC CASSIS

fruchtiger Longdrink für die Party
- Longdrinkglas
- Shaker

---

4 cl Crème de Cassis
2 cl weißer Rum
2 cl Zitronensaft
12 cl Orangensaft
- **Deko:**
1 Zitronenscheibe

Alle Zutaten zusammen mit Eis im Shaker gut schütteln und in das Glas mit Eiswürfeln seihen. Die Zitronenscheibe an den Glasrand stecken.

TRÄUMEREI

lieblicher, sahniger Shortdrink
- Cocktailglas
- Shaker

---

2 cl Cassis
2 cl Crème de Cacao weiß
2 cl Sahne

Die Zutaten zusammen im Shaker mit Eis schütteln und in das Cocktailglas seihen.

WHITE SPIDER

härterer Shortdrink für den Abend
- kleiner Tumbler
- Gästeglas

---

3 cl Crème de Menthe weiß
3 cl Wodka

Die Zutaten in den Tumbler mit Eiswürfeln gießen und den Drink mit einem Stirer servieren.

CRÈME DE MENTHE FRAPPÉ

lieblicher Frappé zum Nachmittagskaffee
- kleines Weinglas
- Gästeglas

---

4 cl Crème de Menthe grün oder weiß

Den Crème de Menthe in das zur Hälfte mit Crushed ice gefüllte Weinglas geben und leicht umrühren. Mit zwei kleinen Trinkhalmen sofort servieren.

Mokka Flip (l.), Caribic Cassis (M.), Crème de Menthe Frappé (r.)

DIANA

lieblicher Frappé
(After-Dinner-Drink)
- ■ kleines Weißweinglas
- ■ Gästeglas

---
3 cl Crème de Menthe weiß

1 cl Brandy

Das Weißweinglas zur Hälfte mit Crushed ice füllen, den Crème de Menthe darübergießen und dann den Brandy vorsichtig dazugeben. Nicht umrühren.

PEPPERMINT COCKTAIL

frischer, halbtrockener Shortdrink
(After-Dinner-Drink)
- ■ Cocktailglas
- ■ Shaker

---
4 cl Crème de Menthe grün

2 cl Vermouth dry

1 BL Cognac

Alle Zutaten zusammen im Shaker mit Eiswürfeln schütteln und in das Cocktailglas seihen.

DUCE HOPE

aromatischer Shortdrink für die Party
- ■ Cocktailglas
- ■ Shaker

---
2 cl Crème de Menthe grün

2 cl Amaretto

2 cl Grand Marnier

Die Zutaten zusammen im Shaker mit Eis schütteln und in das Cocktailglas seihen.

AFTERWARDS

fruchtig-milder Shortdrink
(After-Dinner- oder Partydrink)
- ■ Cocktailglas
- ■ Shaker

---
3 cl Curaçao blue

3 cl Apricot Brandy

1 cl Zitronensaft

■ **Deko:**

1 Zitronenscheibe

Alle Zutaten zusammen im Shaker mit Eiswürfeln schütteln und in das Cocktailglas seihen. Die Zitronenscheibe an den Glasrand stecken.

Likör

PARIS OPERA

fruchtig-milder Shortdrink für
die Party
- ■ kleiner Tumbler
- ■ Shaker

3 cl Curaçao blue
2 cl weißer Rum
3 cl Grapefruitsaft
■ **Deko:**
1 Cocktailkirsche

Alle Zutaten zusammen im Shaker
mit Eiswürfeln schütteln und in
den Tumbler mit Eiswürfeln seihen. Die Kirsche an den Glasrand
stecken.

BLUE KONTIKI

fruchtig-milder Shortdrink für
die Party
- ■ Cocktailglas
- ■ Shaker

1 cl Curaçao blue
Zucker
3 cl Kontiki (Alcotropic)
2 cl Grapefruitsaft

Den Rand des Cocktailglases zuerst in Curaçao und dann in Zucker
tauchen. Kontiki und Grapefruitsaft zusammen im Shaker mit Eiswürfeln gut schütteln und in das
Glas seihen.

CURAÇAO FLIP

fruchtig-lieblicher Flip für den
Abend
- ■ Cocktailglas
- ■ Shaker

4 cl Curaçao blue
4 cl Orangensaft
1 Eigelb

Alle Zutaten zusammen im Shaker
mit Eiswürfeln kräftig schütteln
und in das Cocktailglas seihen.

LAMBADA

fruchtiger Longdrink für die
Sommerparty
- ■ Longdrinkglas
- ■ Shaker

2 cl Curaçao blue
1 cl Pfirsichlikör
2 cl Malibu
2 cl Pfirsichsaft
1 cl Ananassaft
■ **Deko:**
1 Cocktailkirsche

Die Zutaten zusammen im Shaker
mit Eis schütteln und in das Longdrinkglas mit Eis seihen. Die Kirsche an den Glasrand stecken.

CURAÇAO TONIC

herb-süßer Longdrink für
heiße Tage
■ Longdrinkglas
■ Gästeglas

3 cl Curaçao blue	
Tonic water zum Auffüllen	
■ **Deko:**	
1 Zitronenscheibe	

Den Likör in das zu einem Drittel
mit Eiswürfeln gefüllte Glas gießen. Mit Tonic water auffüllen und
langsam umrühren. Die Zitronenscheibe an den Glasrand stecken.

PINEAPPLE-CURAÇAO

fruchtig-milder Longdrink für jede
Jahreszeit
■ Longdrinkglas
■ Shaker

4 cl Curaçao blue	
2 cl Zitronensaft	
12 cl Ananassaft	
■ **Deko:**	
¼ Ananasscheibe	

Alle Zutaten zusammen im Shaker
mit Eis schütteln und in das Glas
seihen. Die Ananasscheibe an den
Glasrand stecken.

BLUE CHANGE

fruchtig-milder Longdrink für jede
Jahreszeit
■ Longdrinkglas
■ Gästeglas

4 cl Curaçao blue	
8 cl Ananassaft	
8 cl Grapefruitsaft	
■ **Deko:**	
¼ Ananasscheibe	

Etwa 3 Eiswürfel in das Longdrinkglas geben, die Flüssigkeiten nacheinander hineingießen und kurz
verrühren. Die Ananasscheibe an
den Glasrand stecken.

RED DREAMS II

fruchtig-milder Shortdrink für den
Abend
■ großes Cocktailglas
■ Shaker

2 cl Curaçao orange	
2 cl Apfellikör	
2 cl Wodka	
2 cl Orangensaft	
■ **Deko:**	
1 Cocktailkirsche	

Alle Zutaten zusammen im Shaker
mit Eiswürfeln schütteln und in
das vorgekühlte Glas seihen. Die
Kirsche an den Glasrand stecken.

Likör

RED DEVIL

leichter, bitterer Shortdrink
(After-Dinner-Drink)
- Cocktailglas
- Shaker

2 cl Curaçao Triple sec
2 cl Campari
2 cl Orangensaft

Die Zutaten zusammen im Shaker
mit Eis schütteln und in das Glas
seihen.

BABY

lieblicher Shortdrink für die Party
- Cocktailglas
- Shaker

4 cl Curaçao Triple sec
1 dash Angostura
2 cl Sahne

Die Zutaten zusammen im Shaker
mit Eis kräftig schütteln und in das
Glas seihen.

GOLDEN DREAM

cremiger, lieblicher Shortdrink
- Cocktailglas
- Shaker

2 cl Curaçao Triple sec
1 cl Galliano
2 cl Orangensaft
2 cl Sahne

Die Zutaten zusammen im Shaker
mit Eis schütteln und in das Glas
seihen.

SWEET MURIELLE

sahniger Shortdrink für den
Nachmittag
- Cocktailglas
- Shaker

2 cl Curaçao Triple sec
2 cl Crème de Cacao
2 cl Sahne
■ **Deko:**
Kakaopulver

Die Zutaten zusammen im Shaker
mit Eis kräftig schütteln und in das
Cocktailglas seihen. Mit etwas
Kakaopulver bestäuben.

REGATTA

halbtrockener Shortdrink für die
Party
- Cocktailglas
- Shaker

2 cl Curaçao Triple sec
2 cl Galliano
2 cl Zitronensaft
1 dash Wodka
etwas trockener Sekt

Alle Zutaten außer Sekt zusammen im Shaker mit Eis schütteln
und in das Glas seihen. Etwas Sekt
auf den Cocktail fließen lassen.

DRAMBUIE TROPICAL

fruchtiger Longdrink für die Party
- Longdrinkglas
- Gästeglas

---
4 cl Drambuie (Honiglikör)
2 cl weißer Rum
8 cl Maracujasaft
- **Deko:**
1 Zitronenscheibe

Drambuie und Rum zusammen mit Eiswürfeln im Glas verrühren. Mit Maracujasaft auffüllen und umrühren. Die Zitronenscheibe an den Glasrand stecken.

DRAMBUIE APRICOT

fruchtig-milder Longdrink für die Party
- Longdrinkglas
- Gästeglas

---
4 cl Drambuie (Honiglikör)
8 cl Aprikosennektar
1 cl Zitronensaft
- **Deko:**
1 Zitronenscheibe

Die Zutaten zusammen mit Eiswürfeln im Longdrinkglas verrühren. Die Zitronenscheibe an den Glasrand stecken.

SNOW BALL

erfrischender Longdrink für die Party
- Longdrinkglas
- Gästeglas

---
4 cl Eierlikör
Zitronenlimonade zum Auffüllen

Den Eierlikör in das Longdrinkglas mit Eis geben und vorsichtig mit Zitronenlimonade auffüllen. Mit einem langen Stirer servieren.

SPIRIT OF MUNICH

erfrischender, fruchtiger Longdrink für die Party
- Longdrinkglas
- Shaker

---
4 cl Escorial grün
5 cl Orangensaft
4 cl Maracujasaft
1 cl Zitronensaft
- **Deko:**
½ Orangenscheibe
1 Minzeblatt

Alle Zutaten zusammen im Shaker mit Eis schütteln und in das Longdrinkglas mit Crushed ice seihen. Die Orangenscheibe an den Glasrand stecken. Das Minzeblatt auf das Getränk legen.

Drambuie Apricot (o. l.), Spirit of Munich (o. r.), Drambuie Tropical (u. l.), Snow Ball (u. r.)

EURO-CUP

cremiger Shortdrink für die Party
- Cocktailglas
- Shaker

2,5 cl Galliano
0,5 cl Curaçao blue
1 cl Curaçao Triple sec
0,5 cl Zitronensaft
1,5 cl Sahne
■ **Deko:**
1 Cocktailkirsche

Die Zutaten zusammen im Shaker mit Eis kräftig schütteln und in das Glas seihen. Die Kirsche an den Glasrand stecken.

WHITE SNOW

lieblicher Shortdrink für den Nachmittag
- Cocktailglas
- Shaker

2 cl Galliano
1 cl Crème de Cacao weiß
2 cl Maracujasaft
2 cl Sahne
■ **Deko:**
Zimtpulver
1 Karambolenscheibe

Die Zutaten zusammen im Shaker mit Eis kräftig schütteln und in das Glas seihen. Mit Zimt bestreuen. Die Karambolenscheibe an den Glasrand stecken.

COBRA

würzig-lieblicher Shortdrink
(After-Dinner-Drink)
- Cocktailglas
- Shaker

3 cl Galliano
1 cl Amaretto

Die Zutaten zusammen im Shaker mit Eiswürfeln gut schütteln und in das Cocktailglas seihen.

GOLDEN TORPEDO

cremiger, lieblicher Shortdrink
(After-Dinner-Drink)
- Cocktailglas
- Shaker

2 cl Galliano
2 cl Sahne
2 cl Amaretto

Alle Zutaten zusammen im Shaker mit Eiswürfeln schütteln und in das Cocktailglas seihen.

GALLIANO STINGER

erfrischender, würziger Shortdrink für jede Jahreszeit
- Cocktailglas
- Shaker

4 cl Galliano
2 cl Crème de Menthe weiß

Die Zutaten zusammen im Shaker mit Eis schütteln und in das vorgekühlte Cocktailglas seihen.

Euro-Cup (l.), White Snow (r.)

GALLIANO SOUR

fruchtig-würziger Sour für jede
Jahreszeit
- mittelgroßer Tumbler
- Shaker

2 cl Galliano	
2 cl Whisky	
2 cl Zitronensaft	
1 cl Zuckersirup	

Alle Zutaten zusammen im Shaker
mit Eis schütteln und in das vorgekühlte Glas seihen.

GALLIANO MIST

fruchtig-würziger Shortdrink für
heiße Tage
- kleiner Tumbler
- Gästeglas

6 cl Galliano	
1 Zitronenachtel	

Den Galliano in den zu zwei Dritteln mit Crushed ice gefüllten
Tumbler gießen, die Zitrone dar-
über auspressen und ins Glas
geben, kurz umrühren.

KING'S CUP

würzig-milder Shortdrink
(After-Dinner-Drink)
- kleiner Tumbler
- Gästeglas

4 cl Galliano
2 cl Sahne

Den Galliano in den zu einem Drittel mit Crushed ice gefüllten Tumbler gießen, die Sahne dazugeben und kurz umrühren.

ORANGE-GRAPEFRUIT

fruchtig-milder Longdrink für den Abend
- Longdrinkglas
- Shaker

5 cl Grand Marnier
1 cl Grenadine
Grapefruitsaft zum Auffüllen
 **Deko:**
1 Cocktailkirsche

Grand Marnier und Grenadine zusammen im Shaker mit Eiswürfeln schütteln und in das Glas seihen. Mit Grapefruitsaft auffüllen. Die Kirsche an den Glasrand stecken.

PEACHNUTS

lieblich-sahniger Shortdrink für die Party
- Sektschale
- Shaker

3 cl Haselnußlikör
1 cl Pfirsichlikör
1 cl weißer Rum
2 cl Sahne

Die Zutaten zusammen im Shaker mit Eis schütteln und in die Sektschale seihen.

GREEN CAT

säuerlicher Shortdrink für die Party
- Cocktailglas
- Shaker

4 cl Kiwilikör
2 cl weißer Rum
2 dashes Zitronensaft
1 dash Frothee
▪ **Deko:**
1 Cocktailkirsche

Die Zutaten zusammen im Shaker mit Eis schütteln und in das Cocktailglas seihen. Die Cocktailkirsche am Sticker in das Glas geben.

BODIL

cremiger Shortdrink für den Nach-
mittag
- Cocktailglas
- Shaker

2 *cl Parfait Amour (Frucht-* *aromalikör)*
1 *cl Kakaolikör*
2 *cl Crème de Menthe*
1 *cl Sahne*
Außerdem:
geriebene **Muskatnuß**

Die Zutaten zusammen im Shaker
mit Eis schütteln und in das Glas
seihen. Mit Muskatnuß bestreuen.

NEW WAVE

lieblicher Shortdrink
(After-Dinner-Drink)
- Cocktailglas
- Shaker

3 *cl Pfirsichlikör*
1 *cl Galliano*
1,5 *cl Ananassaft*
1,5 *cl Sahne*
Deko:
1 **Stück Ananas**
1 **Erdbeere**

Alle Zutaten zusammen im Shaker
mit Eis kräftig schütteln und in das
Glas seihen. Das Obst zusammen
am Sticker über den Glasrand
legen.

BONN 2000

halbtrockener Shortdrink
(Aperitif)
- Cocktailglas
- Rührglas

2 *cl Pfirsichlikör*
2 *cl Noilly-Prat*
1 *cl Williamsbirne*
Deko:
1 **Minibirne**

Die Zutaten zusammen im Rührglas mit Eis verrühren und in das
Cocktailglas seihen. Die Minibirne
am Sticker in das Glas geben.

HAITI NIGHT

fruchtiger, alkoholarmer Long-
drink für die Party
- Longdrinkglas
- Shaker

4 *cl Pfirsichlikör*
2 *cl Mandarinensirup*
8 *cl Maracujasaft*
1 *cl Zitronensaft*
Deko:
½ **Zitronenscheibe**
½ **Orangenscheibe**

Die Zutaten zusammen im Shaker
mit Eis schütteln und in das Longdrinkglas mit Crushed ice seihen.
Die Orangenscheibe und die Zitronenscheibe zusammen am Sticker
über den Glasrand legen.

LIEBESTRAUM

fruchtiger Longdrink für die Party
- Longdrinkglas
- Shaker

3 cl Pfirsichlikör	
1 cl Curaçao blue	
2 cl Malibu	
1 cl Zitronensaft	
8 cl Ananassaft	
Deko:	
1 kleine Melonenscheibe	
1 Cocktailkirsche	
1 Orchidee	

Die Zutaten zusammen im Shaker mit Eis schütteln und in das Longdrinkglas mit Crushed ice oder Eiswürfeln seihen. Die Melonenscheibe und die Cocktailkirsche an den Glasrand stecken. Die Orchidee auf den Glasrand setzen.

SPRINGTIME

lieblicher Longdrink für die Sommerparty
- Longdrinkglas
- Shaker

4 cl Pfirsichlikör	
2 cl Cream of Coconut	
8 cl Ananassaft	
1 cl Zitronensaft	
Deko:	
1 Stück Ananas	
1 Cocktailkirsche	

Die Zutaten zusammen im Shaker mit Eis kräftig schütteln und in das Longdrinkglas mit Crushed ice seihen. Das Ananasstück mit der Kirsche am Sticker an den Glasrand stecken.

STAR

lieblicher, erfrischender Long-
drink für die Party
- Longdrinkglas
- Shaker

3 cl Pirshou
2 cl Weinbrand
3 cl Maracujasaft
1 cl Zitronensaft
4 cl Cream of Coconut
■ **Deko:**
½ Orangenscheibe
2 Cocktailkirschen

Die Zutaten zusammen im Shaker
mit Eis schütteln und in das zu
einem Viertel mit Crushed ice gefüllte Longdrinkglas seihen. Einen
langen Holzspieß mit den Kirschen und der Orangenscheibe
bestücken, so daß er wie ein Segel
aussieht, und ihn zusammen mit
einem Stirer in das Glas geben.

HASEL

lieblicher Longdrink für die Party
- Longdrinkglas
- Shaker

3 cl Pirshou
2 cl Wodka
3 cl Cream of Coconut
4 cl Ananassaft
1 cl Curaçao blue
■ **Deko:**
2 Cocktailkirschen
1 Stück Ananas

Alle Zutaten außer Curaçao blue
zusammen im Shaker mit Eis
schütteln und in das zur Hälfte mit
Crushed ice gefüllte Longdrinkglas seihen. Den Curaçao über das
fertige Getränk geben. Die Cocktailkirschen und die Ananas am
Sticker über den Glasrand legen.

PISANG PISTACHA

süßer Shortdrink
(After-Dinner-Drink)
- Cocktailglas
- Shaker

3 cl Pisang Ambon	
1 cl Amaretto	
2 cl Sahne	

Die Zutaten zusammen im Shaker
mit Eiswürfeln schütteln und in
das Cocktailglas seihen.

JUNGLE JUICE

fruchtig-lieblicher Longdrink für
die Party
- Longdrinkglas
- Shaker

2 cl Pisang Ambon	
1 cl Apricot Brandy	
1 cl Gin	
5 cl Orangensaft	
2 cl Zitronensaft	
Deko:	
1 Stück Ananas	
1 Cocktailkirsche	

Die Zutaten zusammen im Shaker
mit Eis schütteln und in das Longdrinkglas mit Crushed ice seihen.
Das Ananasstück an den Glasrand
stecken und die Cocktailkirsche
mit einem kleinen Sticker daran
befestigen.

AZZURO

fruchtiger Longdrink für die Party
- Longdrinkglas
- Shaker

2 cl Pisang Ambon	
2 cl Curaçao blue	
2 cl Orangensaft	
4 cl Maracujasaft	
1 dash Frothee	
Deko:	
kleine Obststücke	

Die Zutaten zusammen im Shaker
mit Eis schütteln und in das Longdrinkglas mit Crushed ice seihen.
Das Obst auf einen Spieß stecken
und ihn über den Glasrand legen.

TROPENZAUBER I

fruchtig-milder Longdrink für die
Party
- großer Tumbler
- Gästeglas

4 cl Pisang Ambon	
Maracujasaft zum Auffüllen	
Deko:	
1 Bananenscheibe	
1 Cocktailkirsche	

Den Pisang Ambon in den zur
Hälfte mit Eiswürfeln gefüllten
Tumbler geben, mit Maracujasaft
auffüllen und kurz umrühren. Das
Obst am Sticker über den Glasrand
legen.

Likör

SOUTHERN COLA

lieblicher Longdrink für den Abend
- Longdrinkglas
- Gästeglas

4 cl Southern Comfort
Cola zum Auffüllen
■ **Deko:**
1 Zitronenscheibe

Den Southern Comfort zusammen mit Eiswürfeln ins Longdrinkglas geben. Mit Cola auffüllen und kurz umrühren. Die Zitronenscheibe an den Glasrand stecken. Mit Trinkhalm servieren.

MISSISSIPPI II

kräftiger Shortdrink für jede Gelegenheit
- kleiner Tumbler
- Gästeglas

3 cl Southern Comfort
1 cl Bourbon Whiskey
1 cl Vermouth dry
■ **Deko:**
¼ Orangenscheibe

Die Zutaten zusammen im Gästeglas mit Eis verrühren. Die Orangenscheibe in das Glas geben. Mit einem Stirer servieren.

SOUTHERN SUMMER

fruchtig-milder Longdrink für die Sommerparty
- Longdrinkglas
- Shaker

4 cl Southern Comfort
2 cl Canadian Whisky
4 cl Pfirsichsaft
1 cl Zitronensaft
Ginger-ale zum Auffüllen
■ **Deko:**
1 Zitronenscheibe
1 Cocktailkirsche

Alle Zutaten außer Ginger-ale zusammen mit Eiswürfeln im Shaker schütteln und in das Longdrinkglas mit Eiswürfeln seihen. Mit Ginger-ale auffüllen und kurz umrühren. Die Zitronenscheibe an den Glasrand stecken; die Kirsche mit einem kleinen Sticker daran befestigen.

VELVET HAMMER

lieblicher Shortdrink
(After-Dinner-Drink)
- ■ Cocktailglas
- ■ Shaker

2 cl Tia Maria	
2 cl Cointreau	
2 cl Sahne	

Die Zutaten zusammen im Shaker
mit Eis schütteln und in das Cocktailglas seihen.

CREAM DREAM

cremiger, lieblicher Shortdrink für
die Party
- ■ Cocktailglas
- ■ Shaker

3 cl Tia Maria	
2 cl Amaretto	
1 cl Galliano	
2 cl Sahne	
■ **Deko:**	
1 Cocktailkirsche	

Die Zutaten zusammen im Shaker
mit Eis kräftig schütteln und in das
Glas seihen. Die Cocktailkirsche
an den Glasrand stecken.

V. W.

aromatischer Shortdrink mit
Birnengeschmack (Aperitif)
- ■ Cocktailglas
- ■ Rührglas

3 cl William's Liqueur	
3 cl Vermouth bianco	
■ **Deko:**	
1 Cocktailkirsche	

Die Zutaten zusammen im Rühr-
glas mit Eis verrühren und in das
Glas seihen. Die Kirsche am
Sticker in das Glas geben.

SWEET PEAR

lieblicher Longdrink für die Party
- ■ Longdrinkglas
- ■ Shaker

3 cl William's Liqueur	
1 cl Red Orange	
2 cl Cream of Coconut	
8 cl Orangensaft	
■ **Deko:**	
1 Minibirne	

Die Zutaten zusammen im Shaker
mit Eis schütteln und in das Longdrinkglas mit Crushed ice seihen.
Die Minibirne an den Glasrand
stecken.

BOSTON

JERSEY

Drinks mit Calvados

DIKI DIKI

CALVADOS SOUR

APPLE BLOSSOM

GREENWICH

CALVADOS COCKTAIL

BOSTON

herber Shortdrink (Aperitif)
- ■ Cocktailglas
- ■ Rührglas

3 cl Calvados	
1 cl Gin	
1 cl Scotch Whisky	

Die Zutaten zusammen im Rührglas mit Eis verrühren und in das Cocktailglas seihen.

ANGEL'S HOPE

halbtrockener Shortdrink (Aperitif)
- ■ Cocktailglas
- ■ Rührglas

2 cl Calvados	
2 cl Gin	
2 cl Orangenlikör	

Die Zutaten im Shaker mit Eis schütteln und in das Cocktailglas seihen.

JERSEY

herber Shortdrink (Aperitif)
- ■ Cocktailglas
- ■ Shaker

3 cl Calvados	
2 cl Zitronensaft	
1 cl Zuckersirup	
1 dash Angostura	

Die Zutaten zusammen im Shaker mit Eis schütteln und in das Cocktailglas seihen.

JACKE ROSE

fruchtiger Shortdrink (Aperitif)
- ■ Cocktailglas
- ■ Shaker

3 cl Calvados	
1 cl Grenadine	
2 cl Zitronensaft	

Die Zutaten zusammen im Shaker mit Eis schütteln und in das Cocktailglas seihen.

DIKI DIKI

herber Shortdrink (Aperitif)
- ■ Cocktailglas
- ■ Shaker

4 cl Calvados	
1 cl Schwedenpunsch (Likör)	
1 cl Grapefruitsaft	

Die Zutaten zusammen im Shaker mit Eis schütteln und in das Cocktailglas seihen.

LIBERTY

aromatischer Shortdrink (Aperitif)
- ■ Cocktailglas
- ■ Rührglas

4 cl Calvados	
2 cl Rum	
1 dash Zuckersirup	

Die Zutaten zusammen im Rührglas mit Eis verrühren und in das Cocktailglas seihen.

Boston (l.), Jacke Rose (r. o.), Diki Diki (r. u.)

BENTLEY

halbtrockener Shortdrink
(Aperitif)
- ◼ Cocktailglas
- ◼ Rührglas

3 cl Calvados	
3 cl Dubonnet	

Die Zutaten zusammen im Rührglas mit Eis verrühren und in das Cocktailglas seihen. Auf Wunsch Eis dazugeben.

BIG APPLE I

aromatischer Shortdrink für den ganzen Tag
- ◼ Cocktailglas
- ◼ Rührglas

3 cl Calvados

1 cl Brandy

3 cl Apfelsaft

Die Zutaten zusammen im Rührglas mit Eis verrühren und in das Cocktailglas seihen.

WHITE WING

würzig-frischer Shortdrink
(After-Dinner-Drink)
- ◼ Cocktailglas
- ◼ Shaker

3 cl Calvados

3 cl weißer Pfefferminzlikör

Alle Zutaten zusammen im Shaker mit Eis schütteln und in das Cocktailglas seihen.

CALVADOS SOUR

erfrischender Sour für den Sommer
- ◼ mittelgroßer Tumbler
- ◼ Shaker

4 cl Calvados

2 cl Zitronensaft

1 cl Zuckersirup

◼ **Deko:**

½ Orangenscheibe

1 Cocktailkirsche

Die Zutaten zusammen im Shaker mit Eis schütteln und in den Tumbler seihen. Die Orangenscheibe zusammen mit der Kirsche an den Glasrand stecken. Eventuell etwas Mineralwasser dazugeben.

NORMANDIE

fruchtiger, mittelherber Crusta
(Aperitif)
- ◼ kleines Ballonglas mit Zuckerrand
- ◼ Shaker

3 cl Calvados

2 cl Orangensaft

1 cl Zuckersirup

◼ **Deko:**

1 Zitronenschalenspirale

Die Zutaten zusammen im Shaker mit Eis schütteln und in das Ballonglas mit Zuckerrand seihen. Die Schalenspirale ins Glas geben.

Calvados

CALVA JULEP

würzig-fruchtiger Julep für die Sommermonate
- ◾ kleiner Tumbler
- ◾ Gästeglas

| 3 Minzeblätter |
| 1 BL Zucker |
| 4 cl Calvados |
| 1 BL Zitronensaft |
| ◾ Deko: |
| 1 Minzezweig |

Die Minzeblätter zusammen mit dem Zucker im Tumbler zerdrücken. Calvados und Zitronensaft dazugeben, umrühren und kurz ziehen lassen. Dann zwei Eiswürfel dazugeben. Den Minzezweig an den Glasrand hängen.

APPLEJACK RABBIT

fruchtiger, feinherber Shortdrink für den Abend
- ◾ Cocktailglas
- ◾ Shaker

| 2 cl Calvados |
| 2 cl Orangensaft |
| 2 cl Zitronensaft |
| 2 cl Ahornsirup |
| ◾ Deko: |
| ½ Orangenscheibe |

Alle Zutaten zusammen im Shaker mit Eis kräftig schütteln und in das Glas seihen. Die Orangenscheibe an den Glasrand stecken.

VERMONT

mild-fruchtiger Shortdrink (After-Dinner-Drink)
- ◾ Cocktailglas
- ◾ Shaker

| 4 cl Calvados |
| 1 cl Grenadine |
| 1 cl Zitronensaft |

Alle Zutaten zusammen im Shaker mit Eis schütteln und in das Glas seihen.

LUGGER

halbtrockener Shortdrink (Aperitif)
- ◾ Cocktailglas
- ◾ Rührglas

| 2 cl Calvados |
| 2 cl Brandy |
| 1 cl Apricot Brandy |

Die Zutaten zusammen im Rührglas mit Eis verrühren und in das Cocktailglas seihen.

B AND C

fruchtig-würziger Shortdrink (After-Dinner-Drink)
- ◾ kleiner Tumbler
- ◾ Gästeglas

| 2 cl Bénédictine D.O.M. |
| 2 cl Calvados |

Die Zutaten zusammen mit Eiswürfeln im Tumbler verrühren.

FUN APPLE

fruchtiger, feinherber Shortdrink
für die Party
■ Cocktailglas
■ Shaker

2 cl Calvados	
1 cl Brandy	
1 cl Gin	
2 cl lieblicher Apfelwein	

Alle Zutaten zusammen im Shaker
schütteln und in das Glas seihen.

GREENWICH

mild-würziger Shortdrink
(After-Dinner-Drink)
■ Cocktailglas
■ Shaker

2 cl Calvados	
2 cl Gin	
2 cl Crème de Cacao weiß	

Alle Zutaten zusammen im Shaker
mit Eis schütteln und in das Glas
seihen.

NICE ADVENTURE

herb-fruchtiger Shortdrink für
jede Jahreszeit
■ Cocktailglas
■ Shaker

4 cl Calvados	
2 cl Gin	
2 cl Grapefruitsaft	

Alle Zutaten im Shaker mit Eis
schütteln und in das Glas seihen.

APPLE BLOSSOM

fruchtiger, feinherber Shortdrink
für die Sommerparty
■ Sektschale
■ Blender

3 cl Calvados	
2 cl Apfelsaft	
1 cl Zitronensaft	
1 TL Ahornsirup	
■ **Deko:**	
1 Zitronenscheibe	

Alle Zutaten zusammen mit einer
Barschaufel Crushed ice im Blender kurz mixen und in das Glas
gießen. Die Zitronenscheibe an
den Glasrand stecken.

LUMBERJACK

fruchtig-aromatischer Shortdrink
(After-Dinner-Drink)
■ kleiner Tumbler
■ Rührglas

3 cl Calvados	
1 cl Scotch Whisky	
1 cl Gin	
■ **Außerdem:**	
1 Stück Zitronenschale	

Alle Zutaten zusammen im Rührglas mit Eiswürfeln verrühren und
in den Tumbler seihen. Den Drink
mit der Zitronenschale abspritzen
und sie ins Glas geben.

Calvados Cocktail I (l.), Calvados Cocktail II (r.)

CALVADOS COCKTAIL I

fruchtig-lieblicher Shortdrink für den Abend
- Cocktailglas
- Shaker

4 cl	**Calvados**
2 cl	**Grenadine**
2 cl	**Orangensaft**
1 dash	**Orange-Bitter**

Alle Zutaten zusammen im Shaker mit Eis schütteln und in das Glas seihen.

CALVADOS COCKTAIL II

fruchtig-milder Shortdrink für den Abend oder als After-Dinner-Drink
- Cocktailglas
- Shaker

2 cl	**Calvados**
2 cl	**Orangenlikör**
2 cl	**Orangensaft**
▪	**Deko:**
½	**Orangenscheibe**

Alle Zutaten zusammen im Shaker mit Eis schütteln und in das Glas seihen. Die Orangenscheibe an den Glasrand stecken.

CIDRE COCKTAIL

fruchtiger Shortdrink für jede
Jahreszeit
■ kleines Ballonglas
■ Gästeglas

2 *cl Calvados*
Cidre zum Auffüllen
■ **Deko:**
1 *Apfelschalenspirale*

Den Calvados in das Ballonglas
geben, mit Cidre auffüllen und kurz
umrühren. Die Schalenspirale an
den Glasrand hängen.

APPLE

fruchtiger, zartherber Shortdrink
für den Abend
■ kleiner Tumbler
■ Rührglas

3 *cl Calvados*
2 *cl Gin*
4 *cl Apfelsaft*
1 *BL Zitronensaft*

Alle Zutaten zusammen im Rührglas mit Eis verrühren und in den
Tumbler seihen.

HAWAIIAN APPLE

mild-fruchtiger Shortdrink für
jede Jahreszeit
■ kleiner Tumbler
■ Shaker

4 *cl Calvados*
1,5 *cl Brandy*
2 *cl Ananassaft*
■ **Außerdem:**
1 *Ananasscheibe, gewürfelt*

Alle Zutaten zusammen im Shaker
mit Eis schütteln und in das Glas
mit Eiswürfeln seihen. Die Ananas-
stücke ins Glas geben. Mit einem
Sticker servieren.

FROZEN APPLE

fruchtiger, feinherber Shortdrink
für die Sommerparty
■ Cocktailglas
■ Blender

3 *cl Calvados*
1 *cl Limettensaft*
1 *TL Zucker*
½ *Eiweiß*

Alle Zutaten zusammen mit einer
Barschaufel Crushed ice im Blender mixen und in das Glas gießen.

APPLE SUNSET

fruchtig-lieblicher Longdrink für jede Jahreszeit
- ◼ Longdrinkglas
- ◼ Gästeglas

4 *cl Calvados*	
1 *cl Crème de Cassis*	
1 *cl Grenadine*	
10 *cl Orangensaft*	
◼ *Deko:*	
1 *Cocktailkirsche*	

Calvados, Cassis und Grenadine zusammen im Longdrinkglas mit Eiswürfeln verrühren. Langsam mit Orangensaft aufgießen. Die Kirsche an den Glasrand stecken. Mit Trinkhalm servieren.

MONDSCHEIN CUP

mild-fruchtiger Longdrink für den Abend
- ◼ Longdrinkglas
- ◼ Shaker

4 *cl Calvados*	
6 *cl Apfelsaft*	
½ **BL Zucker**	
Ginger-ale zum Auffüllen	
◼ **Außerdem:**	
1 *Zitronenscheibe*	

Alle Zutaten außer Ginger-ale zusammen im Shaker mit Eis schütteln und in das Glas seihen. Mit Ginger-ale auffüllen und kurz umrühren. Die Zitronenscheibe ins Glas geben.

KENNY

herb-würziger Longdrink für den Abend
- ◼ Longdrinkglas
- ◼ Gästeglas

4 *cl Calvados*	
2 *cl Vermouth rosso*	
Tonic water zum Auffüllen	
◼ *Deko:*	
1 *Zitronenscheibe*	

Alle Zutaten zusammen im Longdrinkglas mit Eiswürfeln langsam verrühren. Die Zitronenscheibe an den Glasrand stecken.

JACK COLLINS

erfrischender Collins für den
ganzen Tag
- Longdrinkglas
- Gästeglas

4 cl Calvados
2 cl Zitronensaft
1 cl Zuckersirup
Sodawasser zum Auffüllen
Deko:
½ Zitronenscheibe
1 Cocktailkirsche

Zutaten außer Soda im Gästeglas
mit Eis verrühren, mit Soda auffüllen und gut umrühren. Die Zitronenscheibe an den Glasrand
stecken und die Kirsche ins Glas
geben. Mit einem langen Stirer
servieren.

APPLE SUNRISE

mild-fruchtiger Longdrink für jede
Jahreszeit
- Longdrinkglas
- Gästeglas

4 cl Calvados
1 dash Zitronensaft
8 cl Orangensaft
2 cl Crème de Cassis

Calvados, Zitronensaft und Orangensaft zusammen im zur Hälfte
mit Crushed ice gefüllen Longdrinkglas verrühren. Den Cassis
langsam dazugießen. Mit Trinkhalm servieren.

BITTER APPLE

fruchtig-herber Longdrink für die
Sommerparty
- großer Tumbler
- Gästeglas

4 cl Calvados
2 dashes Angostura
Sodawasser zum Auffüllen
Außerdem:
1 Stück Zitronenschale

Das Glas zur Hälfte mit Crushed ice
füllen, Calvados und Angostura
darübergießen, Soda dazugeben
und alles langsam verrühren. Den
Drink mit der Zitronenschale abspritzen.

TROPICAL APPLE

fruchtiger, feinherber Longdrink
für die Sommerparty
- Longdrinkglas
- Shaker

5 cl Calvados
2 cl weißer Rum
2 cl Limettensaft
1 cl Mandelsirup
Außerdem:
1 Limettenviertel

Alle Zutaten zusammen im Shaker
mit Eis kräftig schütteln und in das
zur Hälfte mit Crushed ice gefüllte
Glas seihen. Das Limettenviertel
ins Glas geben.

PINKY

APOTHEKE

PATHETIC

DBU

Drinks mit Bitters

CAMPARI TONIC

APRICAMP

COLUMBO

APOTHEKE

bitterer Shortdrink
(After-Dinner-Drink)
■ Cocktailglas
■ Gästeglas

3 cl Fernet-Branca	
1 cl Crème de Menthe weiß	
2 cl Vermouth rosso	

Die Zutaten zusammen im Gästeglas verrühren.

PATHETIC

leicht bitterer Shortdrink
■ Cocktailglas
■ Rührglas

1,5 cl Campari	
2,5 cl Curaçao orange	
2,5 cl Vermouth dry	

Die Zutaten zusammen im Rührglas mit Eis verrühren und in das Cocktailglas seihen.

CABALLERO

fruchtiger, feinherber Shortdrink
für den Abend
■ Cocktailglas
■ Rührglas

2 cl Campari	
3 cl Bananenlikör	

Die Zutaten zusammen im Rührglas mit Eis verrühren und in das Cocktailglas seihen.

CAMPARI FLIP

fruchtig-herber Flip für den Abend
■ Sektkelch
■ Shaker

4 cl Campari	
1 cl Gin	
4 cl Orangensaft	
1 Eigelb	

Alle Zutaten zusammen im Shaker mit Eis kräftig schütteln und in das Glas seihen.

SHAKERATO

bitterer Shortdrink (Aperitif)
■ Cocktailglas
■ Shaker

5 cl Campari	
3 dashes Zitronensaft	
■ **Außerdem:**	
1 Stück Zitronenschale	

Die Zutaten zusammen im Shaker mit Eis schütteln und in das Glas seihen. Mit der Zitronenschale abspritzen und sie ins Glas geben.

Bitters

Apotheke (h. l.), Campari Flip (h. r.), Pathetic (v.)

DBU

erfrischender Sektcocktail
(Aperitif, After-Dinner-Drink)
■ Sektschale oder -kelch
■ Shaker

2 cl Campari

2 cl Cointreau

2 cl Grapefruitsaft

trockener Sekt zum Auffüllen

Alle Zutaten außer Sekt zusammen im Shaker mit viel Eis schütteln und ins Glas seihen. Dann mit Sekt auffüllen.

CAMPARI LEMON

herb-fruchtiger Longdrink
(Aperitif)
■ Longdrinkglas
■ Gästeglas

5 cl Campari

Bitter lemon zum Auffüllen

Den Campari in das Longdrinkglas mit Eiswürfeln geben. Mit Bitter lemon auffüllen und kurz umrühren.

ROSEMIE

herb-fruchtiger Longdrink
(Aperitif)
■ Longdrinkglas
■ Gästeglas

4 cl Campari

8 cl Grapefruitsaft

Sekt zum Auffüllen

■ **Außerdem:**

1 Orangenscheibe

Campari und Grapefruitsaft zusammen im Longdrinkglas mit Eiswürfeln verrühren. Mit Sekt auffüllen. Die Orangenscheibe ins Glas geben.

CAMPARI TONIC

erfrischender Longdrink für
heiße Tage
■ Longdrinkglas
■ Gästeglas

4 cl Campari

Tonic water zum Auffüllen

■ **Außerdem:**

1 Zitronenviertel

Den Campari in das Longdrinkglas mit Eiswürfeln geben und mit Tonic water auffüllen. Das Zitronenstück ins Glas geben. Mit einem Stirer servieren.

CAMPARI ORANGE

erfrischender Longdrink für
heiße Tage
- Longdrinkglas
- Gästeglas

---
4 cl Campari
Orangensaft zum Auffüllen
- **Außerdem:**
½ Orangenscheibe

Die Zutaten zusammen in das
Longdrinkglas mit Eis geben. Die
Orangenscheibe ins Glas geben
und den Drink mit einem Stirer servieren.

CAMPARI SODA

herber Longdrink (Aperitif)
- Longdrinkglas
- Gästeglas

---
5 cl Campari
½ Zitronenscheibe
Sodawasser zum Auffüllen

Den Campari und die Zitronenscheibe zusammen in das Longdrinkglas mit Eiswürfeln geben.
Mit Soda auffüllen und kurz umrühren. Mit Stirer servieren.

CAMPOR

herb-fruchtiger Longdrink für den
Abend
- Longdrinkglas
- Gästeglas

---
4 cl Campari
1 dash Orange-Bitter
1 dash Zitronensaft
Orangensaft zum Auffüllen
- **Deko:**
1 Orangenscheibe

Campari, Orange-Bitter und Zitronensaft zusammen im Longdrinkglas mit Eiswürfeln verrühren. Mit
Orangensaft auffüllen und kurz
umrühren. Die Orangenscheibe an
den Glasrand stecken.

CAMPARI PUNCH

herb-fruchtiger Longdrink für den
Abend
- Ballonglas
- Shaker

---
3 cl Campari
2 cl Cointreau
4 cl Orangensaft
4 cl Grapefruitsaft
2 cl Zitronensaft

Alle Zutaten zusammen im Shaker
mit Eis schütteln und in das Ballonglas gießen.

APRICAMP

herb-fruchtiger Longdrink für die
Party
- ■ großes Ballonglas
- ■ Rührglas

3 cl Campari	
3 cl Apricot Brandy	
Orangensaft zum Auffüllen	
■ **Außerdem:**	
1 Stück Orangenschale	

Campari und Apricot Brandy zusammen im Rührglas mit Eis verrühren und in das Ballonglas seihen. Mit Orangensaft auffüllen
und nochmals umrühren. Die
Orangenschale ins Glas geben.

ADRIA

herb-fruchtiger Longdrink für die
Sommerparty
- ■ Longdrinkglas
- ■ Shaker

3 cl Campari	
2 cl Wodka	
1 TL Orangenlikör	
1 TL Zitronensaft	
Bitter orange (Bitterlimonade)	
zum Auffüllen	
■ **Deko:**	
2 Kumquats	

Alle Zutaten außer Bitter orange
zusammen im Shaker mit Eis
schütteln und in das Glas mit Eiswürfeln seihen. Mit Bitter orange
auffüllen und kurz umrühren. Die
Kumquats zusammen am Sticker
über den Glasrand legen.

LONG JEAN

herb-fruchtiger Longdrink für den
Abend
- ■ mittelgroßer Tumbler
- ■ Gästeglas

2 cl Campari	
1 cl Grand Marnier	
Orangensaft zum Auffüllen	
■ **Deko:**	
1 Orangenscheibe	
1 Zitronenscheibe	

Campari und Grand Marnier in den
Tumbler mit Eiswürfeln geben. Mit
Orangensaft auffüllen und gut um-
rühren. Die Zitrusscheiben an den
Glasrand stecken.

COLUMBO

herb-fruchtiger Longdrink für den
Abend
- ■ Longdrinkglas
- ■ Gästeglas

4 cl Campari	
4 cl Orangensaft	
2 cl Zitronensaft	
2 cl Limettensirup	
Tonic water zum Auffüllen	
■ **Deko:**	
¼ Limettenscheibe	

Alle Zutaten außer Tonic water zusammen im Longdrinkglas mit
Eiswürfeln verrühren. Mit Tonic
water auffüllen und kurz umrühren. Die Limettenscheibe an
den Glasrand stecken.

CYNAR ORANGE

feinherber Longdrink (Aperitif)
- Longdrinkglas
- Gästeglas

4 cl Cynar	
1 dash Orange-Bitter	
Orangensaft zum Auffüllen	
▪ **Deko:**	
1 Orangenscheibe	

Cynar und Orange-Bitter zusammen mit Eiswürfeln im Longdrinkglas verrühren. Mit Orangensaft auffüllen und kurz umrühren. Die Orangenscheibe an den Glasrand stecken.

SAMT UND SEIDE

herb-würziger Shortdrink (Aperitif)
- kleiner Tumbler
- Gästeglas

3 cl Cynar	
2 cl Gin	
▪ **Deko:**	
1 Zitronenscheibe	

Die Zutaten zusammen mit drei Eiswürfeln im Tumbler verrühren. Die Zitronenscheibe an den Glasrand stecken.

CYNAR COCKTAIL

herb-würziger Shortdrink (Aperitif)
- Cocktailglas
- Gästeglas

3 cl Cynar	
3 cl Vermouth bianco	
▪ **Deko:**	
½ Orangenscheibe	

Die Zutaten zusammen mit zwei Eiswürfeln im Cocktailglas verrühren. Die Orangenscheibe an den Glasrand stecken.

CYNAR SODA

feinherber Longdrink (Aperitif)
- Longdrinkglas
- Gästeglas

4 cl Cynar	
1 dash Orange-Bitter	
Sodawasser zum Auffüllen	

Cynar und Orange-Bitter zusammen mit Eiswürfeln im Longdrinkglas verrühren. Mit Soda auffüllen und kurz umrühren.

FRIENDS

herb-würziger Shortdrink für den Abend
- Cocktailglas
- Rührglas

2 cl Aperol	
2 cl Gin	
2 cl Vermouth dry	
Außerdem:	
1 Stück Zitronenschale	

Alle Zutaten zusammen im Rührglas mit Eis verrühren und in das Cocktailglas seihen. Den Drink mit der Zitronenschale abspritzen und sie ins Glas geben.

SIENA

würziger, feinherber Shortdrink für den Abend
- Cocktailglas
- Rührglas

2 cl Aperol	
2 cl Gin	
2 cl Vermouth bianco	
Deko:	
1 Cocktailkirsche	

Alle Zutaten zusammen im Rührglas mit Eis verrühren und in das Glas seihen. Die Kirsche an den Glasrand stecken.

GILIA

herber Shortdrink
(Aperitif, After-Dinner-Drink)
- mittelgroßer Tumbler
- Gästeglas

4 cl Aperol	
2 cl Scotch Whisky	

Die Zutaten zusammen im Tumbler mit Eiswürfeln verrühren. Mit einem Stirer servieren.

SHAFT

trockener Sektcocktail (Aperitif)
- Longdrinkglas
- Gästeglas

3 cl Aperol	
3 cl Gin	
trockener Sekt zum Auffüllen	
Deko:	
½ Orangenscheibe	

Alle Zutaten außer Sekt zusammen im Longdrinkglas mit Eiswürfeln verrühren und mit Sekt auffüllen. Die Orangenscheibe an den Glasrand stecken und den Drink mit einem Stirer servieren.

SUMMER IN ITALY

herb-würziger Longdrink für den
Abend
- Longdrinkglas
- Gästeglas

2 cl Amaro Siciliano	
2 cl Gin	
1 Orangenachtel	
Tonic water zum Auffüllen	

Amaro und Gin zusammen mit viel
Eis im Longdrinkglas verrühren.
Das Orangenachtel dazugeben,
mit Tonic water auffüllen und kurz
umrühren.

RAMAZZOTTI LONG

feinherber Longdrink
(After-Dinner-Drink)
- Longdrinkglas
- Gästeglas

4 cl Amaro Felsina Ramazzotti	
2 dashes Orange-Bitter	
Sodawasser zum Auffüllen	
Deko:	
1 Orangenscheibe	

Die Bitters zusammen mit Eiswürfeln im Longdrinkglas verrühren.
Mit Soda auffüllen und kurz umrühren. Die Orangenscheibe an
den Glasrand stecken.

Bitters

RAMAZZOTTI SPECIAL

würziger, feinherber Shortdrink
(After-Dinner-Drink)
- ■ kleiner Tumbler
- ■ Gästeglas

5 cl Amaro Felsina Ramazzotti	
1 TL Zitronensaft	
■ **Deko:**	
1 Zitronenscheibe	

Bitter und Zitronensaft zusammen
mit Eiswürfeln im Tumbler verrühren. Die Zitronenscheibe an
den Glasrand stecken.

NATALIA

würziger, feinherber Shortdrink
(After-Dinner-Drink)
- ■ Cocktailglas
- ■ Rührglas

2 cl Amaro Siciliano	
2 cl Gin	
2 cl Vermouth bianco	
1 dash Orangenlikör	
■ **Deko:**	
½ Orangenscheibe	

Alle Zutaten zusammen im Rührglas mit Eis verrühren und in das
Cocktailglas seihen. Die Orangenscheibe an den Glasrand stecken.

PAJA

feinherber Longdrink
(After-Dinner-Drink)
- Longdrinkglas
- Gästeglas

1 Zitronenviertel
1 Orangenachtel
4 cl Amaro Siciliano
12 cl Orangenlimonade

Die Zitrusfrüchte ins Longdrinkglas geben. Bitter und Limonade
darübergießen, kurz umrühren
und einige Eiswürfel dazugeben.

PINKY

halbtrockener, cremiger Long-
drink für die Party
- Longdrinkglas
- Shaker

3 cl Aperol
2 cl Gin
4 cl Cream of Coconut
6 cl Ananassaft
■ **Deko:**
1 Stück Ananas
1 Cocktailkirsche
1 Minzezweig

Die Zutaten zusammen im Shaker
mit Eis kräftig schütteln und in das
Cocktailglas seihen. Das Ananasstück, die Kirsche und den Minzezweig zusammen am Sticker an
den Glasrand stecken.

AMARO SOUR

würzig-herber Sour für den Abend
- mittelgroßer Tumbler
- Shaker

4 cl Amaro Siciliano
2 cl Zitronensaft
1 cl Zuckersirup
Sodawasser zum Auffüllen
■ **Deko:**
1 Orangenscheibe
1 Zitronenscheibe
1 Cocktailkirsche

Alle Zutaten außer Soda zusammen im Shaker mit Eis kräftig
schütteln und in das Glas mit Eiswürfeln seihen. Die Früchte auf
einen großen Sticker spießen und
ihn ins Glas geben. Den Drink mit
Soda auffüllen und ihn dann kurz
umrühren.

RED LIGHTNING

herb-würziger Longdrink
(After-Dinner-Drink)
- Longdrinkglas
- Gästeglas

4 cl Amaro Siciliano
2 cl Campari
Sodawasser zum Auffüllen
■ **Deko:**
1 Zitronenschalenspirale
1 Cocktailkirsche

Amaro und Campari zusammen
mit viel Eis im Longdrinkglas verrühren. Mit Soda auffüllen und
kurz umrühren. Die Schalenspirale
an den Glasrand hängen. Die Kirsche an den Glasrand stecken.

RIDLEY

DORADO

JALAPA

Drinks mit Tequila

MEXIKANISCHER TRAUM

DEBUTANTE

TEQUILA SOUR

TEQUILA GIMLET

TEQUILA SPECIAL SOUR

fruchtig-herber Sour für die Sommerzeit
- ◼ kleiner Tumbler
- ◼ Shaker

3 cl Tequila	
1,5 cl Apricot Brandy	
1 cl Zitronensaft	

Alle Zutaten zusammen im Shaker mit Eis kräftig schütteln und in das Glas seihen.

JALAPA

fruchtiger, mildherber Shortdrink für den Abend
- ◼ Cocktailglas
- ◼ Shaker

3 cl Tequila	
3 cl Limettensaft	
3 cl Maracujanektar	

Alle Zutaten im Shaker mit Eis gut schütteln und in das Glas seihen.

RIDLEY

würziger Shortdrink (After-Dinner-Drink)
- ◼ kleiner Tumbler
- ◼ Gästeglas

3 cl Tequila	
3 cl Gin	
1 dash Galliano	

Tequila, Gin und zuletzt Galliano in das zur Hälfte mit Crushed ice gefüllte Glas geben. Kurz umrühren.

SIERRA MARGARITA

aromatischer Shortdrink (Aperitif)
- ◼ Cocktailglas mit Salzrand
- ◼ Shaker

4 cl Sierra Tequila silver	
1 cl Orangenlikör (z. B. Cointreau)	
2 cl Zitronen- oder Limettensaft	

Die Zutaten zusammen im Shaker mit Eis schütteln und in das Glas seihen.

DORADO

zartherber Shortdrink für jede Jahreszeit
- ◼ Cocktailglas
- ◼ Shaker

5 cl Tequila	
2 cl Zitronensaft	
2 BL Honig	

Alle Zutaten zusammen im Shaker mit Eis schütteln und in das Glas seihen.

BRAVE BULL

mild-würziger Shortdrink für den Abend
- ◼ Sherryglas
- ◼ Rührglas

3 cl Tequila	
3 cl Kahlúa (Kaffeelikör)	

Alle Zutaten zusammen im Rührglas mit Eis verrühren und in das Sherryglas seihen.

Sierra Margarita (h.), Brave Bull (M.), Jalapa (v.)

GRACE OF MONACO

aromatischer Shortdrink für den
Nachmittag
- Cocktailglas
- Rührglas

2 cl Tequila weiß	
2 cl Apricot Brandy	
2,5 cl Mandarinenlikör	
Außerdem:	
1 Stück Zitronenschale	

Die Zutaten zusammen im Rührglas mit Eis verrühren und in das
Cocktailglas seihen. Die Zitronenschale ins Glas geben.

DEBUTANTE

halbtrockener Shortdrink
(Aperitif)
- Cocktailglas
- Shaker

3 cl Tequila	
2,5 cl Pfirsichlikör	
0,5 cl Pfefferminzlikör	
1 BL Zitronensaft	
Deko:	
1 Cocktailkirsche	

Die Zutaten zusammen im Shaker
mit Eis schütteln und in das Glas
seihen. Die Kirsche ins Glas geben.

OLÉ

lieblicher Shortdrink
(After-Dinner-Drink)
- kleiner Tumbler
- Rührglas

3 cl Tequila weiß	
3 cl Crème de Banane	
1 dash Curaçao blue	
Außerdem:	
1 Stück Zitronenschale	
1 Limettenscheibe	

Die Zutaten zusammen im Rührglas mit Eis verrühren, in den Tumbler mit Eiswürfeln seihen und mit
der Zitronenschale abspritzen. Die
Limettenscheibe ins Glas geben.

TEQUILA SOUR

fruchtiger, säuerlicher Sour für
jede Jahreszeit
- kleiner Tumbler
- Shaker

5 cl Tequila	
3 cl Zitronensaft	
2 cl Zuckersirup	
Deko:	
1 Cocktailkirsche	

Alle Zutaten zusammen im Shaker
mit Eis schütteln und in das Glas
seihen. Die Kirsche an den Glasrand stecken. Der Druck kann auf
Wunsch mit Mineralwasser aufgefüllt werden.

TEQUILA GIMLET

leicht säuerlicher Shortdrink für
den Abend
■ Cocktailglas
■ Shaker

4 cl Tequila
2 cl Zitronensaft
2 cl Limettensaft

Alle Zutaten zusammen im Shaker
mit Eiswürfeln gut schütteln und
in das Cocktailglas seihen.

MARTINI MAYADOR

herber Shortdrink für den Abend
■ Cocktailglas
■ Rührglas

4 cl Tequila
2 cl Vermouth dry
■ **Deko:**
1 Olive

Die Zutaten zusammen im Rühr-
glas mit Eis verrühren und in das
Cocktailglas seihen. Die Olive am
Sticker ins Glas geben.

BLUE MOON

würzig-lieblicher Shortdrink
(After-Dinner-Drink)
■ Cocktailglas
■ Shaker

3 cl Tequila
2 cl Galliano
1 cl Curaçao blue
4 cl Sahne

Alle Zutaten zusammen im Shaker
mit Eiswürfeln gut schütteln und
in das Glas seihen.

KNOCK OUT I

herb-fruchtiger Shortdrink für den
Abend
■ Cocktailglas
■ Shaker

5 cl Tequila
1 cl Galliano
2 cl Zitronensaft
1 cl Orangensaft

Alle Zutaten zusammen im Shaker
mit Eis gut schütteln und in das
Glas seihen.

PINK MARGARITA

fruchtiger, zartherber Shortdrink
für den Abend
■ Cocktailglas
■ Shaker

3 cl Tequila	
1 cl Himbeerlikör	
1 cl Zitronensaft	
1 TL Grenadine	
■ **Deko:**	
1 Cocktailkirsche	

Alle Zutaten zusammen im Shaker
mit Eis kräftig schütteln und in das
Glas seihen. Die Kirsche an den
Glasrand stecken.

GOLDEN VOLCANO

cremiger Shortdrink für den
Abend
■ Cocktailglas
■ Shaker

1,5 cl Tequila	
0,5 cl Curaçao Triple sec	
1,5 cl Galliano	
1 cl Sahne	
1 cl Limettensaft	
1 cl Orangensaft	
■ **Deko:**	
1 Cocktailkirsche	

Die Zutaten zusammen im Shaker
mit Eis kräftig schütteln und in das
Glas seihen. Die Kirsche an den
Glasrand stecken oder am Sticker
über das Glas legen.

Tequila

JULIET

lieblicher Shortdrink für den
Abend
- ◼ Cocktailglas
- ◼ Shaker

2 cl Tequila Gold	
2 cl Pisang Ambon	
3 cl Ananassaft	
1 dash Grenadine	
◼ **Deko:**	
1 Karambolenscheibe	
1 Cocktailkirsche	

Die Zutaten zusammen im Shaker
mit Eis schütteln und in das Glas
seihen. Die Karambolenscheibe
mit der Kirsche am Sticker an den
Glasrand stecken.

PACIFICO

fruchtiger, zartherber Shortdrink
für die Sommerparty
- ◼ Cocktailglas
- ◼ Blender

4 cl Tequila	
2 cl Maracujasirup	
1 cl Zitronensaft	
◼ **Deko:**	
1 Zitronenscheibe	

Alle Zutaten zusammen mit einer
Barschaufel Crushed ice im Blender mixen und in das Glas gießen.
Die Zitronenscheibe an den Glasrand stecken.

TEQUIN

fruchtig-herber Shortdrink für den Abend
- Cocktailglas
- Shaker

2 cl Tequila	
1 cl Gin	
1 cl Limettensaft	
Deko:	
1 Limettenscheibe	

Alle Zutaten zusammen im Shaker mit Eis kräftig schütteln und in das Glas seihen. Die Limettenscheibe an den Glasrand stecken.

MARLON BRANDO'S PUEBLA FLIP

würziger, lieblicher Flip für den Abend
- Kelchglas
- Shaker

3 cl Tequila	
1 BL brauner Rum	
1 BL Crème de Cacao	
½ Päckchen Vanillezucker	
1 Eigelb	
Deko:	
Zimtpulver	

Alle Zutaten zusammen im Shaker mit Eis kräftig schütteln und in das Glas seihen. Mit Zimt bestäuben.

MEXICANA

fruchtig-herber Shortdrink für die Party
- Cocktailglas
- Shaker

4 cl Tequila	
2 cl Zitronensaft	
1 cl Ananassaft	
1 TL Grenadine	
Deko:	
1 Cocktailkirsche	

Alle Zutaten zusammen im Shaker mit Eis kräftig schütteln und in das Glas seihen. Die Kirsche an den Glasrand stecken.

TEQUILA MARTINI

trockener, würziger Shortdrink (Aperitif)
- Cocktailglas
- Rührglas

4 cl Tequila	
2 cl Vermouth dry	
Deko:	
1 grüne Olive	

Alle Zutaten zusammen im Rührglas mit Eis verrühren und in das Glas seihen. Die Olive ins Glas geben.

Tequila

FROZEN TEQUILA

fruchtiger, zartherber Shortdrink
für die Sommerparty
- ■ Cocktailglas
- ■ Blender

3 cl Tequila	
4 cl Ananassaft	
1 cl Zitronensaft	

Alle Zutaten zusammen mit einer
Barschaufel Crushed ice im Blender gut mixen und in das Glas
gießen.

FROZEN BLACK-BERRY TEQUILA

herb-fruchtiger Shortdrink für die
Sommerparty
- ■ Cocktailglas
- ■ Blender

4 cl Tequila	
2 cl Brombeerlikör	
1 cl Zitronensaft	
■ Deko:	
1 Zitronenscheibe	

Alle Zutaten zusammen mit einer
Barschaufel Crushed ice im Blender mixen und in das Glas gießen.
Die Zitronenscheibe an den Glasrand stecken.

MEXICAN GUAYABA

fruchtiger, feinherber Shortdrink
für die Party
- ■ Cocktailglas
- ■ Shaker

3 cl Tequila	
1 cl Orangensaft	
1 cl Limettensaft	
1 cl Guavensirup	
■ Außerdem:	
1 Stück Orangenschale	

Alle Zutaten zusammen im Shaker
mit Eis kräftig schütteln und in das
Glas seihen. Den Drink mit der
Orangenschale abspritzen und sie
ins Glas geben.

COPA DE ORO

fruchtiger, lieblicher Flip für jede
Jahreszeit
- ■ Kelchglas
- ■ Shaker

2 cl Tequila	
1 cl Grand Marnier	
1 cl Zuckersirup	
1 Eigelb	

Alle Zutaten zusammen im Shaker
mit viel Eis kräftig schütteln und in
das Glas seihen.

ACAPULCO DREAM

mild-fruchtiger Longdrink für die Party
- ◼ Longdrinkglas
- ◼ Shaker

3 cl Tequila
1 cl brauner Rum
10 cl Ananassaft
4 cl Grapefruitsaft
◼ **Deko:**
1 Ananasscheibe

Alle Zutaten zusammen im Shaker mit Eis schütteln und in das Glas mit Eiswürfeln seihen. Zuletzt die Ananasscheibe an den Glasrand stecken.

MEXICAN NIGHT

fruchtig-herber Longdrink für die Party
- ◼ Longdrinkglas
- ◼ Gästeglas

4 cl Tequila
2 dashes Limettensirup
1 Zitronenviertel
Bitter lemon zum Auffüllen

Tequila, Limettensirup und das Zitronenviertel zusammen im Glas mit Eis verrühren. Mit Bitter lemon auffüllen und kurz umrühren.

JUNGLE BIRD

fruchtiger, halbtrockener Longdrink für die Sommerparty
- ◼ Longdrinkglas
- ◼ Shaker

4 cl Tequila
4 cl Papayasaft
4 cl Zitronensaft
1 cl Maracujasirup
◼ **Deko:**
¼ Ananasscheibe
1 Cocktailkirsche

Die Zutaten zusammen im Shaker mit Eis schütteln und in das Longdrinkglas mit Crushed ice seihen. Das Obst auf einen Spieß stecken und ihn über den Glasrand legen.

MEXICAN OLD FASHIONED

bitter-süßer Longdrink für die Sommerparty
- ◼ großer Tumbler
- ◼ Gästeglas

1 Stück Würfelzucker
1 dash Angostura
1 Zitronenviertel
1 Orangenachtel
1 Cocktailkirsche
5 cl Tequila
Sodawasser zum Auffüllen

Den Zucker im Glas mit Angostura tränken und mit einem Stößel zerdrücken. Die Früchte dazugeben, mit Tequila begießen und vier Eiswürfel dazugeben. Gut umrühren. Dann mit Soda auffüllen und nochmals vorsichtig umrühren. Mit einem Löffel servieren.

Tequila

TEQUILA SUNRISE

fruchtiger Longdrink für heiße
Tage
- Longdrinkglas
- Gästeglas

4 cl Tequila weiß	
Orangensaft zum Auffüllen	
½ Orangenscheibe	
2 cl Grenadine	

Den Tequila und den Orangensaft
in das Longdrinkglas mit Eiswürfeln geben. Die Orangenscheibe
auf das Getränk legen und den Grenadine darauf gießen. Mit einem
Stirer servieren.

FROZEN SUN

fruchtiger, zartherber Shortdrink
für die Sommerparty
- Cocktailglas
- Blender

4 cl Tequila	
1 cl Limettensaft	
1 cl Grenadine	
▪ **Deko:**	
1 Orangenscheibe	

Alle Zutaten zusammen mit einer
Barschaufel Crushed ice im Blender mixen und in das vorgekühlte
Glas gießen. Die Orangenscheibe
an den Glasrand stecken.

TEQUILA FEVER

erfrischender Longdrink für heiße
Tage
- Longdrinkglas
- Shaker

4 cl Tequila Gold	
1 cl Red Orange	
6 cl Maracujasaft	
4 cl Mango-Zitronen-Saft	
1 cl Zitronensaft	
▪ **Deko:**	
1 Karambolenscheibe	
1 Cocktailkirsche	
1 Minzezweig	

Die Zutaten zusammen im Shaker
mit Eis schütteln und in das Longdrinkglas mit Eiswürfeln seihen.
Die Karambolenscheibe zusammen mit der Kirsche am Sticker
über den Glasrand legen. Den Minzezweig ins Glas geben.

CARABINIERI

fruchtiger, zartherber Longdrink
für die Sommerparty
- Longdrinkglas
- Shaker

3 cl Tequila	
2 cl Galliano	
2 cl Limettensaft	
8 cl Orangensaft	
1 Eigelb	

Alle Zutaten zusammen im Shaker
mit Eiswürfeln gut schütteln und
in das zur Hälfte mit Crushed ice
gefüllte Glas seihen.

MEXICAN MOCKINGBIRD

würziger, zartherber Longdrink
für die Sommerparty
■ Longdrinkglas
■ Shaker

4 cl Tequila
2 cl Creme de Menthe grün
1 cl Limettensaft
Sodawasser zum Auffüllen
■ **Deko:**
1 Minzezweig

Alle Zutaten außer Soda zusammen im Shaker mit Eis schütteln und in das zu einem Drittel mit Eiswürfeln gefüllte Glas seihen. Mit Soda auffüllen und kurz umrühren. Den Minzezweig an den Glasrand stecken.

TAPICO

erfrischender, bitterer Longdrink
für die Party
■ Longdrinkglas
■ Shaker

4 cl Tequila silver
2 cl Cassis
2 cl Bananensaft
Tonic water zum Auffüllen
■ **Deko:**
½ Orangenscheibe
1 Cocktailkirsche

Alle Zutaten außer Tonic water zusammen im Shaker mit Eis schütteln und in das Longdrinkglas mit Eiswürfeln seihen. Mit Tonic water auffüllen. Die Orangenscheibe mit der Kirsche am Sticker an den Glasrand stecken.

MEXICAN SCREWDRIVER

fruchtiger Longdrink für die Sommerparty
- ■ Longdrinkglas
- ■ Gästeglas

4 cl Tequila	
10 cl Orangensaft	
■ **Außerdem:**	
1 Orangenscheibe	

Die Zutaten zusammen mit Eiswürfeln im Gästeglas verrühren. Die Orangenscheibe ins Glas geben. Mit Stirer servieren.

DESPERTADOR

fruchtiger, leicht herber Longdrink für jede Jahreszeit
- ■ Longdrinkglas
- ■ Shaker

3 cl Tequila	
1 cl Cointreau	
2 cl Grenadine	
1 BL Honig	
Grapefruitsaft zum Auffüllen	
■ **Deko:**	
1 Zitronenscheibe	
1 Cocktailkirsche	

Alle Zutaten außer Grapefruitsaft zusammen im Shaker mit Eis schütteln und in das Glas seihen. Mit Grapefruitsaft auffüllen und kurz umrühren. Das Obst zusammen am Sticker über den Glasrand legen.

TEQUAS

fruchtiger, feinherber Longdrink
für die Party
- ◼ großer Tumbler
- ◼ Shaker

3 cl Tequila
4 cl Zitronensaft
2 cl Ananassirup
◼ **Deko:**
1 Zitronenscheibe

Alle Zutaten zusammen im Shaker
mit Eis kräftig schütteln und in das
zur Hälfte mit Eiswürfeln gefüllte
Glas seihen. Die Zitronenscheibe
an den Glasrand stecken.

CARAMBA I

fruchtiger, zartherber Longdrink
für die Sommerzeit
- ◼ Longdrinkglas
- ◼ Shaker

4 cl Tequila
2 cl Grapefruitsaft
2 BL Zuckersirup
Sodawasser zum Auffüllen

Tequila, Grapefruitsaft und Zuckersirup zusammen im Shaker mit
Crushed ice schütteln und in das
Glas gießen. Mit Soda auffüllen
und kurz umrühren.

ALELUIA

erfrischend-fruchtiger Longdrink
für die Sommerparty
- ◼ Longdrinkglas
- ◼ Shaker

2,5 cl Tequila weiß
1,5 cl Maraschino
1,5 cl Curaçao blue
1,5 cl Zitronensaft
1 dash Eiweiß
Bitter lemon zum Auffüllen
◼ **Deko:**
1 Zitronenscheibe, 2 Kirschen
1 Stück Orangenschale
1 Minzezweig

Alle Zutaten außer Bitter lemon
zusammen im Shaker mit Eis
schütteln und in das Longdrinkglas seihen. Mit Bitter lemon auffüllen und umrühren. Die Zitronenscheibe mit den Cocktailkirschen am Sticker an den Glasrand
stecken. Den Minzezweig und die
Orangenschale ins Glas geben.

BLOODY JUANITA

pikanter Longdrink für den Abend
- ◼ großer Tumbler
- ◼ Gästeglas

4 cl Tequila
10 cl Tomatensaft
Pfeffer
Selleriesalz
Worcestershiresauce
Tabasco

Tequila und Tomatensaft zusammen im Tumbler mit Eis verrühren.
Mit den Gewürzen abschmecken.

AMERICANO

Drinks mit Südwein

TROCADERO

ALADIN

STERN DES SÜDENS

DANIELLE

VERMOUTH TONIC

ADMIRAL

MASCOTTE COCKTAIL

herb-würziger Shortdrink für den Abend
- ◼ Cocktailglas
- ◼ Shaker

4 cl Vermouth dry	
1 cl Anisette	
1 cl Bénédictine D.O.M.	

Alle Zutaten zusammen im Shaker mit Eis kräftig schütteln und in das Glas seihen.

LOVELY BUTTERFLY

würziger, feinherber Shortdrink (Aperitif)
- ◼ Cocktailglas
- ◼ Shaker

2 cl Vermouth dry	
2 cl Vermouth bianco	
1 cl Dubonnet	
1 cl Orangensaft	

Alle Zutaten zusammen im Shaker mit Eis schütteln und in das Glas seihen.

ADONIS

würzig-milder Shortdrink (Aperitif)
- ◼ Cocktailglas
- ◼ Rührglas

2 cl Vermouth bianco	
1 cl Vermouth rosso	
2 cl Sherry	
1 dash Orange-Bitter	

Alle Zutaten im Rührglas mit Eis verrühren, in das Glas seihen.

TOP OF THE HILL

fruchtiger, feinherber Shortdrink für den Nachmittag
- ◼ Cocktailglas
- ◼ Shaker

4 cl Vermouth rosso	
4 cl Orangensaft	
2 dashes Ananassaft	
1 dash Orange-Bitter	
◼ **Deko:**	
½ Orangenscheibe	

Alle Zutaten zusammen im Shaker mit Eis kräftig schütteln und in das Glas seihen. Die Orangenscheibe an den Glasrand stecken.

TROCADERO

halbtrockener Shortdrink (Aperitif)
- ◼ Cocktailglas
- ◼ Rührglas

3 cl Vermouth dry	
3 cl Vermouth rosso	
1 dash Grenadine	
1 dash Orange-Bitter	
◼ **Deko:**	
1 Cocktailkirsche	

Die Zutaten zusammen im Rührglas mit Eis verrühren und in das Cocktailglas seihen. Die Kirsche am Sticker ins Glas geben.

CHORUS GIRL

fruchtiger, feinherber Shortdrink
für die Party
- Cocktailglas
- Shaker

2 *cl* **Vermouth rosso**	
2 *cl* **Vermouth dry**	
2 *cl* **Gin**	
2 *cl* **Orangensaft**	
Deko:	
1 **Cocktailkirsche**	

Alle Zutaten zusammen im Shaker
mit Eis kräftig schütteln und in das
Glas seihen. Die Kirsche an den
Glasrand stecken.

GRÜNE WITWE

würziger, feinherber Shortdrink
für den Abend
- kleiner Tumbler
- Gästeglas

2 *cl* **Vermouth dry**	
2 *cl* **Gin**	
2 *cl* **grüner Pfefferminzlikör**	
Deko:	
1 **Minzezweig**	

Den Tumbler halbvoll mit Crushed
ice füllen. Dann Vermouth, Gin
und Pfefferminzlikör darüberge-
ben. Den Minzezweig an den Glasrand stecken.

DELMONICO

würziger, feinherber Shortdrink
für den Abend
- kleiner Tumbler
- Shaker

2 *cl* **Vermouth dry**	
2 *cl* **Vermouth rosso**	
2 *cl* **Cognac**	
2 *cl* **Gin**	
1 **dash Angostura**	
Außerdem:	
1 **Stück Orangenschale**	
1 **Stück Gurkenschale**	
1 **Cocktailkirsche**	

Alle Zutaten zusammen im Shaker
mit Eis schütteln und in den Tumbler seihen. Die Schalenstücke
und die Kirsche ins Glas geben.

AFFINITY COCKTAIL

würziger, feinherber Shortdrink
für den Abend
- Cocktailglas
- Rührglas

2 *cl* **Vermouth rosso**	
2 *cl* **Vermouth dry**	
2 *cl* **Scotch Whisky**	
2 **dashes Angostura**	
Außerdem:	
1 **Stück Zitronenschale**	

Alle Zutaten zusammen im Rührglas mit Eis verrühren und in das
Glas seihen. Den Drink mit der Zitronenschale abspritzen.

ALADIN

würzig-lieblicher Shortdrink für
den Abend
- Cocktailglas
- Shaker

4 cl Vermouth rosso	
2 cl Kirschwasser	
1 cl Grenadine	
Deko:	
1 Cocktailkirsche	

Alle Zutaten zusammen im Shaker
mit Eis kräftig schütteln und in das
Glas seihen. Die Kirsche an den
Glasrand stecken.

FLORA MCDONALD

würziger, feinherber Shortdrink
für den Abend
- Cocktailglas
- Shaker

4 cl Vermouth dry	
2 cl Drambuie (Honiglikör)	
2 cl Gin	
Deko:	
1 Orangenscheibe	

Alle Zutaten zusammen im Shaker
mit Eis kräftig schütteln und in das
Glas seihen. Die Orangenscheibe
an den Glasrand stecken.

DOLLY

mild-fruchtiger Shortdrink für den Abend
- Cocktailglas
- Shaker

3 cl Vermouth bianco	
2 cl Gin	
3 cl Maracujanektar	
Deko:	
1 Zitronenscheibe	

Alle Zutaten zusammen im Shaker mit Eis schütteln und in das Glas seihen. Die Zitronenscheibe an den Glasrand stecken.

STERN DES SÜDENS

feinherber Shortdrink für den Abend
- Cocktailglas
- Shaker

2,5 cl Vermouth rosso	
2,5 cl weißer Rum	
1 BL Zitronensaft	
1 dash Orange-Bitter	

Alle Zutaten zusammen im Shaker mit Eis schütteln und in das Glas seihen.

ADMIRAL

herber Shortdrink für den Abend
- Cocktailglas
- Rührglas

4 cl Vermouth dry	
2 cl Bourbon Whiskey	
1 dash Zitronensaft	
Deko:	
1 Zitronenscheibe	

Alle Zutaten zusammen im Rührglas mit Eis verrühren und in das
Glas seihen. Die Zitronenscheibe
ins Glas geben.

DIPLOMAT

feinherber Shortdrink (Aperitif)
- Cocktailglas
- Shaker

4 cl Vermouth dry	
2 cl Vermouth rosso	
1 BL Maraschino	
Deko:	
1 Cocktailkirsche	

Alle Zutaten zusammen im Shaker
mit Eis kräftig schütteln und in das
Glas seihen. Die Kirsche an den
Glasrand stecken.

BITTER SWEET II

feinherber Shortdrink (Aperitif)
- Cocktailglas
- Gästeglas

3 cl Vermouth dry	
3 cl Vermouth rosso	
1 dash Angostura	
Außerdem:	
1 Stück Orangenschale	

Alle Zutaten zusammen im Cocktailglas mit Eiswürfeln verrühren.
Den Drink mit der Orangenschale
abspritzen und sie ins Glas geben.

DANIELLE

feinherber Shortdrink (Aperitif)
- Cocktailglas
- Rührglas

4 cl Vermouth rosso	
2 cl Brandy	
1 dash Angostura	
Deko:	
1 Zitronenscheibe	

Alle Zutaten zusammen im Shaker
mit Eis kräftig schütteln und in das
Glas seihen. Die Zitronenscheibe
an den Glasrand stecken.

SEEJUNGFRAU

fruchtiger, feinherber Longdrink
für die Sommerparty
- Longdrinkglas
- Gästeglas

2 *cl* **Vermouth bianco**	
2 *cl* **Gin**	
2 *cl* **Curaçao blue**	
Bitter orange (Bitterlimonade)	
zum Auffüllen	
■ **Deko:**	
1 Zitronenschalenspirale	
1 Orangenscheibe	

Alle Zutaten außer Bitter Orange
zusammen im Longdrinkglas mit
Eiswürfeln verrühren. Mit Limonade auffüllen und kurz umrühren.
Die Schalenspirale an den Glasrand hängen, die Orangenscheibe
an den Glasrand stecken.

DREI MAL DREI

würziger, feinherber Longdrink für
den Abend
- Longdrinkglas
- Shaker

3 *cl* **Vermouth dry**	
3 *cl* **Gin**	
3 *cl* **Limettensirup**	
1 BL Zitronensaft	
Sodawasser zum Auffüllen	

Alle Zutaten außer Soda zusammen im Shaker mit Eis schütteln
und in das Glas seihen. Mit Soda
auffüllen und kurz umrühren.

AMERICANO

etwas lieblicher Longdrink für
heiße Tage
- mittelgroßer Tumbler
- Gästeglas

3 *cl* **Vermouth rosso**	
3 *cl* **Campari**	
Sodawasser zum Auffüllen	
■ **Außerdem:**	
1 Stück Zitronenschale	

Vermouth und Campari zusammen im Tumbler mit Eis verrühren.
Mit Soda auffüllen und umrühren.
Den Drink mit der Zitronenschale
abspritzen.

VERMOUTH TONIC

herb-würziger Longdrink für den
Abend
- Longdrinkglas
- Gästeglas

5 *cl* **Vermouth dry**	
1 BL Zitronensaft	
Tonic water zum Auffüllen	
■ **Deko:**	
1 Zitronenscheibe	

Vermouth und Zitronensaft zusammen mit Eiswürfeln im Longdrinkglas verrühren. Mit Tonic
water auffüllen und kurz umrühren. Die Zitronenscheibe an
den Glasrand stecken.

PORTO

fruchtiger, feinherber Shortdrink
(Aperitif)
- ■ Cocktailglas
- ■ Rührglas

4 cl Portwein	
2 cl Brandy	

Die Zutaten zusammen im Rührglas mit Eis verrühren und in das
Glas seihen.

PORTWEIN FLIP

sahniger Flip (After-Dinner-Drink)
- ■ Flipglas oder Sektkelch
- ■ Shaker

4 cl Portwein	
1 cl Cognac	
1 BL Zuckersirup	
1 Eigelb	
■ **Außerdem:**	
geriebene Muskatnuß	

Die Zutaten zusammen im Shaker
mit Eis kräftig schütteln und in das
Glas seihen. Mit etwas Muskat bestreuen.

BETSY ROSS COCKTAIL

fruchtiger, feinherber Shortdrink
(Aperitif)
- ■ Cocktailglas
- ■ Shaker

3 cl Portwein	
3 cl Cognac	
1 dash Orangenlikör	
1 dash Angostura	
■ **Außerdem:**	
1 Stück Zitronenschale	

Alle Zutaten zusammen im Shaker
mit Eis schütteln und in das Glas
seihen. Den Drink mit der Zitronenschale abspritzen.

TAYLOR MADE

fruchtiger Cobbler für heiße Tage
- ■ Cobblerglas
- ■ Gästeglas

5 cl Portwein	
2 cl B & B-Likör	
2 dashes Orange-Bitter	
■ **Außerdem:**	
½ Pfirsich, halbiert	
2 Erdbeeren, halbiert	
4 kleine Honigmelonenkugeln	

Die Zutaten zusammen im zur
Hälfte mit Crushed ice gefüllten
Glas verrühren. Die Früchte ins
Glas geben.

Südwein

BERLENGA

feinwürziger Shortdrink (Aperitif)
- ■ Cocktailglas
- ■ Rührglas

6 cl weißer Portwein
2 cl Gin
■ **Deko:**
½ Zitronenscheibe

Die Zutaten zusammen im Rührglas mit Eis verrühren und in das Glas seihen. Die Zitronenscheibe an den Glasrand stecken.

PORT SANGAREE

fruchtig-lieblicher Shortdrink für den Abend
- ■ Cocktailglas
- ■ Shaker

4 cl roter Portwein
1 cl Curaçao blue
1 cl Zuckersirup
■ **Außerdem:**
geriebene Muskatnuß

Alle Zutaten zusammen im Shaker mit Eis schütteln und in das Glas seihen. Mit Muskat bestreuen.

PORTO RICO

fruchtig-herber Shortdrink für den Abend
- ■ Cocktailglas
- ■ Shaker

4 cl Portwein
2 cl Scotch Whisky
1 cl Zitronensaft
■ **Deko:**
1 Orangenscheibe

Alle Zutaten zusammen im Shaker mit Eis schütteln und in das Glas seihen. Die Orangenscheibe an den Glasrand stecken.

EXTRAVAGANT PORT

fruchtiger, feinherber Longdrink für die Sommerparty
- ■ Longdrinkglas
- ■ Shaker

4 cl roter Portwein
2 cl Brandy
1 cl Orangenlikör
Bitter lemon zum Auffüllen
■ **Deko:**
1 Orangenscheibe

Alle Zutaten außer Bitter lemon zusammen im Shaker mit Eis schütteln und in das Glas mit Eiswürfeln seihen. Mit Bitter lemon aufgießen und kurz umrühren. Die Orangenscheibe an den Glasrand stecken.

MOSS ROSE COCKTAIL

fruchtiger, feinherber Shortdrink
für die Party
- ■ Cocktailglas
- ■ Shaker

4 cl Cream Sherry	
2 cl Grapefruitsaft	
1 dash Gin	

Alle Zutaten zusammen im Shaker
mit Eis schütteln und in das Glas
seihen.

P. J. (PERRIER JOUET)

trockener Champagnercocktail
(Aperitif)
- ■ Sektkelch
- ■ Gästeglas

2 cl trockener Sherry	
1 BL B & B-Likör	
Champagner zum Auffüllen	

Sherry und Likör zusammen im
Gästeglas verrühren und danach
mit Champagner auffüllen.

GORDON'S

fruchtiger, zartherber Shortdrink
(Aperitif)
- ■ Cocktailglas
- ■ Rührglas

4 cl Sherry medium	
1 cl Gin	

Die Zutaten zusammen im Rührglas mit Eis verrühren und in das
Glas seihen.

ARENA

feinherber Shortdrink (Aperitif)
- ■ Cocktailglas
- ■ Rührglas

2 cl Sherry dry	
2 cl Vermouth dry	
2 cl Vermouth rosso	
1 dash Orange-Bitter	
■ **Deko:**	
1 Ingwerfrucht	

Alle Zutaten zusammen im Rühr-
glas mit Eis verrühren und in das
Glas seihen. Die Ingwerfrucht am
Sticker ins Glas geben.

INCA

würziger, feinherber Shortdrink
(Aperitif)
- ■ Cocktailglas
- ■ Rührglas

2 cl Sherry medium	
2 cl Vermouth dry	
2 cl Vermouth rosso	
2 cl Gin	
1 dash Orange-Bitter	
■ **Außerdem:**	
1 Stück Zitronenschale	

Alle Zutaten zusammen im Rührglas mit Eis verrühren und in das
Glas seihen. Den Drink mit der Zitronenschale abspritzen.

Moss Rose Cocktail (l.), P. J. (M.), Arena (r.)

BAHIA COCKTAIL

würziger, feinherber Shortdrink (Aperitif)
- Cocktailglas
- Rührglas

3 cl Sherry medium	
3 cl Vermouth dry	
2 dashes Pastis	
1 dash Orange-Bitter	
Außerdem:	
1 Stück Zitronenschale	

Alle Zutaten zusammen im Rührglas mit viel Eis verrühren und in das Glas seihen. Den Drink mit der Zitronenschale abspritzen.

COPACABANA PALACE

fruchtig-würziger, zartherber Shortdrink (Aperitif)
- Cocktailglas
- Rührglas

3 cl Sherry dry	
3 cl Vermouth rosso	
3 dashes Chartreuse grün	

Alle Zutaten zusammen im Rührglas mit Eis verrühren und in das Glas seihen.

BAMBOO

feinherber Shortdrink (Aperitif)
- Cocktailglas
- Rührglas

3 cl Sherry fino	
3 cl Vermouth dry	
1 dash Orange-Bitter	
Deko:	
1 Zitronenscheibe	

Alle Zutaten zusammen im Rührglas mit Eis verrühren und in das Glas seihen. Die Zitronenscheibe an den Glasrand stecken.

SHERRY FLIP

sahniger Flip (After-Dinner-Drink)
- Sektkelch
- Shaker

4 cl Sherry medium	
2 cl Weinbrand oder Cognac	
2 cl Zuckersirup	
1 Eigelb	
Außerdem:	
geriebene Muskatnuß	

Die Zutaten zusammen im Shaker mit Eis kräftig schütteln und in das Glas seihen. Mit Muskatnuß bestreuen.

BELLE EPOQUE

trockener Champagnercocktail
(Aperitif)
- ◾ Sektkelch
- ◾ Gästeglas

1 *cl* trockener Sherry	
1 BL Vieut Marc de Champagne	
Champagner zum Auffüllen	
◾ **Deko:**	
½ Orangenscheibe	
1 Cocktailkirsche	

Die Zutaten ohne Champagner zusammen in das Gästeglas geben
und mit Champagner auffüllen.
Das Obst am Sticker über den
Glasrand legen.

DUBONNET ON
THE ROCKS

aromatischer Shortdrink (Aperitif)
- ◾ kleiner Tumbler
- ◾ Gästeglas

5 *cl* Dubonnet	
◾ **Außerdem:**	
1 Stück Zitronenschale	

Den Dubonnet in den Tumbler mit
Eiswürfeln geben. Die Zitronenschale hinzufügen.

DUBONNET
CARIBIENNE

halbtrockener Shortdrink für den
ganzen Tag
- ◾ kleiner Tumbler
- ◾ Gästeglas

3 *cl* Dubonnet	
3 *cl* brauner Rum	
Mineralwasser zum Auffüllen	
◾ **Deko:**	
½ Zitronenscheibe	
1 Cocktailkirsche	

Die Zutaten zusammen in den
Tumbler mit Eiswürfeln geben und
mit Mineralwasser auffüllen. Die
Früchte ins Glas geben. Mit einem
Stirer servieren.

BOB DANDY

halbtrockener Shortdrink
(Aperitif)
- Cocktailglas
- Rührglas

---
4 cl Dubonnet
2 cl Brandy

Die Zutaten zusammen im Rührglas mit Eis verrühren und in das Cocktailglas seihen. Eventuell etwas Eis dazugeben.

CORONATION

herber Shortdrink (Aperitif)
- Cocktailglas
- Rührglas

---
2 cl Dubonnet
2 cl Vermouth dry
2 cl Gin

Die Zutaten zusammen im Rührglas mit Eis verrühren und in das Glas seihen.

BULL'S EYE

lieblicher Shortdrink für die Party
- Cocktailglas
- Gästeglas

---
1 ganzes Eigelb
Malaga zum Auffüllen

Das Eigelb vorsichtig ins Glas geben und mit Malaga auffüllen.

BUSHRANGER

herber Shortdrink für den Abend
- Cocktailglas
- Rührglas

---
3 cl Dubonnet
3 cl weißer Rum
2 dashes Angostura
- **Deko:**
1 Cocktailkirsche

Alle Zutaten zusammen im Rührglas mit Eis verrühren und in das Glas seihen. Die Kirsche am Sticker ins Glas geben.

DUBONNET CREAM

fruchtiger, bittersüßer Longdrink
(Aperitif)
- Longdrinkglas
- Gästeglas

---
6 cl Dubonnet
3 cl Crème de Cassis
Sodawasser zum Auffüllen
2 dashes Zitronensaft
1 Zitronenscheibe

Dubonnet und Crème de Cassis zusammen im Longdrinkglas mit Eiswürfeln verrühren. Mit Soda auffüllen, Zitronensaft und Zitronenscheibe dazugeben und kurz umrühren.

BRASILIA

CAIPIRINHA

BATIDA DEL SOL

Drinks mit Cachaça

BATIDA RIO

TELENOVELA

CARNEVAL

BRASILIAN SUNRISE

SURF

BEST WISHES

BATIDA DE MARACUJA

CHAÇINI

würziger, trockener Shortdrink
(Aperitif)
- Cocktailglas
- Rührglas

4 cl Cachaça	
1 cl weißer Rum	
1 cl Vermouth dry	
1 dash Angostura	
Außerdem:	
1 Stück Zitronenschale	

Alle Zutaten zusammen im Rührglas mit Eis verrühren und in das
Glas seihen. Den Drink mit der Zitronenschale abspritzen und sie
ins Glas geben.

CAIPIRINHA

säuerlich-herber Shortdrink
(Aperitif)
- kleiner Tumbler
- Gästeglas

1 Limette, geviertelt	
2–3 TL brauner Zucker	
5 cl Nêga Fulô (Cachaça)	

Die Limette in das Glas geben und
mit einem Stößel zerdrücken. Den
braunen Zucker und den Nêga
Fulô dazugeben, mit Crushed ice
auffüllen und alles verrühren.

BRASILIA

fruchtig-lieblicher Longdrink für
die Sommerparty
- Longdrinkglas
- Shaker

4 cl Cachaça	
1 cl Curaçao blue	
2 cl Cream of Coconut	
5 cl Orangensaft	
5 cl Ananassaft	
Deko:	
1 Stück Melone	

Die Zutaten zusammen im Shaker
mit Eis schütteln und in das Longdrinkglas mit Crushed ice seihen.
Das Melonenstück an den Glasrand stecken. Mit Palmenstirer
servieren.

BATIDA DE MARACUJA

fruchtig-frischer Longdrink für die
Sommerparty
- Longdrinkglas
- Shaker

3 cl Cachaça	
6 cl Maracujasaft	
1 cl Zitronensaft	
Deko:	
1 Karambolenscheibe	

Die Zutaten zusammen im Shaker
mit Eis schütteln und in das Longdrinkglas mit Crushed ice seihen.
Die Karambolenscheibe an den
Glasrand stecken.

Brasilia (h. l.), Batida De Maracuja (h. r.), Chaçini (v. l.), Caipirinha (v. r.)

SURF

lieblicher Longdrink für alle
Gelegenheiten
- Longdrinkglas
- Shaker

3 cl Cachaça	
2 cl Pfirsichlikör	
4 cl Bananensaft	
4 cl Maracujasaft	
3 dashes Curaçao blue	
■ **Deko:**	
½ Orangenscheibe	
2 Cocktailkirschen	

Die Zutaten zusammen im Shaker
mit Eis schütteln und in das Longdrinkglas mit Crushed ice seihen.
Die Orangenscheibe an den Glasrand stecken, die Kirschen am
Sticker daran befestigen. Mit Stirer
servieren.

CARAMBA II

fruchtig-herber Fizz für die
Sommerzeit
- Longdrinkglas
- Shaker

4 cl Cachaça	
2 cl Grapefruitsaft	
2 BL Zuckersirup	
Sodawasser zum Auffüllen	
■ **Deko:**	
½ Grapefruitscheibe	

Alle Zutaten außer Soda zusammen im Shaker mit Crushed ice
schütteln und in das Glas gießen.
Mit Soda auffüllen und kurz umrühren. Die Grapefruitscheibe an
den Glasrand stecken.

BATIDA

fruchtig-milder Longdrink für die
Sommerparty
- Longdrinkglas
- Blender

5 cl Cachaça	
4 cl Limettensirup	
2 BL Honig	
■ **Außerdem:**	
2 Limettenviertel	

Alle Zutaten zusammen im Blender mixen. Etwa vier Eiswürfel dazugeben, alles weitermixen und
dann in das Glas gießen. Die Limettenviertel in das Glas ausdrücken und dazugeben.

BATIDA DEL SOL

fruchtiger, lieblicher Longdrink für
die Sommerparty
- Longdrinkglas
- Shaker

3 cl Cachaça	
1 cl brauner Rum	
2 cl Kokosnußlikör	
5 cl Ananassaft	
1 cl Cream of Coconut	
■ **Deko:**	
½ Ananasscheibe	
1 Cocktailkirsche	

Alle Zutaten zusammen im Shaker
mit Eis kräftig schütteln und in das
Glas seihen. Mit Crushed ice auffüllen. Die Ananasscheibe an den
Glasrand stecken und die Kirsche
mit einem kleinen Sticker daran
befestigen.

RECIFE

fruchtiger, feinherber Longdrink
für die Sommerparty
- Longdrinkglas
- Shaker

3 cl Cachaça	
1 cl Tequila	
2 cl brauner Rum	
8 cl Ananassaft	
1 dash Orange-Bitter	
■ **Deko:**	
¼ Ananasscheibe	
1 Cocktailkirsche	

Alle Zutaten zusammen im Shaker
mit Eis kräftig schütteln und in das
Glas seihen. Mit Crushed ice auffüllen. Die Früchte an den Glasrand stecken.

BATIDA RIO

fruchtiger, lieblicher Longdrink für
die Sommerparty
- Longdrinkglas
- Blender

2 cl Cachaça	
1 cl weißer Rum	
1 cl Bananenlikör	
6 cl Ananassaft	
1 cl Sahne	
1 cl Cream of Coconut	
½ Banane, geschält und	
in Scheiben	
■ **Deko:**	
¼ Ananasscheibe	

Alle Zutaten zusammen mit einer
Barschaufel Crushed ice im Blender schaumig schlagen und in das
Glas gießen. Die Ananasscheibe
an den Glasrand stecken.

BRASILIAN SUNRISE

fruchtiger, lieblicher Longdrink für
die Party
- Longdrinkglas
- Gästeglas

4 cl Cachaça	
1 cl Zitronensaft	
10 cl Orangensaft	
2 cl Grenadine	
Deko:	
1 Orangenscheibe	

Den Cachaça und die Säfte zusammen im Glas mit Eiswürfeln verrühren. Den Grenadine langsam
hineingießen. Die Orangenscheibe an den Glasrand stecken. Mit
Trinkhalm servieren.

BEST WISHES

fruchtig-herber Longdrink für die
Sommerparty
- Longdrinkglas
- Shaker

3 cl Cachaça	
1 cl Tequila	
2 cl weißer Rum	
8 cl Grapefruitsaft	
1 cl Zuckersirup	
Deko:	
1 Limettenscheibe	

Alle Zutaten zusammen im Shaker
mit Eis kräftig schütteln und in das
Glas seihen. Etwas Crushed ice dazugeben und die Limettenscheibe
an den Glasrand stecken.

CARNEVAL

fruchtiger, lieblicher Longdrink für
die Sommerparty
- Longdrinkglas
- Shaker

4 cl Cachaça	
1 cl brauner Rum	
3 cl Kokosnußlikör	
6 cl Ananassaft	
2 cl Sahne	
Deko:	
¼ Ananasscheibe	

Alle Zutaten zusammen im Shaker
mit Eis kräftig schütteln und in das
Glas seihen. Etwas Crushed ice dazugeben. Die Ananasscheibe an
den Glasrand stecken.

TELENOVELA

fruchtiger, feinherber Longdrink
für die Sommerparty
- Longdrinkglas
- Shaker

3 cl Cachaça	
1 cl brauner Rum	
2 cl Kokosnußlikör	
6 cl Maracujanektar	
1 cl Cream of Coconut	
Deko:	
1 Limettenscheibe	

Alle Zutaten zusammen im Shaker
mit Eis kräftig schütteln und in das
Glas seihen. Etwas Crushed ice dazugeben. Die Limettenscheibe an
den Glasrand stecken.

HORIZON

BLANCHE

Drinks

*mit
Anisées*

PERNOD FIZZ

DR. FUNK

PINK PERNOD

DIXIE

GANGADINE COCKTAIL

PERNOD FIZZ

würziger, fruchtiger Fizz für den Abend
- Longdrinkglas
- Shaker

3 cl Pernod	
1 cl Weinbrand	
1 cl Grenadine	
2 cl Zitronensaft	
2 cl Orangensaft	
1 Eiweiß	
Sodawasser zum Auffüllen	

Alle Zutaten außer Soda zusammen im Shaker mit Eis schütteln und in das Glas seihen. Mit Soda auffüllen und kurz umrühren.

DR. FUNK

mild-würziger Longdrink für den Abend
- Longdrinkglas
- Shaker

2 cl Pernod	
4 cl brauner Rum	
2 cl Zitronensaft	
2 cl Limettensaft	
3 cl Grenadine	
Sodawasser zum Auffüllen	

Alle Zutaten außer Soda zusammen im Shaker mit Eis schütteln und in das Longdrinkglas gießen. Mit Soda auffüllen und kurz umrühren. Mit Trinkhalm servieren.

MARTINIQUE I

fruchtiger-würziger Longdrink für die Sommermonate
- Longdrinkglas
- Gästeglas

1 cl Pernod	
4 cl brauner Rum	
2 cl Zitronensaft	
2 cl Zuckersirup	
1 dash Angostura	

Alle Zutaten zusammen in das zur Hälfte mit Crushed ice gefüllte Longdrinkglas geben. Umrühren, bis das Glas beschlägt. Mit einem Trinkhalm servieren.

PINK PERNOD

mild-würziger Longdrink für den Abend
- Longdrinkglas
- Gästeglas

2 cl Pernod	
2 cl Grenadine	
Ginger-ale zum Auffüllen	

Pernod und Grenadine zusammen im Longdrinkglas mit Eis gut verrühren. Mit Ginger-ale auffüllen und kurz umrühren.

Pink Pernod (l.), Dixie (M.), Pernod Klassisch (r.)

DIXIE

würziger, fruchtig-herber Short-drink (Aperitif)
- ◼ Cocktailglas
- ◼ Shaker

1 cl Pernod	
2 cl Gin	
1 cl Vermouth dry	
1 cl Zitronensaft	
2 dashes Grenadine	

Alle Zutaten zusammen im Shaker mit Eis schütteln und in das Glas seihen.

PERNOD KLASSISCH

würzig-erfrischender Longdrink (Aperitif)
- ◼ Longdrinkglas
- ◼ Gästeglas

5 cl Pernod	
20 cl klares Wasser zum Auffüllen	

Den Pernod in das Longdrinkglas geben. Mit dem Wasser auffüllen und kurz umrühren. Eventuell einige Eiswürfel dazugeben.

ABSINTH COCKTAIL

würziger, zartherber Shortdrink
(Aperitif)
- Cocktailglas
- Shaker

3 cl Pastis	
3 cl klares Wasser	
1 BL Zuckersirup	
1 dash Angostura	

Alle Zutaten zusammen im Shaker
mit Eis gut schütteln und in das
Glas seihen.

GANGADINE COCKTAIL

würziger, feinherber Shortdrink
für den Abend
- Cocktailglas
- Shaker

2 cl Pastis	
2 cl Gin	
2 cl Crème de Menthe weiß	
1 BL Grenadine	

Alle Zutaten zusammen im Shaker
mit Eis kräftig schütteln und in das
Glas seihen.

TOMATE

würzig-lieblicher Longdrink
(Aperitif)
- kleiner Tumbler
- Gästeglas

2 cl Pastis	
1 cl Grenadine	
klares Wasser zum Auffüllen	

Pastis und Grenadine zusammen
im Tumbler mit Eiswürfeln verrühren. Mit Wasser auffüllen und
kurz umrühren.

LONDON FOG COCKTAIL

würziger Shortdrink für den
Abend
- Cocktailglas
- Shaker

2,5 cl Anisette	
2,5 cl weißer Pfefferminzlikör	
1 dash Angostura	
Deko:	
1 Minzezweig	

Alle Zutaten zusammen im Shaker
mit Eis schütteln und in das Glas
seihen. Den Minzezweig an den
Glasrand stecken.

Anisées

BLANCHE

feinherber Shortdrink für den
Abend
- ■ Cocktailglas
- ■ Shaker

2 cl Anisette	
2 cl Cointreau	
2 cl Curaçao Triple sec	

Alle Zutaten zusammen im Shaker
mit viel Eis schütteln und in das
Glas seihen.

KNOCK OUT II

würziger, trockener Shortdrink
(Aperitif)
- ■ Cocktailglas
- ■ Shaker

2 cl Anisette	
2 cl Vermouth dry	
2 cl Gin	
2 dashes weißer Pfefferminzlikör	

Alle Zutaten zusammen im Shaker
mit Eis schütteln und in das Cocktailglas seihen.

GOOD-BYE JOHNNIE

würziger Shortdrink für den
Abend
- ■ Cocktailglas
- ■ Shaker

2 cl Anisette	
2 cl Brandy	
1 Eiweiß	
■ **Deko:**	
1 Prise Kümmelkörner	

Alle Zutaten zusammen im Shaker
mit Eis schütteln und in das Glas
seihen. Mit Kümmel bestreuen.

BIONDINA

würzig-herber Shortdrink für den
Abend
- ■ Cocktailglas
- ■ Shaker

2 cl Anisette	
2 cl Curaçao Triple sec	

Die Zutaten zusammen im Shaker
mit Eis kräftig schütteln und in das
Glas seihen.

HORIZON

herb-würziger Shortdrink für den Abend
- Cocktailglas
- Shaker

1 cl Anisette
4 cl brauner Rum
2 cl Zitronensaft
1 cl Grenadine

Alle Zutaten zusammen mit Eis im Shaker kurz schütteln und in das Cocktailglas seihen.

LÖWENMILCH

würziger Longdrink für den Abend
- großer Tumbler
- Gästeglas

4 cl Raki
Milch zum Auffüllen
1 Prise Kümmelpulver

Den Raki in das Glas gießen, mit Milch auffüllen und kurz umrühren. Mit dem Kümmelpulver bestreuen.

BOSPORUS SPRING

würziger Longdrink für heiße Tage
- Longdrinkglas
- Shaker

2 cl Raki
2 cl Pernod
2 BL Zitronensaft
2 BL Limettensirup
Sodawasser zum Auffüllen
Deko:
1 Zitronenschalenspirale

Alle Zutaten außer Soda zusammen im Shaker mit Crushed ice schütteln und in das Glas seihen. Mit Soda auffüllen und umrühren. Die Schalenspirale ins Glas geben.

RAKI KLASSISCH

würziger Longdrink für den Abend
- kleines Longdrinkglas
- Gästeglas

4 cl Raki
klares Wasser zum Auffüllen

Den Raki in das Glas geben, mit Wasser auffüllen und kurz umrühren. Nach Belieben Eis dazugeben.

TIME BOMB

MIDNIGHT SUN

PINK FLIP

HELVETIA

Drinks mit
Geisten & Korn

NORTHERN LIGHTS

ROSE COCKTAIL

TIME BOMB

würzig-herber Shortdrink
(After-Dinner-Drink, Aperitif)
■ Cocktailglas
■ Shaker

2 cl Aquavit	
2 cl Wodka	
2 cl Zitronensaft	
■ **Außerdem:**	
1 Stück Zitronenschale	

Alle Zutaten zusammen im Shaker
mit Eiswürfeln schütteln und in
das Glas seihen. Die Zitronenschale an den Glasrand stecken.

FIL D'ARGENT

fruchtiger, feinherber Shortdrink
(After-Dinner-Drink, Aperitif)
■ Cocktailglas
■ Shaker

2 cl Aquavit	
2 cl Wodka	
1 cl Pastis	
1 cl Orangenlikör	
2 dashes Zitronensaft	

Alle Zutaten zusammen im Shaker
mit Eis kräftig schütteln und in das
Glas seihen.

FERNANDO

würziger, fruchtig-herber Short-
drink (Aperitif)
■ Cocktailglas
■ Shaker

2 cl Aquavit	
2 cl Gin	
2 cl Zitronensaft	
1 dash Angostura	

Alle Zutaten zusammen im Shaker
mit Eis schütteln und in das Glas
seihen.

DANISH DYNAMITE

würziger, fruchtig-milder Short-
drink für den Abend
■ Cocktailglas
■ Shaker

3 cl Aquavit	
4 cl Orangensaft	
1 cl Limettensirup	
■ **Deko:**	
½ Orangenscheibe	

Alle Zutaten zusammen im Shaker
mit Eis schütteln und in das Glas
seihen. Die Orangenscheibe an
den Glasrand stecken.

Northern Lights (l.), Midnight Sun (r.)

NORTHERN LIGHTS

würziger, feinherber Longdrink für die Sommerparty
- ◼ mittelgroßer Tumbler
- ◼ Shaker

2 cl Aquavit	
2 cl Canadian Whisky	
1 BL Grenadine	
1 dash Angostura	
◼ **Außerdem:**	
1 Zitronenviertel	
1 Orangenachtel	
Sodawasser zum Auffüllen	

Alle Zutaten zusammen im Shaker mit Eis schütteln und in das Glas mit Eiswürfeln seihen. Die Früchte dazugeben, mit Soda auffüllen und kurz umrühren.

MIDNIGHT SUN

würziger, feinherber Shortdrink für den Abend (Aperitif)
- ◼ Cocktailglas
- ◼ Shaker

3 cl Aquavit	
1 cl Grapefruitsaft	
1 cl Zitronensaft	
1 cl Zuckersirup	
2 dashes Grenadine	
◼ **Deko:**	
½ Orangenscheibe	

Alle Zutaten zusammen im Shaker mit Eis kräftig schütteln und in das Glas seihen. Die Orangenscheibe an den Glasrand stecken.

ROSE COCKTAIL

aromatischer Shortdrink (Aperitif)
- Cocktailglas
- Rührglas

3 cl Kirschwasser
2 cl Vermouth dry
1 cl Grenadine
Deko:
1 Cocktailkirsche

Die Zutaten zusammen im Rührglas mit Eis verrühren und in das Glas seihen. Die Kirsche an den Glasrand stecken.

DR. SACK

starker Shortdrink (Aperitif)
- Cocktailglas
- Rührglas

2 cl Kirschwasser
2 cl Cherry Brandy
2 cl Gin
Deko:
1 Cocktailkirsche

Die Zutaten zusammen im Rührglas mit Eis verrühren und in das Cocktailglas seihen. Die Kirsche ins Glas geben.

KIRSCHCOCKTAIL

stärkerer Shortdrink für
den Abend
- Cocktailglas
- Rührglas

5 cl Kirschwasser
1 cl Grenadine
1 dash Curaçao Triple sec
Deko:
1 Cocktailkirsche

Alle Zutaten zusammen im Rührglas mit Eis verrühren und in das Glas seihen. Die Kirsche am Stikker über den Glasrand legen.

CHERRY CREAM

fruchtig-lieblicher Shortdrink
(After-Dinner-Drink)
- Cocktailglas
- Shaker

3 cl Kirschwasser
2 cl Cherry Brandy
2 cl Sahne
Deko:
1 Cocktailkirsche

Alle Zutaten zusammen im Shaker mit Eis kräftig schütteln und in das Glas seihen. Die Kirsche an den Glasrand stecken.

WESTERN COCKTAIL

würziger Shortdrink (Aperitif)
- ▪ Cocktailglas
- ▪ Rührglas

1 *cl*	*Kirschwasser*
1 *cl*	*Vermouth dry*
2 *cl*	*Vermouth rosso*
▪	*Deko:*
1	*Cocktailkirsche*

Alle Zutaten zusammen im Rührglas mit Eis verrühren und in das Glas seihen. Die Kirsche am Stikker ins Glas geben.

HELVETIA

lieblicher Shortdrink
(After-Dinner-Drink)
- ▪ Cocktailglas
- ▪ Shaker

2 *cl*	*Kirschwasser*
2 *cl*	*Cherry Brandy*
2 *cl*	*Sahne*
1 *cl*	*Grenadine*
▪	*Deko:*
1	*Cocktailkirsche*

Alle Zutaten zusammen im Shaker mit Eis kräftig schütteln und in das Glas seihen. Danach die Kirsche am Sticker über den Glasrand legen.

PINK FLIP

fruchtig-lieblicher Flip für den Abend
- ▪ Cocktailglas
- ▪ Shaker

2 *cl*	*Kirschwasser*
2 *cl*	*Kirschlikör*
1	*Eigelb*
▪	*Außerdem:*
	geriebene Muskatnuß

Alle Zutaten zusammen im Shaker mit Eis kräftig schütteln und in das Glas seihen. Etwas Muskat darüberstreuen.

COLORADO

mild-fruchtiger Shortdrink
(After-Dinner-Drink)
- ▪ Cocktailglas
- ▪ Shaker

2 *cl*	*Kirschwasser*
2 *cl*	*Kirschlikör*
2 *cl*	*Sahne*
1 *cl*	*Kirschsaft*

Alle Zutaten zusammen im Shaker mit Eis kräftig schütteln und in das Glas seihen.

GRAPPATTO

bittersüßer Shortdrink
(After-Dinner-Drink)
- ■ Cocktailglas
- ■ Rührglas

3 cl Grappa	
1 cl Amaretto	
■ **Deko:**	
1 Cocktailkirsche	

Alle Zutaten zusammen im Rühr-
glas mit Eis verrühren und in das
Glas seihen. Die Kirsche an den
Glasrand stecken.

CLOVER

feinherber Shortdrink für die
Sommerparty
- ■ kleiner Tumbler
- ■ Shaker

3 cl Grappa	
1 cl Erdbeersirup	
2 cl Zitronensaft	
1 Eiweiß	
■ **Außerdem:**	
1 Zitronenviertel	

Alle Zutaten zusammen im Shaker
mit Eis kräftig schütteln und in das
Glas seihen. Einige Eiswürfel und
das Zitronenviertel ins Glas geben.

KORN KIR

mild-fruchtiger Shortdrink für den Abend
- ▨ kleiner Tumbler
- ▨ Rührglas

2,5 cl Korn

2,5 cl Crème de Cassis

2,5 cl schwarzer Johannisbeersaft

Sodawasser zum Auffüllen

Alle Zutaten außer Soda zusammen mit Eiswürfeln im Shaker schütteln und in das Glas seihen. Mit etwas Soda auffüllen.

CURAKO

fruchtig-würziger Shortdrink für den Abend
- ▨ Cocktailglas
- ▨ Rührglas

---

3 cl Korn

2 cl Curaçao blue

2 dashes Angostura

▨ **Deko:**

1 Cocktailkirsche

Alle Zutaten zusammen im Rührglas mit Eiswürfeln verrühren und in das Glas seihen. Die Kirsche dazugeben.

KORN SOUR

erfrischender, herber Sour für den
Sommer
- mittelgroßer Tumbler
- Shaker

4 cl Korn	
2 cl Zitronensaft	
1 cl Zuckersirup	
Deko:	
1 Cocktailkirsche	

Die Zutaten zusammen im Shaker
mit Eis schütteln und in den Tumbler seihen. Die Kirsche ins Glas
geben. Auf Wunsch etwas Mineralwasser dazugeben.

KORNELIUS

würziger, etwas lieblicher Short-
drink (After-Dinner-Drink,
Aperitif)
- Cocktailglas
- Shaker

3 cl Doppelkorn	
1 cl Vermouth dry	
1 cl Vermouth rosso	
2 BL Grenadine	
Deko:	
1 Orangenscheibe	

Alle Zutaten zusammen im Shaker
mit Eis schütteln und in das Glas
seihen. Die Orangenscheibe an
den Glasrand stecken.

JUMPING JACK

fruchtig-lieblicher Longdrink für
die Party
- Longdrinkglas
- Shaker

4 cl Korn	
2 cl Erdbeersirup	
8 cl Orangensaft	
1 cl Zitronensaft	
Deko:	
1 Erdbeere	

Die Zutaten zusammen im Shaker
mit Eis schütteln und in das Longdrinkglas mit Eiswürfeln seihen.
Die Erdbeere an den Glasrand
stecken.

GERMAN MARY

pikant-würziger Longdrink für den
Abend
- Longdrinkglas
- Shaker

5 cl Korn	
10 cl Tomatensaft	
1 cl Zitronensaft	
Pfeffer	
Selleriesalz	
Tabasco	
Worcestershiresauce	

Alle Flüssigkeiten zusammen im
Shaker mit Eis kräftig schütteln,
mit den Gewürzen abschmecken
und in das Glas seihen.

WILLIAMS ZAUBER

fruchtiger Shortdrink für die Party
- ■ Sektschale
- ■ Shaker

2 cl Birnengeist	
2 cl Birnenlikör	
1 cl weißer Rum	
1 BL Zitronensaft	
1 cl Sekt zum Auffüllen	
■ **Deko:**	
1 Cocktailkirsche	

Alle Zutaten außer Sekt zusammen mit Eis im Shaker schütteln und in das Glas seihen. Den Sekt und die Kirsche dazugeben.

SWEET WILLIAM

mild-fruchtiger Shortdrink
(After-Dinner-Drink)
- ■ Cocktailglas
- ■ Shaker

2 cl Birnengeist	
2 cl Apricot Brandy	
2 cl Sahne	
■ **Deko:**	
1 Cocktailkirsche	

Alle Zutaten zusammen im Shaker mit Eis kräftig schütteln und in das Glas seihen. Die Kirsche an den Glasrand stecken.

WILLIAMS BITTER LEMON

fruchtig-herber Longdrink für den Abend
- ■ Longdrinkglas
- ■ Gästeglas

4 cl Birnengeist	
Bitter lemon zum Auffüllen	
■ **Deko:**	
1 Birnenspalte	

Den Birnengeist in das Longdrinkglas mit Eiswürfeln geben. Mit Bitter lemon auffüllen und kurz umrühren. Die Birnenspalte an den Glasrand stecken.

KORSAR

fruchtig-herber Sektcocktail für jede Gelegenheit
- ■ große Sektschale
- ■ Rührglas

2 cl Bananengeist	
1 BL Campari	
1 cl Grenadine	
4 cl Johannisbeersaft	
trockener Sekt zum Auffüllen	
■ **Deko:**	
1 Cocktailkirsche	
1 Stück Zitronenschale	

Alle Zutaten außer Sekt zusammen im Rührglas mit Eis verrühren, in die Sektschale seihen und mit Sekt auffüllen. Die Kirsche an den Glasrand stecken. Den Drink mit der Zitronenschale abspritzen.

VULCANO

herber Sektcocktail für den
Empfang
- Sektschale
- Gästeglas

3 cl Himbeergeist	
2 cl Curaçao blue	
Champagner oder Sekt zum	
Auffüllen	
Außerdem:	
1 Stück Orangenschale	

Die Zutaten außer Sekt zusammen
in der Sektschale anzünden und
mit Champagner oder Sekt lö-
schen. Den Drink mit der Orangenschale abspritzen und sie ins Glas
geben.

KIWO 81

halbtrockener, erfrischender
Longdrink für die Party
- Longdrinkglas
- Shaker

3 cl Bananengeist	
2 cl Bananensirup	
4 cl Ananassaft	
1 cl Orangensaft	
1 cl Zitronensaft	
1 dash Grenadine	
Deko:	
1 Bananenscheibe, 1 Kirsche	

Alle Zutaten außer Grenadine zusammen im Shaker mit Eis schütteln und in das zur Hälfte mit
Crushed ice gefüllte Longdrinkglas seihen. Den Grenadine auf
das Getränk gießen. Die Bananenscheibe und die Kirsche am Sticker
über den Glasrand legen.

STRAWBERRY CREAM

fruchtig-lieblicher Shortdrink
(After-Dinner-Drink)
- Cocktailglas
- Shaker

2 cl Himbeergeist	
2 cl Erdbeerlikör	
2 cl Sahne	
Deko:	
1 Kiwischeibe	
2 kleine Erdbeeren	

Alle Zutaten zusammen im Shaker
mit Eiswürfeln kräftig schütteln
und in das Glas seihen. Die
Früchte an den Glasrand stecken.

BEERENTRUNK

fruchtiger, feinherber Longdrink
für die Party
- Longdrinkglas
- Gästeglas

4 cl Himbeergeist	
2 cl Zitronensaft	
roter Johannisbeernektar	
zum Auffüllen	
Außerdem:	
1 EL frische Himbeeren	

Himbeergeist und Zitronensaft zusammen mit etwas Eis im Longdrinkglas verrühren. Mit Johannis-
beernektar auffüllen, umrühren
und die Himbeeren dazugeben.
Mit einem Stirer servieren.

PINKY RASPBERRY

fruchtig-herber Longdrink für den Abend
- Longdrinkglas
- Shaker

2 cl Himbeergeist	
2 cl Campari	
6 cl Grapefruitsaft	
Tonic water zum Auffüllen	
Deko:	
3 frische Himbeeren	

Alle Zutaten außer Tonic water zusammen im Shaker mit Eis schütteln und in das Glas mit Eiswürfeln seihen. Mit Tonic water auffüllen und kurz umrühren. Die Himbeeren an den Glasrand stecken.

LOOPING

fruchtig-herber Longdrink für den Abend
- Longdrinkglas
- Gästeglas

3 cl Himbeergeist	
1 cl Kokosnußlikör	
Bitter Grapefruit (Bitterlimonade)	
Deko:	
1 Zitronenviertel	

Himbeergeist und Kokosnußlikör zusammen im Longdrinkglas mit Eiswürfeln verrühren. Mit Limonade auffüllen und kurz umrühren. Das Zitronenviertel an den Glasrand stecken.

SUMMERLIGHT

fruchtiger, feinherber Longdrink für die Party
- Longdrinkglas
- Gästeglas

3 cl Himbeergeist	
1 cl Grenadine	
Bitter lemon zum Auffüllen	
Deko:	
1 Zitronenscheibe	

Alle Zutaten zusammen mit Eiswürfeln im Longdrinkglas verrühren. Die Zitronenscheibe an den Glasrand stecken.

WILD ROSE

fruchtig-herber Longdrink für die
Party
■ Longdrinkglas
■ Shaker

4 cl Aprikosengeist
4 cl Orangensaft
2 cl Zitronensaft
2 cl Limettensirup
Tonic water zum Auffüllen
■ **Deko:·**
1 Orangenscheibe

Alle Zutaten außer Tonic water zusammen im Shaker mit Eis kräftig
schütteln und in das Glas mit Eiswürfeln seihen. Mit Tonic water
auffüllen und kurz umrühren. Die
Orangenscheibe an den Glasrand
stecken.

ANGEL'S WING

mild-würziger Shortdrink für den
Abend
■ Cocktailglas
■ Shaker

3 cl Slivowitz
3 cl Crème de Cacao weiß
1 dash Sahne
■ **Deko:**
1 Cocktailkirsche

Alle Zutaten zusammen im Shaker
mit Eis gut schütteln und in das
Glas seihen. Die Kirsche an den
Glasrand stecken.

ALICE MINE

mild-würziger Shortdrink für den
Abend
■ Cocktailglas
■ Shaker

3 cl Kümmel
3 cl Vermouth rosso
2 dashes Whisky

Alle Zutaten zusammen im Shaker
mit Eis schütteln und in das Glas
seihen.

YELLOW PLUM

fruchtiger, feinherber Shortdrink
für den Abend
■ Cocktailglas
■ Shaker

3 cl Zwetschgenwasser
1 BL Maraschino
1 cl Orangensaft
1 cl Zitronensaft
1 cl Zuckersirup

Alle Zutaten zusammen im Shaker
mit Eis schütteln und in das Glas
seihen.

CHERRY ALE

LIGHT BANANA

Alkoholfreie Drinks

BREAKFASTDRINK

PROMILLE NULL

GREENY

AVALANCHE

CABRIOLET 911

LEMON COOLER

SWEETY

fruchtig-lieblicher Shortdrink für
alle Gelegenheiten
- Cocktailglas
- Shaker

4 cl Ananassaft	
4 cl Orangensaft	
1 cl Grenadine	
Deko:	
1 Cocktailkirsche	

Alle Zutaten zusammen mit Eiswürfeln im Shaker gut schütteln
und in die Cocktailschale seihen.
Die Kirsche an den Glasrand
stecken.

LIGHT RED

lieblicher, erfrischender
Cocktail für den Empfang
- Sektkelch
- Shaker

6 cl roter Traubensaft	
2 cl Kirschsaft	
1 cl Zuckersirup	
alkoholfreier Sekt zum Auffüllen	
Deko:	
1 Traubenrispe	

Alle Zutaten außer Sekt zusammen im Shaker mit Eis schütteln
und in den Sektkelch seihen. Mit
Sekt auffüllen. Die Traubenrispe
über den Glasrand hängen.

LIGHT BANANA

fruchtiger Cocktail für den
Empfang
- Longdrinkglas
- Shaker

2 cl Bananensirup	
4 cl Orangensaft	
4 cl Ananassaft	
1 cl Zitronensaft	
½ Banane, geschält und in Stücken	
alkoholfreier Sekt zum Auffüllen	
Deko:	
1 Karambolenscheibe	
1 Minzeblatt	

Alle Zutaten außer Sekt zusammen im Shaker mit Eis kräftig
schütteln, in das Longdrinkglas
mit Crushed ice seihen und mit
Sekt auffüllen. Die Karambolenscheibe zusammen mit dem Minzeblatt an den Glasrand stecken.

CHERRY ALE

fruchtiger Shortdrink für die Party
- mittelgroßer Tumbler
- Gästeglas

2 cl Kirschsaft	
1 dash Limettensaft	
6 cl Ginger-ale	
Deko:	
1 Cocktailkirsche	

Kirsch- und Limettensaft zusammen im Tumbler mit Eiswürfeln
verrühren. Mit Ginger-ale auffüllen
und umrühren. Die Kirsche an den
Glasrand stecken.

Sweety (h. l.), Light Red (h. r.), Cherry Ale (v. l.), Light Banana (v. r.)

RED SKY

fruchtig-lieblicher Shortdrink für die Party
- ■ großes Cocktailglas
- ■ Shaker

4 cl Ananassaft	
4 cl Limettensirup	
2 cl Sahne	
1 cl Grenadine	

Alle Zutaten zusammen im Shaker mit Eiswürfeln gut schütteln und in das Glas seihen.

ABENDSONNE

fruchtig-süßer Shortdrink für jede Jahreszeit
- ■ Cocktailglas
- ■ Shaker

4 cl Sahne	
2 cl Bananensaft	
1 cl Grenadine	

Alle Zutaten im Shaker mit Eis schütteln und in das Glas seihen.

ANANAS SOUR

fruchtiger Sour für heiße Tage
- ■ Cocktailglas
- ■ Shaker

6 cl Ananassaft	
2 cl Zitronensaft	
1 cl Zuckersirup	

Alle Zutaten im Shaker mit Eis schütteln und in das Glas seihen.

GRENADINE FRAPPÉ

fruchtiger, herbmilder Frappé für heiße Tage
- ■ großes Cocktailglas
- ■ Shaker

1 Kugel Zitronensorbet	
2 cl Grenadine	
4 cl Limettensaft	
■ **Deko:**	
1 Limettenviertel	
1 Zweig Zitronenmelisse	

Das Sorbet in das Cocktailglas geben. Grenadine und Limettensaft zusammen im Shaker schütteln und auf das Sorbet gießen. Das Limettenviertel sowie die Zitronenmelisse an den Glasrand stecken.

SPORTSMAN

fruchtig-süßer Flip für jede Jahreszeit
- ■ großer Tumbler
- ■ Shaker

4 cl Orangensaft	
2 cl Zitronensaft	
2 cl Grenadine	
1 Eigelb	
■ **Deko:**	
1 Orangenscheibe	

Alle Zutaten zusammen im Shaker mit Eiswürfeln schütteln und in den Tumbler seihen. Die Orangenscheibe an den Glasrand stecken.

CANARIA

fruchtig-herber Shortdrink für die Party
- ■ Cocktailglas
- ■ Shaker

6 cl Grapefruitsaft
1 cl Limettensaft
1 cl Orangensirup
■ **Deko:**
1 Limettenscheibe

Alle Zutaten zusammen im Shaker mit Eiswürfeln schütteln und in das Cocktailglas seihen. Die Limettenscheibe an den Glasrand stecken.

LIGHT LIMARA

erfrischender Sektcocktail für die Party
- ■ Sektkelch
- ■ Shaker

1,5 cl Maracujasirup
4 cl Maracujasaft
2 cl Orangensaft
1 cl Zitronensaft
alkoholfreier Sekt zum Auffüllen
■ **Deko:**
1 Zitronenscheibe

Alle Zutaten außer Sekt zusammen im Shaker mit Eis schütteln, in den Sektkelch seihen und mit dem Sekt auffüllen. Die Zitronenscheibe an den Glasrand stecken.

LIGHT STRAWBERRY

fruchtig-erfrischender Sektcocktail
- ■ Sektschale
- ■ Shaker

1 cl Erdbeersirup
1 cl Ananassaft
1 cl Zitronensaft
1 cl Grapefruitsaft
3 BL pürierte Erdbeeren
alkoholfreier Sekt zum Auffüllen
■ **Deko:**
½ Erdbeere

Alle Zutaten außer Sekt zusammen im Shaker mit Eis kräftig schütteln, in die Sektschale seihen und mit Sekt auffüllen. Die Erdbeere an den Glasrand stecken.

ANANASCOCKTAIL

fruchtig-lieblicher Shortdrink für die Party
- ■ Cocktailglas
- ■ Shaker

4 cl Ananassaft
3 cl Orangensaft
■ **Deko:**
⅛ Ananasscheibe

Die Zutaten zusammen im Shaker mit Eiswürfeln schütteln und in das Cocktailglas seihen. Das Ananasstück an den Glasrand stecken.

BREAKFASTDRINK

fruchtig-lieblicher Shortdrink für
den Vormittag
- ■ Cocktailglas
- ■ Shaker

6 cl Orangensaft	
1 cl Grenadine	
1 TL Eiweiß	

Alle Zutaten zusammen im Shaker
mit Eiswürfeln gut schütteln und
in das Glas seihen.

SCHWARZWALD FLIP

fruchtig-herber Flip für jede
Jahreszeit
- ■ Kelchglas
- ■ Shaker

6 cl Sauerkirschsaft	
2 cl Limettensirup	
1 cl Zitronensaft	
1 Eigelb	
■ **Deko:**	
1 kleiner Zweig Zitronenmelisse	

Alle Zutaten zusammen im Shaker
mit Eiswürfeln schütteln und in
das Glas seihen. Den Melissezweig
an den Glasrand stecken.

OFFENBURG FLIP

fruchtig-lieblicher Flip für jede
Jahreszeit
- ■ Longdrinkglas
- ■ Blender

4 cl Orangensaft	
4 cl Bananensirup	
2 cl Zitronensaft	
1 Eigelb	
½ Banane, geschält und gewürfelt	
■ **Deko:**	
2 Bananenscheiben	

Alle Zutaten zusammen mit Eiswürfeln im Blender gut mixen und
in das Longdrinkglas seihen. Die
Bananenscheiben am Sticker über
den Glasrand legen.

BIG APPLE II

erfrischender, halbtrockener
Longdrink für den Sommer
- ■ Longdrinkglas
- ■ Rührglas

2 cl Grenadine	
6 cl Apfelsaft	
Mineralwasser zum Auffüllen	
■ **Deko:**	
1 Miniapfel	
1 Apfelschalenspirale	

Die Zutaten ohne Mineralwasser
im Rührglas mit Eis verrühren und
in das Longdrinkglas mit Eiswürfeln seihen. Mit Mineralwasser
auffüllen und umrühren. Den Miniapfel an den Glasrand stecken
und die Schalenspirale über den
Glasrand hängen. Einen Stirer ins
Glas geben.

BIG APPLE III

fruchtiger Longdrink für jede
Jahreszeit
- Longdrinkglas
- Shaker

---

3 cl Grenadine

6 cl Orangensaft

6 cl Apfelsaft

Sodawasser zum Auffüllen

- **Deko:**

1 Miniapfel

Fruchtsäfte und Grenadine zusammen im Shaker schütteln und in das Longdrinkglas mit Eiswürfeln gießen. Mit Soda auffüllen und kurz umrühren. Den Miniapfel an den Glasrand stecken.

PROMILLE NULL

erfrischend-fruchtiger Longdrink für den Sommer
- Longdrinkglas
- Shaker

---

2 cl Mandarinensirup

4 cl Ananassaft

4 cl Orangensaft

2 cl Zitronensaft

1 cl Grenadine

- **Deko:**

kleine Obststücke

Alle Zutaten außer Grenadine zusammen im Shaker mit Eis schütteln und in das Longdrinkglas mit Crushed ice seihen. Den Grenadine auf das fertige Getränk geben. Die Obststücke zusammen am Sticker über den Glasrand legen.

GRÜNE WELLE

erfrischender Longdrink für den Sommer
- Longdrinkglas
- Gästeglas

---

4 cl Pfefferminzsirup

Tonic water zum Auffüllen

- **Deko:**

1 Minzezweig

Den Pfefferminzsirup in das Longdrinkglas mit Eisstücken geben, mit Tonic water auffüllen und umrühren. Den Minzezweig sowie einen Stirer ins Glas geben.

GREENY

lieblicher Longdrink für jeden Tag
- Longdrinkglas
- Shaker

---

2 cl Mandelsirup

4 cl Orangensaft

2 cl Zitronensaft

Ginger-ale zum Auffüllen

3 dashes Curaçao blue alkoholfrei

- **Deko:**

1 Minzezweig

Alle Zutaten außer Ginger-ale und Curaçao zusammen im Shaker mit Eis schütteln und in das Longdrinkglas mit Crushed ice seihen. Mit dem Ginger-ale auffüllen und 3 dashes Curaçao auf den Drink geben. Den Minzezweig ins Glas stecken.

CABRIOLET 911

erfrischender, etwas bitterer
Longdrink für den Abend
- Longdrinkglas
- Shaker

2 cl Curaçao blue alkoholfrei	
2 cl Grapefruitsaft	
1 cl Limettensirup	
Tonic water zum Auffüllen	
Deko:	
1 Zweig blaue Weintrauben	

Alle Zutaten außer Tonic water zusammen im Shaker mit Eis schütteln, in das Longdrinkglas seihen
und mit Tonic water auffüllen. Den
Traubenzweig über den Glasrand
hängen. Mit Stirer servieren.

TARGA 911

süffiger Longdrink für den
Autofahrer
- Longdrinkglas
- Gästeglas

4 cl Orangensaft	
4 cl Maracujasaft	
2 cl Ananassaft	
2 cl Zitronensaft	
2 cl Grenadine	
Deko:	
2 Cocktailkirschen	

Die Zutaten zusammen im Gästeglas mit Eiswürfeln verrühren. Die
Kirschen am Sticker über den Glasrand legen. Mit einem großen Stirer servieren.

RED SLIP

lieblicher, fruchtiger Longdrink für
die Party
- ◼ Longdrinkglas
- ◼ Shaker

4 cl Erdbeersirup
4 cl Grapefruitsaft
Bitter Grapefruit (Bitterlimonade)
zum Auffüllen
◼ **Deko:**
1 Erdbeere
1 Minzezweig

Alle Zutaten außer Bitter Grapefruit zusammen im Shaker mit Eis
schütteln und in das Longdrinkglas mit Eis seihen. Die Erdbeere
zusammen mit dem Minzezweig
am Sticker über den Glasrand
legen. Mit einem Stirer servieren.

AVALANCHE

herber, erfrischender Longdrink
für heiße Tage
- ◼ Longdrinkglas
- ◼ Gästeglas

1 Kugel Zitroneneis
Bitter lemon zum Auffüllen
◼ **Deko:**
2 Limettenscheiben

Das Zitroneneis in das Gästeglas
mit Crushed ice geben und mit Bitter lemon auffüllen. Die eine Limettenscheibe an den Glasrand
stecken; die zweite Limettenscheibe ins Glas geben. Mit einem
Stirer servieren.

TROPICAL COOLER

erfrischender Cooler für die
karibische Party
- Longdrinkglas
- Shaker

2 cl Maracujasirup	
4 cl Maracujasaft	
2 cl Zitronensaft	
Tropical Bitter (Tropic-Limonade)	
zum Auffüllen	
Deko:	
1 Karambolenscheibe	
1 Cocktailkirsche	

Alle Zutaten außer Tropical Bitter
zusammen im Shaker mit Eis
schütteln, in das Longdrinkglas
mit Crushed ice seihen und mit
Tropical Bitter auffüllen. Die Karambolenscheibe an den Glasrand
stecken und die Kirsche mit einem
kleinen Sticker daran befestigen.
Mit einem Stirer seriveren.

GRENADINA

erfrischender Longdrink für den
Sommer
- Longdrinkglas
- Gästeglas

3 cl Grenadine	
2 cl Zitronensaft	
Mineralwasser zum Auffüllen	

Den Grenadine zuerst in das zu
einem Viertel mit Eiswürfeln gefüllte Glas geben. Dann den Zitronensaft vorsichtig darübergießen,
so daß sich beides nicht mischt.
Vorsichtig mit Mineralwasser auffüllen. Mit einem Stirer servieren.

EXOTIC LEMON

fruchtig-herber Longdrink für alle
Gelegenheiten
- Longdrinkglas
- Gästeglas

1 Kumquat, in Scheiben	
10 cl Maracujasaft	
1 cl Zitronensaft	
Bitter lemon zum Auffüllen	

Kumquatscheiben sowie Zitro-
nen- und Maracujasaft im Longdrinkglas mit Crushed ice verrühren. Mit Bitter lemon auffüllen.

LEMON COOLER

herb-säuerlicher, erfrischender
Cooler für den Sommer
- Longdrinkglas
- Shaker

2 cl Limettensirup	
2 cl Limettensaft	
4 cl Zitronensaft	
Bitter lemon zum Auffüllen	
Deko:	
1 Zitronenscheibe	
2 Cocktailkirschen	

Alle Zutaten außer Bitter lemon
zusammen im Shaker mit Eis
schütteln, in das Longdrinkglas
mit Eis seihen und mit Bitter
lemon auffüllen. Die Zitronenscheibe an den Glasrand stecken.
Die eine Cocktailkirsche mit einem
Sticker daran befestigen. Die
zweite Kirsche ins Glas legen. Mit
einem Stirer servieren.

TENNIS DRINK

fruchtig-milder Longdrink für die Party
- Longdrinkglas
- Shaker

4 *cl* **Maracujanektar**	
4 *cl* **Ananassaft**	
2 *cl* **Limettensaft**	
1 *cl* **Bananensaft**	
2 *cl* **Sahne**	
Deko:	
1 **Orangenscheibe**	
1 **Limettenscheibe**	

Alle Zutaten zusammen im Shaker mit Eis kräftig schütteln und in das Longdrinkglas mit Eiswürfeln seihen. Die Obstscheiben an den Glasrand stecken.

MINT ORANGE

herb-frischer Longdrink für die Sommertage
- Longdrinkglas
- Shaker

2 *cl* **Pfefferminzsirup**	
1 *cl* **Limettensirup**	
16 *cl* **Bitter orange (Bitterlimonade)**	
Außerdem:	
1 **Minzezweig**	
1 **Limettenachtel**	

Die Sirupe zusammen mit Eiswürfeln im Shaker gut schütteln und in das Glas seihen. Eis nach Belieben dazugeben, mit Bitter Orange auffüllen und kurz umrühren. Den Minzezweig und das Limettenachtel ins Glas geben.

PLANTER'S DREAM

fruchtig-frischer Longdrink für die Party
- Longdrinkglas
- Shaker

8 *cl* **Orangensaft**	
8 *cl* **Ananassaft**	
4 *cl* **Zitronensaft**	
1 *cl* **Grenadine**	
1 *cl* **Mangosirup**	
Deko:	
2 **Orangenscheiben**	

Alle Zutaten zusammen im Shaker mit Eis kräftig schütteln und in das Longdrinkglas seihen. Mit Crushed ice auffüllen. Die Orangenscheiben an den Glasrand stecken.

PINEAPPLE DRINK

fruchtig-herber Longdrink für die Sommerzeit
- Longdrinkglas
- Gästeglas

10 *cl* **Ananassaft**	
1 *cl* **Zitronensaft**	
10 *cl* **Bitter lemon**	
1 *cl* **Grenadine**	
Deko:	
½ **Ananasscheibe**	

Ananas- und Zitronensaft zusammen mit Eiswürfeln im Longdrinkglas verrühren, Bitter lemon dazugeben und kurz umrühren. Grenadine langsam darübergießen. Die Ananasscheibe an den Glasrand stecken.

319

ORANGE-FREEZE

fruchtiger Longdrink für heiße
Tage
- Ballonglas
- Gästeglas

1 *cl* **Limettensirup**
2 *cl* **Orangensaft**
Ginger-ale zum Auffüllen
Deko:
1 **Kumquat**

3 Eßlöffel Crushed ice zusammen
mit Limettensirup und Orangensaft in das Ballonglas geben. Umrühren, mit Ginger-ale auffüllen
und nochmals umrühren. Die
Kumquat zuletzt an den Glasrand
stecken.

ANANAS-FREEZE

fruchtig-lieblicher Longdrink für
heiße Tage
- Longdrinkglas
- Gästeglas

6 *cl* **Ananassirup**
1 **Kugel Ananaseis**
Sodawasser zum Auffüllen
Deko:
½ **Ananasscheibe**

Den Sirup in das Longdrinkglas
geben und es zu zwei Dritteln mit
Crushed ice auffüllen. Das Ana-
naseis dazugeben, mit Soda auffüllen. Die Ananasscheibe an den
Glasrand stecken. Mit Löffel servieren.

COLA-FREEZE

fruchtig-lieblicher Longdrink für
heiße Tage
- Longdrinkglas
- Shaker

1 – 2 **Kugeln Zitronensorbet**
1 *cl* **Zitronensirup**
Cola zum Auffüllen

2 Eßlöffel Crushed ice zusammen
mit dem Sorbet und dem Sirup im
Shaker kräftig schütteln und in das
zu zwei Dritteln mit Crushed ice gefüllte Longdrinkglas seihen. Mit
Cola auffüllen. Mit einem Stirer
servieren.

BEEREN-FREEZE

fruchtig-milder Longdrink für
heiße Tage
- Longdrinkglas
- Gästeglas

3 *cl* **Johannisbeersirup**
1 **Kugel Johannisbeereis**
Sodawasser zum Auffüllen
Deko:
1 *rote* **Johannisbeerrispe**

Den Sirup in das Glas geben, es zu
zwei Dritteln mit Crushed ice füllen und das Johannisbeereis dazugeben. Mit Soda auffüllen. Die
Beerenrispe an den Glasrand stek-
ken. Mit einem langen Löffel servieren.

v. l. n. r.: **Orange-Freeze, Ananas-Freeze, Cola-Freeze, Beeren-Freeze**

TROPICAL HEAT

fruchtig-lieblicher Longdrink für
jede Gelegenheit
- Longdrinkglas
- Rührglas

5 cl Orangensaft
5 cl Maracujasaft
5 cl Ananassaft
1 cl Zitronensaft
1 cl Grenadine
■ **Deko:**
1 Karambolenscheibe

Alle Zutaten zusammen im Rührglas mit Eiswürfeln verrühren und
in das Longdrinkglas seihen. Die
Karambolenscheibe an den Glasrand stecken.

TROPICAL DREAM

fruchtig-milder Longdrink für die
Party
- große Sektschale
- Shaker

6 cl Maracujasaft
6 cl Ananassaft
1 cl Zitronensaft
1 cl Grenadine
■ **Deko:**
1 Cocktailkirsche

Alle Zutaten zusammen im Shaker
mit Eis schütteln und in die Sektschale seihen. Die Kirsche an den
Glasrand stecken.

MEERWASSER

fruchtiger Longdrink für die
Sommerparty
- Longdrinkglas
- Shaker

1 cl Zitronensaft
4 cl Curaçao blue alkoholfrei
1 cl Bitter lemon
2 cl Ginger-ale
Tonic water zum Auffüllen
■ **Außerdem:**
1 EL rote Johannisbeeren ohne Stiel
3 kleine Limettenscheiben

Zitronensaft und Curaçao zusammen mit Eiswürfeln im Shaker
schütteln und in das Longdrinkglas seihen. Bitter lemon und Ginger-ale dazugeben, mit Tonic water
auffüllen und kurz umrühren. Die
Johannisbeeren und 2 Limetten-
scheiben ins Glas geben. Die rest-
liche Limettenscheibe an den
Glasrand stecken.

TROPENZAUBER II

fruchtig-lieblicher Longdrink für
die Party
- Longdrinkglas
- Shaker

4 cl Pfirsichsaft
4 cl Grapefruitsaft
4 cl Bananensaft
2 cl Grenadine
Tonic water zum Auffüllen

Die Säfte und den Grenadine zusammen im Shaker mit Eiswürfeln
schütteln und in das Longdrinkglas seihen. Mit Tonic water auffüllen und kurz umrühren.

GRANIZADO DE CASSIS

fruchtig-milder Longdrink für heiße Tage
- großer Tumbler
- Gästeglas

---

1 cl Orangensaft

2 cl Johannisbeersirup

Sodawasser zum Auffüllen

- **Deko:**

1 rote Johannisbeerrispe

Saft und Sirup zusammen im Tumbler verrühren und das Glas zu etwa drei Vierteln mit Crushed ice auffüllen. Mit Soda auffüllen und kurz umrühren. Die Johannisbeerrispe an den Glasrand hängen.

GRANIZADO DE LIMON

fruchtiger, herbmilder Cooler für heiße Tage
- großer Tumbler
- Gästeglas

---

1 cl Limettensaft

2 cl Limettensirup

Sodawasser zum Auffüllen

- **Deko:**

1 Zitronenschalenspirale

Saft und Sirup zusammen im Tumbler verrühren und das Glas zu etwa drei Vierteln mit Crushed ice auffüllen. Mit Soda auffüllen und kurz umrühren. Die Schalenspirale an den Glasrand hängen.

GRANITO DI ARANCIA

fruchtig-lieblicher Cooler für heiße Tage
- großes Ballonglas
- Gästeglas

---

1 cl Zitronensaft

3 cl Orangensirup

Sodawasser zum Auffüllen

- **Deko:**

1 Zweig Zitronenmelisse

Das Ballonglas zu zwei Dritteln mit Crushed ice füllen und Saft sowie Sirup darübergießen. Mit Soda auffüllen und kurz umrühren. Die Melisse an den Glasrand stecken.

GRANIZADO DE MENTA

erfrischend-herber Longdrink für die Sommerparty
- großer Tumbler
- Gästeglas

---

2 cl Zitronensaft

1 cl Pfefferminzsirup

Sodawasser zum Auffüllen

- **Deko:**

einige frische Minzeblätter

Saft und Sirup zusammen im Tumbler verrühren und das Glas zu etwa drei Vierteln mit Crushed ice auffüllen. Mit Soda nach Belieben auffüllen, kurz umrühren und die Minzeblätter ins Glas geben.

GRANITO DI LAMPONE

fruchtig-milder Longdrink für heiße Tage
- großes Ballonglas
- Gästeglas

1 cl Zitronensaft	
3 cl Himbeersirup	
Sodawasser zum Auffüllen	
Deko:	
1 Orangenscheibe	

Das Ballonglas zu zwei Dritteln mit Crushed ice füllen und Saft sowie Sirup darübergießen. Mit Sodawasser auffüllen und kurz umrühren. Die Orangenscheibe an den Glasrand stecken.

SHOOTING STAR

fruchtig-erfrischender Longdrink für die Party
- Longdrinkglas
- Shaker

8 cl exotische Fruchtsaftmischung	
(z. B. Maracuja-Mango-Saft)	
5 cl Ananassaft	
3 cl Orangensaft	
2 cl Grapefruitsaft	
1 cl Grenadine	
Deko:	
½ Ananasscheibe	
½ Orangenscheibe	

Alle Zutaten zusammen mit Eis im Shaker schütteln und in das Longdrinkglas seihen. Nach Belieben Crushed ice dazugeben. Die Fruchtscheiben an den Glasrand stecken.

GRANITO DI ASPERULA

fruchtig-lieblicher Longdrink für heiße Tage
- Longdrinkglas
- Gästeglas

1 cl Limettensaft	
3 cl Waldmeistersirup	
Sodawasser zum Auffüllen	
Deko:	
1 Orangenscheibe	

Das Longdrinkglas zu zwei Dritteln mit Crushed ice füllen und Saft sowie Sirup darübergießen. Mit Soda auffüllen und kurz umrühren. Die Orangenscheibe an den Glasrand stecken.

PINCASSO

fruchtig-herber Longdrink für die Party
- Longdrinkglas
- Shaker

5 cl roter Traubensaft	
4 cl Grapefruitsaft	
2 cl Limettensaft	
1 cl Grenadine	
1 cl Bitter lemon	
Sodawasser zum Auffüllen	
Deko:	
1 Zweig Zitronenmelisse	

Die Säfte und Grenadine zusammen im Shaker mit Eiswürfeln schütteln und in das Longdrinkglas seihen. Mit Bitter lemon und Soda auffüllen und umrühren. Die Melisse an den Glasrand stecken.

Granito Di Asperula (l.), Dance With Me (r.)

TAKE THIS

erfrischender Longdrink für die
Party
- Longdrinkglas
- Gästeglas

2 cl Zitronensaft
2 cl Grenadine
10 cl Sanbitter (ital. Bittergetränk ohne Alkohol)
Außerdem:
½ Orangenscheibe

Saft und Grenadine zusammen
mit vielen Eiswürfeln im Longdrinkglas verrühren. Mit Sanbitter
auffüllen und nochmals umrühren. Die Orangenscheibe ins Glas
geben.

DANCE WITH ME

würzig-herber Longdrink für jede
Jahreszeit
- Longdrinkglas
- Gästeglas

10 cl Sanbitter (ital. Bittergetränk ohne Alkohol)
1 cl Zitronensaft
10 cl Bitter lemon
Deko:
1 Zitronenschalenspirale

Sanbitter und Zitronensaft zusammen mit Eiswürfeln im Longdrinkglas verrühren, Bitter lemon dazugießen und vorsichtig umrühren.
Die Schalenspirale an den Glasrand hängen.

RED BUTLER

fruchtig-herber Longdrink für
heiße Tage
- Longdrinkglas
- Gästeglas

| 10 *cl* **Blutorangennektar** |
| 10 *cl* **Sanbitter (ital. Bittergetränk** |
| ***ohne Alkohol)*** |
| ▨ **Deko:** |
| **1 Orangenschalenspirale** |

Die Zutaten zusammen mit Eiswürfeln im Longdrinkglas langsam
verrühren. Die Schalenspirale ins
Glas geben.

SANTANA

fruchtig-herber Longdrink für jede
Jahreszeit
- Longdrinkglas
- Gästeglas

| 10 *cl* **Sanbitter (ital. Bittergetränk** |
| ***ohne Alkohol)*** |
| **6 *cl* Orangensaft** |
| **1 *cl* Zitronensaft** |
| ▨ **Deko:** |
| **1 Orangenscheibe** |

Alle Zutaten zusammen mit Eiswürfeln im Longdrinkglas verrühren. Die Orangenscheibe an
den Glasrand stecken.

BITTER AND SWEET

würzig-erfrischender Longdrink
für heiße Tage
- Longdrinkglas
- Shaker

| **2 *cl* Limettensirup** |
| **1 *cl* Grenadine** |
| **10 *cl* Sanbitter (ital. Bittergetränk** |
| ***ohne Alkohol)*** |
| ▨ **Außerdem:** |
| **1 Limettenviertel** |

Limettensirup und Grenadine zusammen mit Eiswürfeln im Shaker
kräftig schütteln und in das zu
einem Drittel mit Crushed ice gefüllte Longdrinkglas seihen. Mit
Sanbitter aufgießen und kurz umrühren. Das Limettenviertel ins
Glas geben.

RED ROSES

erfrischend-bitterer Longdrink
(Aperitif)
- großes Ballonglas
- Gästeglas

| **10 *cl* alkoholfreier Schaumwein** |
| **10 *cl* Sanbitter (ital. Bittergetränk** |
| ***ohne Alkohol)*** |
| ▨ **Deko:** |
| **1 rote Rosenknospe (unbehandelt)** |

Die Zutaten zusammen mit Eiswürfeln im Longdrinkglas vorsichtig verrühren. Die Rose an den
Glasrand stecken.

BITTER CASSIS

fruchtiger Bitterdrink (Aperitif)
- Longdrinkglas
- Gästeglas

4 cl Apfelsaft
4 cl schwarzer Johannisbeernektar
10 cl Sanbitter (ital. Bittergetränk ohne Alkohol)
Deko:
1 Johannisbeerrispe

Saft und Nektar zusammen mit Eiswürfeln im Longdrinkglas verrühren. Sanbitter dazugeben und kurz umrühren. Die Johannisbeerrispe an den Glasrand hängen.

BITTER CHERRIES

fruchtiger Bitterdrink (Aperitif)
- Longdrinkglas
- Gästeglas

4 cl Orangensaft
4 cl Kirschnektar
10 cl Sanbitter (ital. Bittergetränk ohne Alkohol)
Deko:
1 Orangenscheibe

Saft und Nektar zusammen mit Eiswürfeln im Longdrinkglas verrühren. Mit Sanbitter auffüllen und kurz umrühren. Die Orangenscheibe an den Glasrand stecken.

BITTER MINT

würziger Longdrink (Aperitif)
- Longdrinkglas
- Shaker

6 cl Grapefruitsaft
3 cl Pfefferminzsirup
10 cl Sanbitter (ital. Bittergetränk ohne Alkohol)
Deko:
1 Minzezweig

Grapefruitsaft und Pfefferminzsirup zusammen mit Eis im Shaker kräftig schütteln und in das Longdrinkglas seihen. Einige Eiswürfel dazugeben, mit Sanbitter auffüllen und kurz umrühren. Den Minzezweig ins Glas geben.

STEP

würzig-bitterer Longdrink (Aperitif)
- Longdrinkglas
- Shaker

4 cl Orangensaft
2 cl Grapefruitsaft
2 cl Zitronensaft
1 cl Grenadine
10 cl Sanbitter (ital. Bittergetränk ohne Alkohol)
Deko:
1 Orangenscheibe
1 Zitronenscheibe

Die Zutaten außer Sanbitter zusammen im Shaker mit Eiswürfeln kräftig schütteln und in das Longdrinkglas seihen. Nach Belieben Eiswürfel dazugeben, mit Sanbitter auffüllen und umrühren. Die Obstscheiben am Sticker über den Glasrand legen.

PINK DUNE

fruchtig-lieblicher Longdrink für jede Jahreszeit
- Longdrinkglas
- Shaker

20 cl Ananassaft
2 cl Sahne
1 cl Grenadine
▪ **Deko:**
½ Ananasscheibe
1 Cocktailkirsche

Alle Zutaten zusammen im Shaker mit Eiswürfeln schütteln und in das Longdrinkglas seihen. Mit Crushed ice auffüllen. Die Früchte auf einen langen Sticker spießen und ihn ins Glas stellen.

PALERMO

würzig-herber Longdrink für heiße Tage
- Longdrinkglas
- Gästeglas

4 cl Orangensaft
4 cl alkoholfreier Vermouth
(z. B. von Palermo Vermouth)
1 cl Grenadine
10 cl Sanbitter (ital. Bittergetränk
ohne Alkohol)
▪ **Deko:**
1 Orangenscheibe

Orangensaft, Vermouth und Grenadine zusammen mit Eiswürfeln im Longdrinkglas verrühren. Mit Sanbitter auffüllen und kurz umrühren. Die Orangenscheibe an den Glasrand stecken.

L'ARBRE DU CIEL

fruchtig-lieblicher Longdrink für
die Party
- ▪ Ballonglas
- ▪ Shaker

4 cl Kokossirup	
6 cl Ananassaft	
2 cl Zitronensaft	
¼ TL Kokosraspel	
▪ **Deko:**	
¼ Ananasscheibe	

Alle Zutaten zusammen mit Eis im
Shaker mixen und in das Ballonglas gießen. Die Ananasscheibe an
den Glasrand stecken.

ITALIAN COOLER

würzig-erfrischender Longdrink
für heiße Tage
- ▪ Longdrinkglas
- ▪ Gästeglas

4 cl alkoholfreier Vermouth
(z. B. von Palermo Vermouth)
1 cl Grenadine
Sodawasser zum Auffüllen
▪ **Deko:**
1 Zitronenscheibe

Vermouth und Grenadine zusammen mit Eiswürfeln im Longdrinkglas gut verrühren. Mit Soda auffüllen und nochmals umrühren.
Die Zitronenscheibe an den Glasrand stecken.

MANDARINE CREAM

fruchtig-lieblicher Flip für die
Party
■ Longdrinkglas
■ Shaker

6 *cl* Orangensaft
4 *cl* Mandarinensirup
4 *cl* Sahne
1 *dash* Grenadine
1 Eigelb
■ **Deko:**
½ Orangenscheibe
1 Cocktailkirsche

Alle Zutaten zusammen im Shaker
mit Eiswürfeln schütteln und in
das Longdrinkglas mit Eiswürfeln
seihen. Die Orangenscheibe an
den Glasrand stecken und die Kirsche mit einem Sticker daran befestigen.

JOHANNES

fruchtig-süßer Longdrink für den
Nachmittag
■ großer Tumbler
■ Shaker

10 *cl* schwarzer Johannisbeersaft
5 *cl* Orangensaft
2 *cl* Schokoladensirup

Alle Zutaten zusammen im Shaker
mit Eiswürfeln schütteln und in
den Tumbler seihen.

COCONUT BANANA

lieblicher, fruchtiger Longdrink für
die Sommerparty
■ Longdrinkglas
■ Shaker

6 *cl* Milch
2 *cl* Sahne
2 *cl* Cream of Coconut
2 *cl* Bananensirup
■ **Deko:**
1 Stück Banane

Die Zutaten zusammen im Shaker
mit Eis kräftig schütteln und in das
Longdrinkglas mit Crushed ice seihen. Das Bananenstück an den
Glasrand stecken.

RED COCONUT

lieblicher Longdrink für die
Sommerparty
■ Longdrinkglas
■ Shaker

5 *cl* Creme of Coconut
5 *cl* Ananassaft
2 *cl* Erdbeersirup
1 *cl* Sahne
■ **Deko:**
1 Erdbeere

Die Zutaten zusammen im Shaker
mit Eis kräftig schütteln und in das
Longdrinkglas mit Crushed ice seihen. Die Erdbeere an den Glasrand
stecken.

BALI BEACH

lieblicher, erfrischender Long-
drink für die karibische Party
- Longdrinkglas
- Shaker

4 cl Creme of Coconut
3 cl Ananassaft
Bitter lemon zum Auffüllen
Deko:
1 Limettenscheibe
¼ Ananasscheibe
1 Cocktailkirsche

Die Zutaten außer Bitter lemon zusammen im Shaker mit Eis kräftig
schütteln und in das Longdrinkglas mit Crushed ice seihen. Mit
Bitter lemon auffüllen. Die Früchte
zusammen am Sticker über den
Glasrand legen. Mit einem Stirer
servieren.

COUPÉ 911

lieblicher Longdrink für die
karibische Party
- Longdrinkglas
- Shaker

4 cl Cream of Coconut
8 cl Grapefruitsaft
2 cl Bananensirup
Deko:
1 Bananenscheibe

Die Zutaten zusammen im Shaker
mit Eis schütteln und in das Longdrinkglas mit Crushed ice seihen.
Die Bananenscheibe am Sticker
über den Glasrand legen.

LIME COLADA

fruchtig-erfrischender Longdrink
für die Sommerparty
- Longdrinkglas
- Shaker

8 cl Ananassaft
4 cl Limettensaft
2 cl Cream of Coconut
1 cl Grenadine
Deko:
1 Limettenscheibe

Alle Zutaten zusammen im Shaker
mit Eis schütteln und in das Longdrinkglas seihen. Mit Crushed ice
auffüllen. Die Limettenscheibe an
den Glasrand stecken.

SWEET NOTHINGS

fruchtig-lieblicher Longdrink für
die Party
- großes Ballonglas
- Shaker

10 cl Ananassaft
3 cl Cream of Coconut
3 cl Sahne
2 cl Zitronensaft
1 cl Bananensirup
Deko:
2 Bananenscheiben
2 Cocktailkirschen

Alle Zutaten zusammen im Shaker
mit Eis kräftig schütteln und in das
zur Hälfte mit Crushed ice gefüllte
Glas seihen. Die Bananenscheiben
und die Kirschen zusammen am
Sticker über den Glasrand legen.

COCOMARA

fruchtig-milder Longdrink für
heiße Tage
■ Longdrinkglas
■ Shaker

4 cl Maracujanektar	
4 cl Orangensaft	
4 cl Grapefruitsaft	
2 cl Cream of Coconut	

Alle Zutaten zusammen im Shaker
mit Eis schütteln und in das Glas
seihen. Die Limettenscheibe an
den Glasrand stecken.

FRUIT COCO

fruchtig-lieblicher Longdrink für
die Sommermonate
■ Longdrinkglas
■ Shaker

8 cl Orangensaft	
8 cl Ananassaft	
4 cl Cream of Coconut	
1 cl Zitronensaft	
■ Deko:	
1 Orangenscheibe	
1 Cocktailkirsche	

Alle Zutaten zusammen im Shaker
mit Eis kräftig schütteln und in das
zu einem Drittel mit Crushed ice
gefüllte Glas seihen. Die Orangenscheibe an den Glasrand stecken,
die Kirsche mit einem Sticker
daran befestigen.

COCONUT KISS

fruchtig-lieblicher Longdrink für
die Party
■ bauchiges Glas
■ Shaker

4 cl Ananassaft	
4 cl Orangensaft	
1 cl Zitronensaft	
3 cl Cream of Coconut	
3 cl Sahne	
■ Deko:	
½ Orangenscheibe	
1 Ananasscheibe	

Alle Zutaten zusammen im Shaker
mit Eis kräftig schütteln und in das
zu einem Drittel mit Crushed ice
gefüllte Glas seihen. Die Früchte
auf einen langen Spieß stecken
und ihn ins Glas stellen.

KOKOSCOCKTAIL

lieblicher Longdrink für die Party
■ große Sektschale
■ Shaker

4 cl Ananassaft	
2 cl Maracujasaft	
1 cl Zitronensaft	
4 cl Kokosmilch	
1 BL Cream of Coconut	
1 cl Grenadine	

Alle Zutaten zusammen im Shaker
mit Eiswürfeln kräftig schütteln
und in die Sektschale seihen.

BANANAS

fruchtig-lieblicher Longdrink mit
Milch für alle Gelegenheiten
- ■ große Sektschale
- ■ Shaker

2 *cl* Cream of Coconut	
2 *cl* Bananensirup	
3 *cl* Sahne	
8 *cl* Milch	

Alle Zutaten zusammen im Shaker
mit Eiswürfeln schütteln und in
die Sektschale seihen.

BONGO

fruchtiger Longdrink für die Party
- ■ Longdrinkglas
- ■ Shaker

7 *cl* Ananassaft	
4 *cl* Mangosaft	
4 *cl* Zitronensaft	
3 *cl* Orangensaft	
2 *cl* Cream of Coconut	
■ **Deko:**	
¼ Ananasscheibe	
1 Cocktailkirsche	

Alle Zutaten zusammen im Shaker
mit Eiswürfeln schütteln und in
das Longdrinkglas seihen. Das
Obst zusammen am Sticker über
den Glasrand legen.

LUCKY DRIVER

fruchtig-milder Longdrink für den
Abend
- ■ Longdrinkglas
- ■ Shaker

5 *cl* Orangensaft	
5 *cl* Grapefruitsaft	
5 *cl* Ananassaft	
2 *cl* Zitronensaft	
2 *cl* Cream of Coconut	
■ **Deko:**	
1 Orangenscheibe	
1 Zitronenscheibe	

Die Zutaten zusammen im Shaker
mit Eiswürfeln schütteln und in
das Longdrinkglas seihen. Die
Fruchtscheiben an den Glasrand
stecken.

HONOLULU STAR

fruchtig-milder Longdrink für die
Party
- ■ Longdrinkglas
- ■ Shaker

5 *cl* Orangensaft	
5 *cl* Ananassaft	
5 *cl* Limettensaft	
2 *cl* Kirschsaft	
2 *cl* Cream of Coconut	
■ **Deko:**	
1 Orangenschalenspirale	

Alle Zutaten zusammen im Shaker
mit Eiswürfeln schütteln und in
das Longdrinkglas seihen. Die
Schalenspirale an den Glasrand
hängen.

GRAPY

fruchtig-herber Longdrink für die Party
- Longdrinkglas
- Shaker

10 cl Grapefruitsaft	
5 cl Orangensaft	
5 cl Ananassaft	
2 cl Zitronensaft	
2 cl Cream of Coconut	
▨ **Deko:**	
1 Orangenschalenspirale	
¼ Ananasscheibe	

Alle Zutaten zusammen im Shaker mit Eiswürfeln kräftig schütteln und in das Longdrinkglas seihen. Schalenspirale und Ananasstück an den Glasrand stecken. Mit Trinkhalm servieren.

COCONUT ON HOLIDAYS

fruchtig-lieblicher Longdrink für den Sommer
- schmales Longdrinkglas
- Shaker

2 cl Maracujasaft	
2 cl Pfirsichsaft	
2 cl Zitronensaft	
6 cl Cream of Coconut	
2 cl Sahne	
▨ **Deko:**	
1 Pfirsichhälfte	

Alle Zutaten zusammen im Shaker mit viel Eis kräftig schütteln und in das Longdrinkglas seihen. Die Pfirsichhälfte über die Glasöffnung legen und einen Trinkhalm hindurchstechen.

COCOSCREME SODA

fruchtig-lieblicher Longdrink für
die Sommermonate
- Longdrinkglas
- Shaker

2 Kugeln Kokoseis	
4 cl Kokosmilch	
4 cl Ananassaft	
1 BL Cream of Coconut	
2 dashes Zitronensaft	
Sodawasser zum Auffüllen	

Alle Zutaten außer Soda zusammen im Shaker kräftig schütteln
und in das Longdrinkglas seihen.
Mit Soda auffüllen und kurz umrühren.

COCO EXOTIC

fruchtig-lieblicher Longdrink für
die Party
- Highballglas
- Shaker

4 cl Mangosaft	
2 cl Pfirsichsaft	
1 cl Maracujasaft	
3 cl Ananassaft	
6 cl Cream of Coconut	
1 cl Sahne	
Mineralwasser zum Auffüllen	
Deko:	
1 Mangospalte	

Alle Zutaten außer Mineralwasser
zusammen im Shaker schütteln
und in das Glas gießen. Nach
Wunsch Mineralwasser dazugeben und umrühren. Die Mango-
spalte an den Glasrand stecken.

SUMMER SNOW

fruchtig-lieblicher Longdrink für
den Sommerabend
- großer Tumbler
- Shaker

5 cl Ananassaft
1 cl Zitronensaft
5 cl Cream of Coconut
5 cl Sahne
Deko:
1 EL steifgeschlagene Sahne
Schokoladenraspel

Alle Zutaten zusammen im Shaker
mit Eiswürfeln kräftig schütteln
und in den Tumbler seihen. Ein
Sahnehäubchen darauf geben und
es mit den Schokoladenraspeln
bestreuen.

GOLDEN FLIP

fruchtig-herber Flip für jede
Gelegenheit
- kleiner Tumbler
- Shaker

4 cl Zitronensaft
1 cl Ingwersirup
1 Eigelb
Sodawasser zum Auffüllen
Außerdem:
Puderzucker

Zitronensaft, Sirup und Eigelb zusammen im Shaker mit Eiswürfeln
schütteln und in den Tumbler seihen. Mit Soda auffüllen, kurz umrühren und etwas Puderzucker darüberstreuen.

WHITE CITY

fruchtig-lieblicher Longdrink für
jede Gelegenheit
- Longdrinkglas
- Shaker

3 cl Cream of Coconut
5 cl Sahne
1 cl Zitronensaft
8 cl Ananassaft
Deko:
1 EL geschlagene Sahne

Alle Zutaten zusammen im Shaker
mit Eiswürfeln kräftig schütteln
und in das Longdrinkglas seihen.
Mit einer Sahnehaube dekorieren.

SIMPLY RED

fruchtig-lieblicher Longdrink für
alle Gelegenheiten
- Longdrinkglas
- Shaker

12 cl Ananassaft
2 cl Zitronensaft
2 cl Cream of Coconut
2 cl Grenadine
Deko:
¼ Ananasscheibe

Alle Zutaten zusammen im Shaker
mit Eiswürfeln kräftig schütteln
und in das Longdrinkglas seihen.
Die Ananasscheibe an den Glasrand stecken.

MARTINIQUE II

fruchtig-lieblicher Longdrink für den Abend
- Longdrinkglas
- Shaker

2 cl Cream of Coconut
2 cl Himbeersirup
8 cl Ananassaft
1 cl Zitronensaft
4 cl Sahne
▪ Deko:
½ Ananasscheibe

Alle Zutaten zusammen im Shaker mit Eiswürfeln kräftig schütteln. In das zur Hälfte mit Crushed ice gefüllte Longdrinkglas seihen. Die Ananasscheibe an den Glasrand stecken.

EXOTIC CUP

fruchtig-süßer Longdrink für die Party
- Highballglas
- Shaker

5 cl Ananassaft
3 cl Mangosaft
2 cl Maracujasaft
2 cl Cream of Coconut
1 cl Zitronensaft
1 cl Grenadine
Mineralwasser zum Auffüllen
▪ Deko:
½ Ananasscheibe
2 Cocktailkirschen

Alle Zutaten außer Mineralwasser zusammen im Shaker mit Eiswürfeln schütteln und in das Glas seihen. Das Obst am Sticker über den Glasrand legen.

QUEEN OF STRAWBERRIES

fruchtig-lieblicher Longdrink für die Party
- Longdrinkglas
- Shaker

2 cl Cream of Coconut
6 cl pürierte Erdbeeren
6 cl Ananassaft
2 cl Sahne
▪ Deko:
3 Erdbeeren

Die Zutaten zusammen im Shaker mit Eiswürfeln gut schütteln und in das Longdrinkglas seihen. Die Erdbeeren zuletzt an den Glasrand stecken.

TANGO GIRL

fruchtig-lieblicher Longdrink für die Party
- Longdrinkglas
- Shaker

3 cl Cream of Coconut
6 cl Ananassaft
6 cl Zitronensaft
1 cl Mandelsirup
3 cl Sahne
▪ Deko:
1 Cocktailkirsche

Alle Zutaten zusammen im Shaker mit Eiswürfeln gut schütteln und in das Longdrinkglas seihen. Die Kirsche an den Glasrand stecken.

COCO

fruchtig-lieblicher Longdrink für den Abend
- ■ Longdrinkglas
- ■ Shaker

2 cl Cream of Coconut
4 cl Ananassaft
4 cl Sahne

Alle Zutaten zusammen im Shaker mit Eiswürfeln gut schütteln und in das zur Hälfte mit Crushed ice gefüllte Longdrinkglas seihen.

COCO CHERRY

fruchtig-lieblicher Longdrink für heiße Tage.
- ■ Longdrinkglas
- ■ Shaker

9 cl Kirschsaft
1 cl Ananassaft
5 cl Cream of Coconut
■ **Deko:**
¼ Ananasscheibe

Alle Zutaten zusammen im Shaker mit Eiswürfeln schütteln und in das Longdrinkglas seihen. Die Ananasscheibe an den Glasrand stecken.

COCONUT SHELL

fruchtig-lieblicher Longdrink für die Party
- ■ 2 Kokosnußhälften
- ■ Shaker

Für 2 Gläser

2 Kokosnüsse
5 cl Bananensaft
3 cl Cream of Coconut
3 cl Kirschsaft
3 cl Mandelmilch
3 cl Sahne
■ **Außerdem:**
2 Cocktailkirschen
½ Banane, in Scheiben

Die Kokosnüsse halbieren (durchsägen) und die Milch dabei auffangen. Das Fleisch herausschneiden, zerkleinern und beiseite legen. Die Kokosmilch zusammen mit den übrigen Zutaten im Shaker mit Eiswürfeln kräftig schütteln und in zwei Kokosschalenhälften seihen. Kokosnußfleisch, Cocktailkirschen sowie Bananenscheiben in die Drinks geben. Mit Löffel und Trinkhalm servieren.

Coco Cherry (l.), Coconut Shell (r.)

SPORT'S FLIP

fruchtig-lieblicher Flip für alle Gelegenheiten
- Longdrinkglas
- Shaker

6 cl Orangensaft	
3 cl Zitronensaft	
3 cl Maracujasaft	
1 cl Bananensirup	
1 cl Grenadine	
1 Eigelb	
Deko:	
1 Orangenscheibe	

Alle Zutaten zusammen im Shaker mit Eiswürfeln kräftig schütteln und in das Longdrinkglas seihen. Die Orangenscheibe an den Glasrand stecken. Den Drink mit einem Trinkhalm servieren.

BOSTON FLIP

fruchtig-erfrischender Flip für heiße Tage
- großer Tumbler
- Shaker

3 cl Orangensaft	
1 cl Himbeersirup	
1 cl Pfefferminzsirup	
1 Eigelb	
2 dashes Zitronensaft	
Sodawasser zum Auffüllen	
Außerdem:	
geriebene Muskatnuß	

Alle Zutaten außer Soda zusammen im Shaker mit Eiswürfeln schütteln und in den Tumbler seihen. Mit Soda auffüllen, kurz umrühren und mit Muskatnuß bestreuen.

ATHLETIC

fruchtig-cremiger Flip für den
Nachmittag
- Longdrinkglas
- Shaker

6 cl weißer Traubensaft
6 cl Sahne
2 cl Zitronensaft
1 TL Zucker
1 Eigelb
Sodawasser zum Auffüllen

Alle Zutaten außer Soda zusammen im Shaker mit Eiswürfeln kräftig schütteln und in das Longdrinkglas seihen. Mit Soda auffüllen und kurz umrühren.

EISCREME FLIP

lieblicher Flip für Sommertage
- großer Tumbler
- Shaker

1 Kugel Vanilleeis
2 cl Vanillesirup
1 Ei
Sodawasser zum Auffüllen
Deko:
1 Cocktailkirsche

Vanilleeis, Vanillesirup und Ei zusammen im Shaker schütteln und in den Tumbler geben. Mit Soda auffüllen und kurz umrühren. Die Kirsche an den Glasrand stecken.

GLASGOW FLIP

fruchtig-lieblicher Flip für jede
Gelegenheit
- mittelgroßer Tumbler
- Shaker

2 cl Zitronensaft
2 cl Zuckersirup
1 Ei
Ginger-ale zum Auffüllen

Zitronensaft, Sirup und Ei zusammen im Shaker mit Eis schütteln und in das Glas seihen. Mit Ginger-ale auffüllen und nochmals umrühren.

GINGER-ALE-FLIP

lieblicher Flip für jede Gelegenheit
- Sektkelch
- Shaker

3 TL Zuckersirup
1 Eigelb
Ginger-ale zum Auffüllen

Den Sirup und das Eigelb zusammen im Shaker mit Eiswürfeln schütteln und in den Sektkelch seihen. Mit Ginger-ale auffüllen und kurz umrühren.

Alkoholfreies

PINEAPPLE FLIP

fruchtiger, erfrischender Flip für
jede Gelegenheit
- Sektkelch
- Shaker

3 cl Ananassaft
2 cl Orangensaft
1 Eigelb
Sodawasser zum Auffüllen

Die Säfte und das Eigelb zusammen im Shaker mit Eiswürfeln schütteln und in den Sektkelch seihen. Mit Soda auffüllen und kurz umrühren.

HEIDELBEERMIX

fruchtig-lieblicher Longdrink für
die Sommertage
- Longdrinkglas
- Shaker

8 cl pürierte Heidelbeeren
2 cl Erdbeersirup
4 cl Sahne
4 cl Sodawasser

Heidelbeerpüree, Erdbeersirup und Sahne zusammen im Shaker mit Eiswürfeln schütteln. In das Longdrinkglas gießen, Soda dazugeben und kurz umrühren.

BITTER LEMON FLIP

fruchtig-herber Flip für die Party
- Longdrinkglas
- Shaker

3 cl Zitronensaft
2 cl Grapefruitsaft
1 cl Grenadine
2 BL Sahne
1 BL Zuckersirup
1 Eigelb
Bitter lemon zum Auffüllen
■ **Deko:**
1 Zitronenscheibe

Alle Zutaten außer Bitter lemon zusammen im Shaker mit Eiswürfeln kräftig schütteln und in das Longdrinkglas seihen. Mit Bitter lemon auffüllen. Die Zitronenscheibe an den Glasrand stecken.

ERRÖTENDE JUNGFRAU

fruchtig-herber Longdrink für die
Wintermonate
- großer Tumbler
- Gästeglas

2 Blutorangen
2 Kugeln Vanilleeis
12 cl Sodawasser

Eine Orange spiralförmig schälen. Beide Orangen auspressen. Das Eis in den Tumbler geben, den Orangensaft darübergießen, mit Soda auffüllen und kurz umrühren. Die Schalenspirale an den Glasrand hängen.

BANANEN SODA

fruchtig-lieblicher Longdrink für
jede Jahreszeit
- Longdrinkglas
- Gästeglas

2 Kugeln Vanilleeis
10 cl Bananensaft
1 cl Zitronensaft
Sodawasser zum Auffüllen

Das Vanilleeis und die Säfte zusammen im Longdrinkglas verrühren. Mit Soda auffüllen und
nochmals umrühren.

TRIVER

fruchtig-milder Longdrink für jede
Jahreszeit
- Longdrinkglas
- Shaker

5 cl Maracujasaft
4 cl Pfirsichsaft
3 cl Cream of Coconut
2 cl Zitronensaft
Mineralwasser zum Auffüllen
Deko:
1 Kiwischeibe
1 Cocktailkirsche

Alle Zutaten außer Mineralwasser
zusammen im Shaker mit Eiswürfeln schütteln und in das Longdrinkglas seihen. Mit Mineralwasser auffüllen und umrühren. Die
Kiwischeibe an den Glasrand
stecken, die Kirsche mit einem
Sticker daran befestigen.

SÜSSE SUSIE

fruchtig-süßer Longdrink für
heiße Tage
- großer Tumbler
- Gästeglas

1 Kugel Vanilleeis
1 Kugel Ananaseis
2 cl Himbeersaft
Sodawasser zum Auffüllen
Deko:
etwas geschlagene Sahne
2 Erdbeeren

Eis und Himbeersaft in den Tumbler geben, mit Soda auffüllen und
umrühren. Eine Sahnehaube darauf setzen und sie mit den Erdbeeren dekorieren. Mit einem Löffel
servieren.

ERDBEER SODA

fruchtig-milder Longdrink für den
Sommer
- großer Tumbler
- Shaker

1 Kugel Erdbeereis
2 cl Zitronensaft
2 cl Erdbeersirup
Sodawasser zum Auffüllen

Eis, Zitronensaft und Sirup zusammen im Shaker mit Eiswürfeln
schütteln und in den Tumbler seihen. Mit Soda auffüllen und kurz
umrühren.

Bananen Soda (h. l.), Triver (h. r.), Süße Susi (v. l.), Erdbeer Soda (v. r.)

THE MANDARIN

cremiger, lieblicher Shortdrink
mit Milch für den Nachmittag
◼ Cocktailglas
◼ Shaker

2 cl Mandarinensirup
2 cl Milch
5 cl Sahne

Alle Zutaten zusammen im Shaker
mit Eiswürfeln schütteln und in
das Glas seihen.

PFIRSICH-MELBA-DRINK

fruchtig-lieblicher Longdrink mit
Milch für die Sommerzeit
◼ Longdrinkglas
◼ Blender

1 EL pürierte Himbeeren
1 TL Zucker
1 EL pürierter Pfirsich
1 EL Sahne
1 Kugel Vanilleeis
10 cl Milch
◼ **Deko:**
1 Himbeere

Das Himbeerpüree mit dem Zuk-
ker verrühren und in das Longdrinkglas geben. Pfirsichpüree,
Sahne, Milch und Vanilleeis zusammen im Blender kurz mixen
und in das Glas gießen. Die Him-
beere an den Glasrand stecken.

BIRNEN-ZIMT-MILCH

fruchtig-lieblicher Drink mit Milch
für jeden Tag
◼ Ballonglas
◼ Blender

½ saftige Birne, geschält und gewürfelt
1 TL Zucker
½ TL Vanillezucker
1 TL Zitronensaft
1 EL Sahne
½ TL Zimtpulver
10 cl Milch
◼ **Deko:**
1 Miniapfel

Alle Zutaten zusammen im Blender mixen und in das Ballonglas
gießen. Den Miniapfel an den
Glasrand stecken.

GRAPE EGG-NOG

fruchtiger Longdrink mit Milch für
alle Gelegenheiten
◼ Longdrinkglas
◼ Shaker

8 cl roter Traubensaft
8 cl Milch
1 cl Zuckersirup
1 Eigelb

Alle Zutaten zusammen im Shaker
mit Eiswürfeln gut schütteln und
in das Longdrinkglas seihen.

ORANGE EGG-NOG

fruchtig-lieblicher Egg-Nog für
jede Jahreszeit
- ◼ große Sektschale
- ◼ Shaker

4 cl Orangensirup	
2 cl Sahne	
2 cl Milch	
1 Ei	

Alle Zutaten zusammen im Shaker
mit Eiswürfeln schütteln und in
die Sektschale seihen.

BLUE ICECREAM SODA

fruchtig-lieblicher Longdrink mit
Milch für heiße Tage
- ◼ Longdrinkglas
- ◼ Gästeglas

2 Kugeln Vanilleeis	
4 cl Milch	
2 cl Curaçao blue alkoholfrei	
1 cl Ananassirup	
Sodawasser zum Auffüllen	

Eis, Milch, Curaçao und Sirup zusammen im Longdrinkglas mit
Eiswürfeln verrühren. Mit Soda
auffüllen und nochmals kurz umrühren.

CHOCO MYSTERY

cremiger, lieblicher Longdrink mit
Milch für nachmittags
- ◼ große Sektschale
- ◼ Shaker

2 cl Cream of Coconut	
2 cl Schokoladensirup	
4 cl Sahne	
4 cl Milch	
◼ **Deko:**	
Schokoraspel	

Alle Zutaten zusammen im Shaker
mit Eiswürfeln kräftig schütteln
und in die Sektschale seihen. Mit
Schokoraspeln bestreuen.

SCHOKOLADEN-SHAKE

lieblicher Longdrink mit Milch für
heiße Tage
- ◼ Longdrinkglas
- ◼ Shaker

2 Kugeln Vanilleeis	
10 cl Milch	
3 cl Schokoladensirup	
◼ **Deko:**	
etwas geschlagene Sahne	
Schokoladenstreusel	

Alle Zutaten zusammen im Shaker
gut schütteln und in das Longdrinkglas geben. Einen Sahnetup-
fer darauf setzen und Schokostreu-
sel darauf streuen.

BROMBEERSHAKE

fruchtig-lieblicher Longdrink mit
Milch für heiße Sommertage
- Tumbler
- Blender

1 Kugel Vanilleeis
50 g Brombeeren
3 cl Brombeersirup
1 cl Zitronensaft
Milch zum Auffüllen
■ **Deko:**
1 EL steifgeschlagene Sahne
etwas Borkenschokolade

Das Eis in den Tumbler geben. Die
Brombeeren zusammen mit Sirup
und Zitronensaft im Blender
mixen, über das Eis geben, mit
Milch auffüllen und leicht umrühren. Den Drink mit einem Sahnehäubchen und der Borkenscho-
kolade dekorieren.

MENTHE-EISCREME-SODA

würzig-milder Longdrink mit
Milch für die Sommermonate
- Longdrinkglas
- Gästeglas

2 Kugeln Vanilleeis
10 cl Milch
2 cl Pfefferminzsirup
Sodawasser zum Auffüllen

Eis, Milch und Sirup zusammen
im Longdrinkglas verrühren. Mit
Soda auffüllen und nochmals umrühren.

MANDELSHAKE

lieblich-würziger Longdrink mit
Milch für jede Jahreszeit
- Longdrinkglas
- Shaker

16 cl Milch
4 cl Mandelsirup
1 dash Grenadine
■ **Deko:**
geröstete Mandelsplitter

Alle Zutaten zusammen im Shaker
mit Eiswürfeln schütteln und in
das Longdrinkglas mit Eiswürfeln
seihen. Einige geröstete Mandelsplitter darauf streuen.

HONIGFLIP

fruchtig-milder Flip für jede
Gelegenheit
- Longdrinkglas
- Shaker

20 cl Milch
2 cl schwarzer Johannisbeersaft
1 BL Honig
1 Eigelb
■ **Deko:**
1 Johannisbeerrispe

Alle Zutaten zusammen im Shaker
mit Eiswürfeln kräftig schütteln
und in das Longdrinkglas seihen.
Die Johannisbeerrispe an den
Glasrand hängen.

WALDMEISTER-SHAKE

fruchtig-säuerlicher Longdrink mit Dickmilch für den Sommer
- Longdrinkglas
- Blender

1 Kugel Zitroneneis
¼ säuerlicher Apfel, geschält und gewürfelt
1 cl Limettensaft
1 EL Waldmeistersirup
1 TL Sahne
75 g Dickmilch
Deko:
1 Zweig Zitronenmelisse

Das Eis in das Longdrinkglas geben. Die restlichen Zutaten zusammen im Blender mixen und in das Glas gießen. Den Melissenzweig an den Glasrand stecken.

ERDBEER-EISKAFFEE

fruchtig-erfrischender Longdrink mit Kaffee für heiße Tage
- Eiskaffeeglas
- Gästeglas

1 Kugel Vanilleeis
1 Kugel Erdbeereis
⅛ l kalter starker Kaffee
Deko:
etwas steifgeschlagene Sahne
2 cl Erdbeersirup
2 kleine Erdbeeren

Das Vanilleeis ins Glas geben und den Kaffee dazugießen. Eine Sahnehaube darauf setzen, den Sirup darübergießen und die Sahne mit den Erdbeeren garnieren.

COFFEE FLIP

lieblicher Flip für jede Jahreszeit
- kleiner Tumbler
- Shaker

4 cl kalter starker Kaffee
1 TL Zuckersirup
1 Ei
Außerdem:
geriebene Muskatnuß

Kaffee, Sirup und Ei zusammen im Shaker mit Eiswürfeln schütteln und in den Tumbler seihen. Mit Muskatnuß bestreuen.

MANDELKAFFEE

cremiger Longdrink mit Kaffee für
heiße Tage
- ■ Eiskaffeeglas
- ■ Gästeglas

2 Kugeln Nußeis
2 cl Mandelsirup
⅛ l kalter starker Kaffee
■ **Deko:**
steifgeschlagene Sahne
geröstete Mandelsplitter

Das Nußeis ins Glas geben, Sirup
und Kaffee hinzugießen und kurz
umrühren. Mit einer Sahnehaube
garnieren und Mandelsplitter darüberstreuen.

EISKAFFEE ORANGE

frischer Longdrink mit Kaffee für
heiße Tage
- ■ Eiskaffeeglas
- ■ Gästeglas

2 Kugeln Vanilleeis
⅛ l kalter starker Kaffee
■ **Deko:**
steifgeschlagene Sahne
2 cl Orangensirup
Schokoladenraspel

Das Vanilleeis ins Glas geben und
mit dem Kaffee übergießen. Eine
Sahnehaube darauf setzen und
den Sirup darübergießen. Mit
Schokoladenraspeln bestreuen.

Alkoholfreies

MOKKAMIX

erfrischender Longdrink mit
Milch für die Sommermonate
- ▢ Longdrinkglas
- ▢ Shaker

1 TL *kalter Mokka*	
⅛ l *Milch*	
1 *große Kugel* Schokoladeneis	

Mokka und Milch zusammen im
Shaker schütteln und in das Longdrinkglas geben. Das Ei hinzufügen und kurz umrühren.

AZTEKENFEUER

cremiger Longdrink mit Kaffee für
die Sommertage
- ▢ mittelgroßer Tumbler
- ▢ Gästeglas

1 Kugel *Vanilleeis*	
12 cl *kalter Kaffee*	
1 Prise *Kakaopulver*	
▢ **Deko:**	
Zimtpulver	

Das Eis zusammen mit dem Kaffee
und dem Kakaopulver im Glas verrühren. Mit etwas Zimt bestreuen.

HOLLÄNDER

würzig-pikanter Shortdrink
(Pick-me-up)
■ mittelgroßer Tumbler
■ Shaker

5 cl Karottensaft
5 cl Sauerkrautsaft
1 Prise Currypulver

Alle Zutaten zusammen im Shaker
mit Eiswürfeln kräftig schütteln
und in den Tumbler seihen.

LANDTRAUM

pikanter, cremiger Shortdrink für
jeden Tag
■ großes Cocktailglas
■ Shaker

5 cl Karottensaft
4 cl Apfelsaft
1 TL Crème fraîche

Alle Zutaten im Shaker mit Eis
schütteln und in das Glas seihen.

BAVARIAN TOMATO

würzig-pikanter Longdrink
(Pick-me-up)
■ Longdrinkglas
■ Shaker

10 cl Tomatensaft
10 cl Sauerkrautsaft
1 TL gemahlener Kümmel

Alle Zutaten im Shaker mit Eis
schütteln und zusammen mit dem
Eis in das Longdrinkglas gießen.

VIRGIN MARY

scharf gewürzter Pick-me-up
■ mittelgroßer Tumbler
■ Gästeglas

15 cl Tomatensaft
Worcestershiresauce
Salz
Pfeffer
Tabasco
½ Stange Stangensellerie

Den Tomatensaft ins Glas geben,
mit den Gewürzen kräftig würzen
und gut umrühren. Den Sellerie
ins Glas geben.

PRAIRIE OYSTER

würzig-pikanter Pick-me-up
■ Cocktailglas
■ Rührglas

5 dashes Worcestershiresauce
1 BL Olivenöl
2 dashes Tabasco
Salz
Pfeffer
2 EL Tomatenketchup
1 Eigelb
Paprikapulver edelsüß

Worcestershiresauce, das Öl, Tabasco, Salz, Pfeffer und Ketchup
nacheinander in das Glas geben.
Das Eigelb im Ganzen in die Mitte
setzen und mit Paprika würzen.
Nicht verrühren!

TOMATENCOCKTAIL

gut gewürzter Pick-me-up gegen
den Kater
- Longdrinkglas
- Shaker

8 cl Tomatensaft	
1 Eigelb	
Salz	
Pfeffer	
Tabasco	
Worcestershiresauce	
Selleriesalz	
1 dash Zitronensaft	
1 Schuß Tomatenketchup	
Deko:	
1 Zitronenscheibe	

Alle Zutaten zusammen im Shaker
mit Crushed ice schütteln und in
das Longdrinkglas gießen. Etwas
Pfeffer darauf streuen. Die Zitronenscheibe zuletzt an den Glasrand stecken.

CARLOTTA

würzig-pikanter Longdrink für alle
Gelegenheiten
- großer Tumbler
- Rührglas

4 cl Selleriesaft	
4 cl Karottensaft	
4 cl Apfelsaft	
1 dash Zitronensaft	
1 BL *gehackte* Petersilie	

Alle Zutaten zusammen im Rührglas verrühren und in den Tumbler
gießen.

POWER JUICE

würzig-pikanter Longdrink für Vor-
und Nachmittage
- großer Tumbler
- Rührglas

10 cl Rote-Bete-Saft	
10 cl Karottensaft	
2 cl Zitronensaft	
***schwarzer* Pfeffer**	
Deko:	
1 langes, schmales Stück Salatgurke	

Die Säfte zusammen im Rührglas
verrühren, mit etwas Pfeffer abschmecken und in den Tumbler
mit Eiswürfeln gießen. Das Gur-
kenstück an den Glasrand stecken.

JOGGERDRINK

würzig-pikanter Longdrink mit
Buttermilch für jeden Tag
- Longdrinkglas
- Blender

⅛ cl Gemüsesaft	
10 cl Buttermilch	
1 Messerspitze *geriebener* Meerrettich	
1 dash Zitronensaft	
***weißer* Pfeffer**	
Salz	
Deko:	
1 TL Schnittlauchröllchen	

Alle Zutaten zusammen im Blender gut mixen und in das Longdrinkglas geben. Die Schnittlauchröllchen darauf verteilen.

REGISTER

Die Drinks, die sich mit dem Grundstock für Anfänger (Seite 43) zubereiten lassen, sind mit einem ▲ gekennzeichnet.

Abendsonne 312
Abseits 185
Absinth Cocktail 294
Acapulco Dream 266
Adam & Eve 138
▲ Adelle Special 86
Admiral 276
Admiral Cocktail 139
▲ Adonis 272
Adria 250
▲ Adria Look 207
▲ Affinity Cocktail 273
▲ After the Storm 144
▲ Afterwards 220
Air Mail 202
Aladin 274
Alaska 137
Alcudia 134
Aleluia 270
▲ Alexander 56
▲ Alexander's Sister 151
▲ Alexandra Cocktail 142
Alice Mine 308
A Lulu 181
Amaretto Flirt 205
Amaro 176
Amaros 211
Amaro Sour 256
Amato 108
▲ America 83
▲ American Glory 207
▲ Americano 277
Amour Marie 137
Ananascocktail 313
Ananas-Freeze 320
Ananas Sour 312
Angel's Face 129
Angel's Hope 236
▲ Angel's Kiss 216
Angel's Wing 308
Apotheke 246
Apple 242
Apple Blossom 240
Applejack Rabbit 239
Apple Sunrise 244
Apple Sunset 243
▲ Apricamp 250
▲ Apricot Cooler 212

▲ Apricot Daily 124
Apricot Orange 214
▲ Aprikosensekt 197
▲ Arena 280
▲ Astoria Cocktail 144
Athletic 340
▲ Atta Boy 129
Aurelia 214
Avalanche 317
Aviation 110
Aztekenfeuer 349
Azzuro 232

▲ **B**aby 223
Baby Doc 162
▲ Babyface 112
▲ Bacardi Cocktail 166
Bahia I 194
Bahia II 194
Bahia Cocktail 282
▲ Balance 105
Bali Beach 331
▲ Balla Balla 129
Baltic 116
▲ Bamboo 282
Banana Cow 180
Banana Daiquiri 182
Bananas 333
Bananen Soda 342
Bananzas 137
B and B 56
B and C 239
B and P 62
Banjino Cocktail 141
▲ Barbados Swizzle 193
▲ Barbara 100
Barbicane 85
Barett 78
Barfly's Dream 141
▲ Barnum 150
Batida 288
Batida del Sol 288
Batida de Maracuja 286
Batida Rio 289
Bavarian Tomato 350
Beeren-Freeze 320
Beerentrunk 306
Belle Epoque 283
▲ Bellrive Jubilee Cocktail 78
Bentley 238
Berentzer Paradies Cocktail 102
Berlenga 279
Bermuda 145

Register

Bermuda Highball   68
▲ Bermuda Rose   146
Best Wishes   290
Betsy Ross Cocktail   278
▲ Between the Sheets   60
Big Apple I   238
Big Apple II   314
Big Apple III   315
Big John   97
Bijou   150
Biondina   295
Birnen-Zimt-Milch   344
Bishop   84
Bitter and Sweet   326
Bitter Apple   244
Bitter Cassis   327
Bitter Cherries   327
Bitter Lemon Flip   341
Bitter Mint   327
Bitter Sweet I   118
▲ Bitter Sweet II   276
▲ Black Russian   100
Blanche   295
Bloody Juanita   270
Bloody Mary   124
Blue Aegean   117
Blue Change   222
▲ Blue Day   112
▲ Blue Devil   141
Blue Icecream Soda   345
Blue Kontiki   221
▲ Blue Lady   130
Blue Lagoon   120
Blue Moon   261
▲ Blue Velvet   148
Bob Dandy   284
Boccie Ball   211
Bodil   229
Bombay Punch   188
Bongo   333
Bonn 2000   229
Bosporus Spring   296
Bossa Nova   192
Boston   236
Boston Flip   339
▲ Botnia 84   188
▲ Bourbon Car   84
▲ Bourbon Dream   98
▲ Bourbon Flip   81
▲ Bourbon Highball   91
▲ Bourbonnaise   88
▲ Bourbon Silver Fizz   92
▲ Bourbon Skin   84
Brainstorming   79
Brandy Cocktail   64
Brandy Cola   67
Brandy Egg-Nog   66
▲ Brandy Flip   59

▲ Brandy Zoom   62
Brasilia   286
Brasilian Sunrise   290
Brave Bull   258
Breakfast   212
▲ Breakfastdrink   314
Breakfast Egg-Nog   64
Brombeershake   346
▲ Bronx   128
Brooklyn   80
Bull Shot   124
Bull's Eye   284
Bushranger   284
Butterfly   148

Caballero   246
Cabriolet 911   316
▲ Cacao Cream   217
Caipirinha   286
▲ Caipirissima   167
▲ Caipiroska   114
▲ Calcutta Flip   174
Calva Julep   239
Calvados Cocktail I   241
Calvados Cocktail II   241
Calvados Sour   238
Cameron's Kick   82
▲ Campari Flip   246
▲ Campari Lemon   248
▲ Campari Orange   249
Campari Punch   249
▲ Campari Soda   249
▲ Campari Tonic   248
▲ Campor   249
Camurai   122
Canada   84
Canadian Ginger   92
Canadian Sour   94
Canadian Summer   92
Canaria   313
Carabinieri   267
Caramba I   270
Caramba II   288
Cardicas   173
Caribbean Caper   181
▲ Caribic Cassis   218
Carin   149
Carlotta   351
Carneval   290
Casablanca   122
Chaçini   286
▲ Champagner-Cocktail I   200
▲ Champagner-Cocktail II   200
Champagner Daisy   205
Champagner Fizz   156
Champagner Orange   197
Champenois   198
Cherry Ale   310

353

Cherry Blossom   98
Cherry Cream   300
Cherry Daiquiri   167
Cherry Rum   176
▲ Chicago I   204
Chicago II   204
Chocolate Coco   183
Choco Mystery   345
▲ Chorus Girl   273
Christmas   211
Cidre Cocktail   242
Clarendon Cocktail   170
▲ Claridge   135
Clover   302
▲ Coaxer   80
Cobra   226
▲ Cocktail Nr. 13   90
Coco   338
Coco Cherry   338
Coco de Martinique   67
Coco Exotic   335
Coco Loco   192
Cocomara   332
Coconut Banana   330
Coconut Fruit   215
Coconut Kiss   332
Coconut on Holidays   334
Coconut Shell   338
Cocoscreme Soda   335
Cocos Kiss   193
Coffee Flip   347
▲ Cognac Collins   68
▲ Cognac Flip   63
Cola-Freeze   320
▲ Colonel Kremlin   111
Colorado   301
Columbo   251
Columbus   186
Con-Tico   190
Conca d'Oro   136
▲ Concorde   148
Connection   216
Continental Sour   74
▲ Copa de Oro   265
Copacabana Palace   282
Corall Sea   187
Coronado   62
Coronation   284
Coupé 911   331
▲ Cowboy Cocktail   86
Cream Dream   234
▲ Crème de Menthe Frappé   218
Creole   79
Cuba Libre   181
▲ Curaçao Flip   221
▲ Curaçao Tonic   222
Curako   303
Cynar Cocktail   252

Cynar Orange   252
Cynar Soda   252

▲ Daiquiri   166
Dallas   215
Dance with me   325
Dandy   75
▲ Danielle   276
Danish Dynamite   298
▲ Dannys Spezialcocktail   78
Dash Madney   162
▲ Davis   168
DBU   248
Debutante   260
▲ Delmonico   273
Delta   80
Derby   151
De Rigneur   83
Despertador   269
Diana   220
Diki Diki   236
Diplomat   276
Dixie   293
Dolly   275
Don Frederico   188
Don José   79
Dorado   258
Drambuie Apricot   224
Drambuie Tropical   224
Dream   174
▲ Dream of Naples   80
Drei mal Drei   277
Dr. Funk   292
Dr. Sack   300
Dubonnet Caribienne   283
Dubonnet Cream   284
Dubonnet on the Rocks   283
Duce Hope   220
▲ Dunlop   171

East India   63
▲ Eastwind   106
Ecstasy   56
Egg Sour   66
Eiscreme Flip   340
Eiskaffee Orange   348
Elisa   173
El Presidente   168
▲ Empire State   145
▲ English Rose   146
E.P.U.   111
▲ Erans   78
Erdbeer-Eiskaffee   347
Erdbeer Soda   342
Erotica   200
Errötende Jungfrau   341
▲ Esquire Manhattan   71
Euro-Cup   226

▲ Everything but   90
Exotic   151
Exotic Cup   337
Exotic Lemon   318
Exterminator   133
Extravagant Port   279

▲ Fallen Angel   134
Fedora Punch   191
Feel like Holiday   202
Fernando   298
▲ Festival   212
Festrus   110
Fil d'Argent   298
Finish Cockbull   115
▲ Finlady   102
Finlandia Bite   107
▲ Fireman's Sour   186
Flora McDonald   274
Fluffy F   214
▲ Flying   131
▲ Flying Grasshopper   105
Football Player   90
Four Flush   177
▲ 4th of July   86
François Bise   199
Freefall   94
French 75   128
French Connection   59
Friends   253
Frisco Sour   86
Frozen Apple   242
Frozen Blackberry Tequila   265
▲ Frozen Daiquiri   166
▲ Frozen Sun   267
Frozen Tequila   265
▲ Fruchtsekt   206
Fruit Coco   332
Fun Apple   240

Galliano Mist   227
Galliano Sour   227
Galliano Stinger   226
Gangadine Cocktail   294
German Mary   304
▲ Gibson Dry   144
Gilia   253
Gimlet   131
▲ Gin and French   134
▲ Gin and It   140
▲ Gin and Sin   141
Gin Crusta   153
▲ Gin Fizz   158
▲ Gin Orange   158
▲ Gin Sour   158
▲ Gin Stinger   128
▲ Gin Tonic   156
▲ Ginger-Ale-Flip   340

▲ Glasgow Flip   340
Gloom Lifter   81
God Father   72
God mother   100
Gold Digger   159
▲ Golden Cadillac   217
Golden Clipper   170
Golden Coconut   215
Golden Colada   190
▲ Golden Dawn   151
Golden Dream   223
▲ Golden Fizz   154
Golden Flip   336
Golden Torpedo   226
Golden Volcano   262
Goldfinger   110
Good-Bye Johnnie   295
▲ Gordon's   280
▲ Gospodin   100
Grace of Monaco   260
▲ Grande Duchesse   113
Granito di Arancia   323
Granito di Asperula   324
Granito di Lampone   324
Granizado de Cassis   323
Granizado de Limon   323
Granizado de Menta   323
Grape Egg-Nog   344
Grappatto   302
Grapy   334
▲ Grasshopper   216
Gray Hound   120
Green Bananas   215
Green Cat   228
Green Peace I   118
▲ Green Peace II   148
▲ Green Sea   100
Green Spider   123
Greenwich   240
Greeny   315
▲ Grenadina   318
Grenadine Frappé   312
Grüne Welle   315
▲ Grüne Witwe   273

▲ Haberfield   146
Habitant   152
Hair Raiser   103
Haiti Night   229
Hanseatic   203
Hansekogge   96
Happy Birthday   135
Happy Fin   116
Harvey Wallbanger   123
Hasel   231
Haute Couture   58
Hawaiian   192
Hawaiian Apple   242

Hawaiian Banger   191
▲ Hawaiian Cocktail   130
▲ Hawk   82
  Heidelbeermix   341
  Helvetia   301
▲ Highland Cooler   95
  Highland Moon   83
▲ Holiday Egg-Nog   98
  Holländer   350
  Honeybee   170
▲ Honeymoon I   130
  Honeymoon II   64
  Honigflip   346
  Honolulu Star   333
  Horizon   296
▲ Horse's Neck I   154
▲ Horse's Neck II   97
  Horse's Neck III   66
  Hula Hula   193

▲ IBU Cocktail   58
▲ Inca   280
▲ Indianapolis   114
  Ines   136
  Inspiration   132
  Irish Orange   98
  Irish Rose   75
  Isle of Skye   130
  Italian Cherry   211
  Italian Cooler   329

  Jack Collins   244
  Jacke Rose   236
  Jalapa   258
  Jamaica Cooler   208
▲ Jamaica Green   187
  Jamaica Kiss   171
  James   64
  Jersey   236
▲ Jimmy Lopez Manhattan   71
  Jimmy's Dream   214
  Joggerdrink   351
  Johannes   330
  John Collins   154
  Johnnie Red   161
  Joker   72
▲ Journalist   152
  Juliet   263
  Jumping Jack   304
  Jungle Bird   266
  Jungle Juice   232

  Kenny   243
  Kentucky Bourbon   76
  King Alfons   217
  King's Cross   75
  King's Cup   228
  Kir   196

  Kir Imperial I   196
▲ Kir Imperial II   196
▲ Kir Royal   196
  Kirschcocktail   300
  Kiwisekt   197
  Kiwo 81   306
  Knock out I   261
  Knock out II   295
  Kokoscocktail   332
  Konsul   121
  Korn Kir   303
  Korn Sour   304
  Kornelius   304
  Korsar   305

  Lady be good   62
▲ Lady Brown   143
▲ Lady Chatterley   153
  Lady Killer   163
  Lambada   221
  Landtraum   350
  L'Arbre du Ciel   329
  Laser   183
▲ Le Mans   124
  Lemon Cooler   318
  Liberty   236
  Liebestraum   230
  Light Banana   310
  Light Limara   313
  Light Red   310
  Light Strawberry   313
  Lila Crystal   200
  Lime Colada   331
▲ Little Devil   172
▲ Little Princess   171
  London Fever   164
  London Fog Cocktail   294
  London Sour   91
▲ Long Jean   251
  Looking at you   193
  Looping   307
▲ Los Angeles (L.A.)   97
  Lousiana   212
  Lovely Butterfly   272
  Lover's Nocturne   115
  Löwenmilch   296
  Lucky Driver   333
  Lugger   239
  Lumberjack   240
  Lumumba I   66
  Lumumba II   181
▲ Lumumba III   217

  Magic Queen   185
▲ Mahukona   192
  Mai Tai   180
  Mallorca   173
  Manbols   117

Mandarine Cream   330
Mandelkaffee   348
Mandelshake   346
Mandy   129
Manhattan   70
Manhattan Dry   70
▲ Manhattan Perfect   70
Manhattan Sweet   70
Marawod   107
Mar del Plata   140
▲ Margret Rose   197
Marionette   174
Marlon Brando's Puebla Flip   264
▲ Martini Dry   126
▲ Martini Extra Dry   126
▲ Martini Mayador   261
▲ Martini Medium   126
Martinique I   292
Martinique II   337
▲ Martini Sweet   126
Mascotte Cocktail   272
▲ Maxim Cocktail   136
▲ May Fair   130
McKinley's Delight   86
Meerwasser   322
▲ Meiner   160
Melissa   171
Menthe-Eiscreme-Soda   346
Messicano   164
Mexicana   264
Mexican Guayaba   265
▲ Mexican Mockingbird   268
Mexican Night   266
Mexican Old Fashioned   266
▲ Mexican Screwdriver   269
Midnight Sun   299
Million Dollar   134
▲ Mint Cooler   91
▲ Mint Julep   74
Mint Orange   319
▲ Mirabell   206
▲ Mississippi I   145
Mississippi II   233
▲ Missouri Mule   76
Modern Girl   89
▲ Mojito   187
Mokka Flip   218
Mokkamix   349
Mondschein Cup   243
Monte Carlo   76
Monte Carlo Imperial   149
▲ Montego Bay   191
▲ Monte Rosa   104
Moonlight   60
Moon Walk Cocktail   203
Morning Glory Fizz   91
▲ Moscow Mule   116
Moss Rose Cocktail   280

▲ Moulin Rouge   144
Muddy River   217
▲ My Fair Lady   142

Natalia   255
▲ Navy Punch   188
▲ Negroni   128
Neptun's Fair   156
Netzroller   133
▲ New Orleans Fizz   159
New Orleans Sazerac   97
New Orleans Side Car   63
New Wave   229
Nice Adventure   240
▲ Nicky   159
Nicola   217
Night Shadows   82
Nikko   120
▲ Nikolaschka   60
19th Hole   96
Nordic Summer   118
Nordlicht 02   149
Normandie   238
▲ Northern Light   206
Northern Lights   299
North Pole   103

▲ **O**cho Rios   181
Offenburg Flip   314
Ohio I   207
▲ Ohio II   207
▲ Ohio Old Fashioned   72
▲ Old Fashioned Bourbon Cocktail   74
Old Pal   79
Old Pale   78
Olé   260
▲ Olympic   60
▲ Opening I   79
Opening II   96
Optimist   156
Oracabessa   177
▲ Orange Blossom   130
Orange Egg-Nog   345
Orange-Freeze   320
Orange-Grapefruit   228
▲ Orange Wodka   109
Orient Express   211
▲ Ouvertüre   198
Ovidio   103

Pacific Blue   109
Pacifico   263
Paja   256
Palermo   328
▲ Pall Mall Cocktail   142
▲ Panamac   58
▲ Paradise   133
▲ Parisian Blond   170

Paris Opera   221
▲ Park Lane   164
▲ Pathetic   246
Peachnuts   228
▲ Peppermint Cocktail   220
▲ Perfect Gin Cocktail   152
Pernod Fizz   292
Pernod klassisch   293
Petite Fleur   172
Pfirsich-Melba-Drink   344
Piccadilly   145
▲ Pierre   89
Pierre Collins   68
Pimm's No. 1   155
Pimm's Royal   155
Piña Colada   182
Pincasso   324
Pineapple-Curaçao   222
Pineapple Drink   319
Pineapple Flip   341
Pink Dune   328
Pink Flip   301
▲ Pink Gin   136
▲ Pink Lady   137
Pink Margarita   262
Pink Pernod   292
▲ Pink Rose Cocktail   140
Pink Rum   194
Pinky   256
Pinky Raspberry   307
Pirat   158
Pisang Pistacha   232
▲ Pisco Sour   61
P. J. (Perrier Jouet)   280
▲ Planter's Cocktail I   166
▲ Planter's Cocktail II   166
Planter's Dream   319
Planter's Punch I   178
▲ Planter's Punch II   178
▲ Planter's Punch III   179
▲ Planter's Punch IV   179
Pogo Stick   163
Port Sangaree   279
Porto   278
Porto Rico   279
Portwein Flip   278
Pousse-Café 1   210
Pousse-Café 2   210
Pousse-Café 3   210
Pousse-Café 4   210
Pousse-Café 5   210
Power Juice   351
Prairie Oyster   350
▲ President   170
Prince Charlie   88
Prince of Wales   58
▲ Princess   212
Promille Null   315

Quattro   75
Quebeck   132
▲ Queen Elizabeth   63
Queen Mary   61
Queen of Strawberries   337
Queen's Cocktail   132

Raki klassisch   296
Ramazzotti Long   254
Ramazzotti Special   255
Ramcooler   186
▲ Rauhreif   176
Recife   289
Red Butler   326
Red Coconut   330
Red Colada   184
▲ Red Devil   223
Red Dreams I   114
Red Dreams II   222
Red Gin   142
Red Lightning   256
Red Moon   59
Red Roses   326
Red Russian   106
Red Sin   208
Red Sky   312
Red Slip   317
Regatta   223
▲ Resolute   129
▲ Rheingold   135
Ridley   258
▲ Ritz Cocktail   59
Ritz Old Fashioned   82
Robby   83
Roberta   110
▲ Rob Roy   72
▲ Robson   168
▲ Rolls Royce   63
Rose Cocktail   300
Rosemie   248
Rosette Merola   163
▲ Roter Platz   115
Rotweinflip   208
Royal Cocktail   143
▲ Royal Fizz   162
Royal Turkey   96
▲ Rum Alexander Cocktail   167
Rum Daisy   180
▲ Rum Egg-Nog   186
Rum Fantasy   177
Rum Gimlet   168
Rum Stinger   174
▲ Rum Tonic   182
Russian Car   103
▲ Russian Cocktail   107
Rusty Nail   72

Register

Salty Dog   117
Samt und Seide   252
▲ Sandy Collins   95
Santana   326
Santo Domingo   191
Saratoga   62
▲ Schokoflip   216
Schokoladenshake   345
Schwarzwald Flip   314
Scorpion   187
▲ Scotch on the rocks   72
▲ Screw Driver   117
Seejungfrau   277
Sekt Cobbler   204
Sektflip   203
▲ Sekt Orange   196
▲ Sekt Sour   202
▲ September Morning   182
▲ Serrera   116
Seven Sea   161
Sexy 6   206
Shaft   253
▲ Shakerato   246
▲ Sherry Flip   282
Shooting Star   324
Show   174
▲ Side Car   56
Siena   253
▲ Sierra Margarita   258
▲ Silver Fizz   160
▲ Silver Fizz Wodka   120
Silver Jubilee   140
▲ Silver Top   202
Siminen Rakkaus   108
Simply Red   336
Singapore Gin Sling   155
Singapore Sling Original   155
▲ Smirnoff Cocktail   102
▲ Snap   103
Snow Ball   224
Snow White Cocktail   177
▲ Sonja Cocktail   113
Southern Cola   233
Southern Summer   233
Southern Trip   196
▲ Spencer   152
Spirit of Munich   224
Sport's Flip   339
Sportsman   312
Spotlight   203
Springtime   230
Spritzer   208
Star   231
Starmania   162
Step   327
▲ Stern des Südens   275
Stinger   56
Strawberry Cream   306

Strawberry Daiquiri Frozen   167
Stroumf   164
Südseetraum   183
Summer in Italy   254
Summerlight   307
Summer Snow   336
Surf   288
Süße Susie   342
Sweet Lady   74
Sweet Mary   163
▲ Sweet Memories   173
▲ Sweet Murielle   223
Sweet Nothings   331
Sweet Pear   234
Sweet William   305
Sweety   310
Swimming Pool   184
Swinger   121

Tahiti   190
▲ Take Five   146
Take This   325
Tango   138
Tango Girl   337
Tapico   268
▲ Tarantella   102
Targa 911   316
Taylor made   278
Telenovela   290
Tennis Drink   319
Tequas   270
Tequila Fever   267
▲ Tequila Gimlet   261
▲ Tequila Martini   264
▲ Tequila Sour   260
▲ Tequila Special Sour   258
▲ Tequila Sunrise   267
▲ Tequin   264
Theater   132
The Mandarin   344
Time Bomb   298
Tip Top   194
Tomate   294
Tomatencocktail   351
▲ Tom Collins   154
Ton Cœur   183
Top of the Hill   272
▲ Träumerei   218
Trinity   133
Trip   108
Triple Sun   111
Triver   342
▲ Trocadero   272
Tropenzauber I   232
Tropenzauber II   322
Tropic Sun   159
Tropical   216
Tropical Apple   244

Tropical Cooler   318
Tropical Dream   322
Tropical Heat   322
Tropical Wonder   190

▲ Union Club   76
Upton   172

▲ Valencia   199
▲ Valencia Smile   204
Velvet Hammer   234
Vermont   239
▲ Vermouth Tonic   277
Vintage 84   173
Virgin Cocktail   146
Virgin Mary   350
▲ Vodkatini   100
Vulcano   306
V. W.   234

Waldmeistershake   347
Wedding Bells   149
Wembley   88
Western Cocktail   301
▲ Western Rose   150
Whiskey Sangaree   88
▲ Whiskey Sour   90
Whiskey Twist   85
Whisky Crusta   89
▲ Whisky Fizz   92
▲ Whisky Soda   92
White Cap   114
White City   336
▲ White Lady   135

▲ White Russian   104
White Snow   226
White Spider   218
White Wing   238
White Wings   128
Wild Rose   308
Williams Bitter Lemon   305
Williams Zauber   305
▲ Windjammer   176
Wodka and Peppermint   121
▲ Wodka Gibson   102
▲ Wodka Gimlet   108
▲ Wodka Nikolaschka   106
▲ Wodka Side Car   107
▲ Wodka Sour   121
▲ Wodka Special   106
▲ Wodka Stinger   107
▲ Wolga Clipper   111
Wolga Clipper Long   118

Xanthia   132
▲ XYZ   172

Yellow Bird   172
▲ Yellow Daisy   136
Yellow Finger   150
Yellow Plum   308
Yellow Sea   106
▲ York   89

Za Za   133
▲ Zitronenflip   139
Zombie   180
▲ Zoom   56